增长韧性

穿越周期的高质量增长之道

罗华刚 —— 著

电子工业出版社
Publishing House of Electronics Industry
北京·BEIJING

未经许可，不得以任何方式复制或抄袭本书之部分或全部内容。
版权所有，侵权必究。

图书在版编目（CIP）数据

增长韧性：穿越周期的高质量增长之道 / 罗华刚著. —北京：电子工业出版社，2023.8
ISBN 978-7-121-45990-0

Ⅰ.①增⋯ Ⅱ.①罗⋯ Ⅲ.①企业经营管理—研究 Ⅳ.① F272.3

中国国家版本馆 CIP 数据核字（2023）第 131789 号

责任编辑：王欣怡　　文字编辑：刘　甜　　特约编辑：王小丹
印　　刷：三河市鑫金马印装有限公司
装　　订：三河市鑫金马印装有限公司
出版发行：电子工业出版社
　　　　　北京市海淀区万寿路 173 信箱　邮编：100036
开　　本：720×1000　1/16　印张：23　字数：386 千字
版　　次：2023 年 8 月第 1 版
印　　次：2023 年 8 月第 1 次印刷
定　　价：89.00 元

凡所购买电子工业出版社图书有缺损问题，请向购买书店调换。若书店售缺，请与本社发行部联系，联系及邮购电话：(010) 88254888，88258888。
质量投诉请发邮件至 zlts@phei.com.cn，盗版侵权举报请发邮件至 dbqq@phei.com.cn。
本书咨询联系方式：424710364（QQ）。

赞誉

自然界的趋势大致是从有序走向混乱，是一个"熵增"的过程，但管理需要领导者带领企业进行"熵减"。这是一件反自然、反人性、反历史的事情，需要巨大的能量。而美的就是这样一家不断自我否定、锐意推动变革的企业。正因如此，美的在每一个逆周期当中御风而行，实现高质量发展。

管理就是管人性，要发挥人性的优点，控制人性的弱点，避免人性的缺点。人心随时在变，人性却永远不变。华刚的"7+3"机制，以及他对企业管理底层逻辑的理解，对人性的洞察，与我不谋而合。本书对美的等优秀企业成功背后的管理系统进行了归纳总结，具有很高的实践价值。

——领教工坊学术委员会主席、致极学院创办人　肖知兴

本书作者华刚是上海交通大学安泰经济与管理学院MBA中心组织行为学课程嘉宾，他以美的数字化转型为案例，分享变革管理与组织文化再造等经验，深受学员欢迎。究其原因，这些学员大多为企业高管，他们真正理解企业，能与美的数字化转型案例共情。华刚以企业场景、经营视角、管理思维，将复杂的数字化转型和深奥的管理术语用通俗易懂的语言呈现出来，场景化地再现，引人入胜，让人深受启发。数字化转型只是《增长韧性》中的一项内容，本书关于"7+3"机制、企业战略、企业文化力、卓越运营、事业部体制等的阐述

都非常经典。

华刚在中国全球 500 强的美的深耕 16 年，经历了基层岗、中层岗、高层岗，从事过战略、投资、营运、经营、人力资源、营销等工作，本书的每一节都是对具体实践的总结，并列举了大量的案例。因此，本书不仅是企业家的经营指南，还是 MBA 学员的实用教材。

——国务院特殊津贴享受者、
上海交通大学战略管理研究所所长、
安泰经济与管理学院教授　孟宪忠

当我在美的做顾问时，华刚只是个刚刚进入美的的大学生。那时候美的在快速发展中，大量起用应届生，让应届生跟着我们一起做项目，获得快速成长，华刚就是其中的一员。转眼之间，这批大学生已成长为高阶管理者。当中国企业家的理念从机会主义转向长期主义、能力主义时，进化就开始走上康庄大道，而这里的进化其实包括管理能力的进化与成长。比如分钱（共享）、分权、分责、科学管理、大胆用人，是所有企业由大到强，从人治走向法治的必经之路。大道至简，经典的东西亘古不变，美的做到了，所以它能持续高质量发展。华刚把 20 年来的管理实践总结成系统性的方法论，归集于《增长韧性》，无论对快速成长中的企业，还是对遇到成长瓶颈的企业，都有很高的实践价值，我非常乐意将此书引荐给大家。

——著名管理专家　施炜

华刚曾经扎根在企业 20 多年，深谙企业经营之道，具有丰富的实战经验。本书最大的特点是，不盲目照搬概念，不简单地复制经验，不哗众取宠追热点。华刚有非常强的定力和总结能力、提炼能力。这本书的内容均来自华刚的工作总结，以及美的等知名企业的成功实践，尤其是"7+3"机制，这是他的首创。我认为，本书的确是关于组织力建设最为专业的一个方案了，相信本书将给中国的企业家、管理者带来很多启发。

——美中新视角基金会主席、凤凰网及《凤凰周刊》创始人　周志兴华刚是创合汇的首席营运导师，他在制造企业任职时接触过价值链中的所有环节，包括战略、营运、人力资源、营销、制造、采购、品质，并且在这些领域深耕20多年。值得一提的是，华刚在数字化转型方面有着成功实践，在创合汇为企业家多次分享美的数字化转型成功实践及企业数字化转型实操方法，深受企业家的欢迎。本书堪称企业经营管理百科全书，总结了美的等领先企业的管理底层逻辑和实战方法论，是管理实践领域的集大成之作，相信此书将助力中国企业走上高质量发展之路。

——创合汇创始人、
工业和信息化部"专精特新"企业创新增长研发中心主任、
上海交通大学国家电投智慧能源创新学院智创中心执行主任　邵钧

华刚是美国贝瀚文大学博士，UMC3+3管理系统源于美的的成功实践，也得益于他多年以来的系统性思考，是先进管理理论与成功实践相结合的产物。对读者来说，阅读本书既能学习理论，又能指导实践。无论从业者还是企业家，最好的学习就是将理论与实践相结合，用先进的理论和科学方法论指导实践，使实践更加成功；反过来，将实践提炼总结出来，夯实管理理念与方法论，使理念、方法、工具具有更高的实践价值。

本书的一个重要价值在于：融合了企业经营管理过程中几乎所有领域的管理学常识、理念、方法、工具，并从实践的角度自成体系和框架，对企业来说非常受用。企业可以节省大量精力与时间，而不用自我转化。所以，本书堪称制造企业经营管理百科全书，名副其实。

——中国科学院大学博士、清控至道（北京）教育科技有限公司董事长、
清控道口财富科技（北京）股份有限公司董事长、
《清华金融评论》签约专家　周新旺

我认识华刚已经有三个年头了，认识他缘于《7+3管理机制》一文，当时这篇文章提到的管理体系在我们的管理团队得到了一致好评。对于我们这些经营企业20多年的创始人来说，能落地、实践成功的系统化管理系统非常有价值。于是，2021年我们聘请他担任公司顾问及高管教练，已持续两年。在他

的赋能之下，我们的组织力持续提升，人才密度明显增加，经营质量进一步向好，这些进一步支撑了公司的高质量发展。与此同时，我们在事业部经营体制建设、数字化转型、全面预算、企业合规经营等方面也不断取得进步，这些都得益于华刚将高质量增长管理系统引入晨光稀土，并进行了成功实践。《增长韧性》的出版对企业界、管理界来说是一件非常有意义的事，我很乐意将此书推荐给大家，期待让您有所收获。

——盛和资源副董事长、赣州晨光稀土新材料有限公司创始人　黄平

时代和用户给了雅迪人成长与发展的机会，我们一直坚信两轮车电动化是未来的趋势，而雅迪致力于"让亿万人享受美好出行"，始终以用户为中心，不断优化产品、服务和组织管理体系，逐渐来到了行业前沿。2021年，华刚开始为雅迪提供服务，帮助雅迪建立了关于事业部体制的认知，这是基于未来规模化、生态化及全球化战略的组织体制变革。同时，我们在学习时，了解了"7+3"机制，这为公司组织和机制的不断革新注入了新的理念和活力，拓展了团队的经营管理思维。雅迪的企业文化是要让用户、员工和上下游都幸福，这是我们不断探索各种体制变革的根本目的。这本书对事业部体制、"7+3"机制有非常详细的解析，值得所有正在快速成长中的企业，以及有着全球化战略思维的朋友研读。

——雅迪科技集团有限公司董事长　董经贵

永艺股份是一家聚焦办公椅、按摩椅、沙发及功能座椅配件等的研发企业，是目前国内最大的健康坐具提供商之一，2015年在中国主板上市。我们一直非常重视公司战略、组织力及人才体系等的建设。我和华刚于2021年相识，华刚作为公司顾问及我的朋友，从战略规划到目标落地，给我带来了非常大的启发，为公司的战略经营能力提升、目标落地做出了深厚贡献，这缘于他在此领域的深厚功底，以及在美的的成功实践。本书对此部分内容进行了详细的解析，相信对于处于快速成长与战略转型期的公司来说，价值颇高。

——永艺家具股份有限公司董事长兼CEO　张加勇

可孚医疗成立于2009年，是一家年轻的创业板上市公司，致力于为用户提供终身信赖的医疗健康产品和一站式解决方案，拥有一万余个型号及规格的产品，现已发展为集研发、生产、销售和服务于一体的全生命周期个人健康管理领军企业。

2022年10月，华刚在第一次到可孚医疗分享高质量增长管理系统时，我就发现这是一套全面、系统且适于可孚医疗需求的管理框架，我非常认同基于成功实践的管理方案。因此，我们与华刚直接签订了三年战略合作协议，一起打造让可孚医疗基业长青、高质量增长的管理系统。从目前的情况来看，困难很多，但我们是一家年轻的企业，没有历史包袱，变革转型相对容易，而且我们一直在前进，正所谓：事虽难，做则必成。

我们的产业整体偏向医疗领域，细分领域众多、经营方式有差异、商业模式复杂。但是华刚的UMC3+3管理系统具有很强的兼容性，在众多领域中都具有很好的适应性。企业的确需要这样系统的管理方案，而非不成体系、东拼西凑式的管理方法。我十分期待本书的出版，并非常乐意将此书推荐给各位企业家和管理者。

——可孚医疗科技股份有限公司董事长　张敏

卓力能于2009年成立于中国深圳市，是全球头部的专注于电子雾化技术研究和应用的高科技企业，其在战略和经营上取得的成绩源于对人才、机制、流程、组织的持续重视与投入。2022年10月，我们聘请华刚做"7+3"机制的辅导，取得了非常好的效果。我是一位信奉长期主义的创业者，坚持做难而正确的事，通过持续创新为客户创造独特价值，以此实现企业高质量发展。罗刚深谙企业经营之道，集理论与实践于一身，在我看来，他是经营管理领域的"宝藏作者"。本书正是他20多年企业实践与管理理论思考的集大成之作，是一本企业经营管理百科全书，细细品读，一定会让你获益良多。

——深圳市卓力能技术有限公司创始人兼CEO　丁毅

盐津铺子是一家集食品研发、生产、销售于一体的上市集团。我们认为，将战略真正落地，并且在市场环境不断变化时，持续修正和调整战略，持续保持战略的正确性，需要有强大的组织能力和科学完善的治理体系。华刚作为美的"7+3"机制的设计者和实施者，有着多年的成功实战经验，以及深厚的理论功底。他作为我的良师益友，启发我们从美的现代化企业治理的最佳实践中学习，我受益良多。华刚的这本书，对如何构建可持续、高质量增长的发展机制，给出了系统性对策，值得阅读。

——第十三、十四届全国人大代表
盐津铺子食品股份有限公司董事长　张学武

推荐序一

彭剑锋

中国人民大学教授、博士生导师，华夏基石管理咨询集团董事长

（曾担任美的企业顾问）

华刚将他个人在美的等大型企业工作20多年的成功实践，总结为《增长韧性》一书，本书对中国其他企业的管理实践具有非常强的指导意义。

高质量增长管理法是以美的为主要研究对象，同时结合华为等国内外企业高质量增长的成功实践，形成的一套企业高质量增长管理系统方法。这一企业管理方法有利于帮助中国企业强化组织力，提升经营力及人才密度、厚度，防控经营风险，从而使企业发展持续获得成功。

具体来说，《增长韧性》有如下亮点。

第一，基于成功实践的总结。

高质量增长管理系统是从美的55年来持续成功的实践中总结、提炼出来的，不是照本宣科地根据理论分析和条件假设构建的管理模型，而是能够真正运用到实践中、指导实践的企业经营管理系统。德鲁克说，管理不在于"知"而在于"行"，其验证不在于逻辑，而在于成果。本书是作者从企业成功实践中总结出来的实战成果，正符合这一观点。

第二，系统与全面。

本书从企业文化、战略、组织、人才、管理机制、经营体

制、数字化转型、卓越运营等方面出发，全方位地构建了一套企业管理模型与全景图，称得上一本企业经营管理百科全书。书中介绍的管理系统既符合企业管理应该有原理、有方法、有工具的刚性要求，又能满足企业内几乎所有职能部门对标学习的需要。

第三，视角客观。

作者不是单纯站在美的这一个企业的角度，而是以独立、客观的视角总结、提炼企业持续高质量增长的管理方法。因此，本书不带预设立场，不传播过时经验，而是以客观性为原则，研究分析企业如何实现高质量增长，更具有实用性、科学性。

第四，普遍适用性。

高质量增长管理系统虽然源于美的，但是作者在构建该系统的过程中，大量分析和研究了华为、海尔、通用电气、丹纳赫、通用汽车等世界500强企业的管理实践。这样做，一方面是为了分析高质量增长管理系统是否符合这些企业成功的逻辑；另一方面是为了验证高质量增长管理系统是否具有普遍适用性，以便更好地指导企业实践，帮助其他企业提升高质量增长管理能力。

美的是中国制造业的优秀代表，经过50多年的发展，从一家乡镇民营企业转型升级为一家现代化的，融智能家居、楼宇科技、工业技术、机器人与自动化、数字化创新这五大业务板块为一体的全球化科技集团。在经历多个产业逆周期的情况下，美的何以能持续保持高质量增长？这背后的底层逻辑是什么？美的机制是如何构建起来的？美的事业部制成功在哪里？数字化转型为什么能推动美的实现脱胎换骨式的发展？这一切在《增长韧性》一书中都可以找到答案。

另外，基于企业家精神，如何构建先进的企业文化系统；传统企业如何发展新赛道，建立第二增长曲线；企业如何确定战略、经营战略、升级战略；企业如何构建系统的管理机制以提升组织力；非原生态企业如何推动数字化转型；制造型企业如何构建卓越运营系统，提升市场竞争力；以及到底要构建一个什么样的经营体制，才能实现企业的持续成功，在本书中都可以找到答案。

华刚是美的集团的第四届校招生，在美的工作16年，担任过基层、中层、高层职务，经历过营销、人力资源、营运、企业战略、投资、合规、上市公司董事等多个岗位的历练，因此，本书既是他对美的管理系统成功经验的归纳，也是他个人工作实践的总结。从这一点来看，本书所述内容更接地气，更有场景感。

华刚是华夏基石的高级合伙人，我们需要的正是华刚这样懂企业、懂老板、懂经营，能将企业实际情况与先进的管理方法灵活贯通地结合起来的团队领导，也只有这样的团队才能帮助企业家成就企业。

世界级企业大多奉行长期价值主义。长期价值主义就是要摒弃投机主义与短视主义，确立宏大而长远的目标，建立先进的管理系统，和时间做朋友，实现持续高质量增长。这也正是本书要传达的思想。相信《增长韧性》对企业界的朋友们来说会是一本非常有价值的管理类图书。

推荐序二

刘小稚

百威啤酒全球独立董事，奥托立夫全球独立董事，庄信万丰全球独立董事，福耀玻璃前全球独立董事、前集团总裁，通用汽车大中华地区前首席科技官兼总工程师、通用汽车中国台湾地区前总裁，有德机械（中国）前法人代表兼总裁，亚仕龙汽车科技（上海）有限公司创始人兼首席执行官

从20世纪开始，全球制造业经历了大规模生产、精益生产、柔性制造、可重构制造、智能制造等数次转型，实现了制造成本下降、产品质量提高、市场响应速度加快及各类效率的提升。2013年，我在一个国际会议上了解到，德国已经把设备、零部件、应用、产品和科研院校联合起来，开始规模性地推广工业4.0，这很快得到了全球性的关注。10年来，制造业发展已经到了数字化转型的关键阶段，而处在生死存亡的重要十字路口的很多中国民营制造企业却对此知之甚少或还处在扩大企业规模的爬坡阶段。其实，数字化转型并不是把所有设备都改成自动化设备，或者将所有人都换成软件工程师这么简单，而是在科学性、全面性系统架构化等基础上，按照工业1.0、工业2.0、工业3.0的发展阶段一步一步地开展工作。这需要大量的人才和庞大的供应链做支撑。

过去30多年，我的工作涵盖了技术开发、市场开拓、生产制造、大项目管理、建立合资、国际国内企业投资和并购、企业全面管理等各个方面，近15年的工作重点放在了支持民营

企业发展上，致力于打造中国民营企业百年老店，并且参与辅导了超过 50 家企业，因此我在数字化转型方面有一线经验。很多企业在转型过程中对于数字化的理解参差不齐，有非常好的，但是很多还停留在纸面上，或者说几乎找不到抓手。

2022 年，我在领教工坊私人董事会班上听了华刚老师关于美的数字化转型的分享。美的在中国拥有多个"灯塔工厂"，是数字化的标杆企业。他从美的数字化案例入手，以一个实际转型操盘人的视角，全面介绍了美的数字化转型的背景、方法、步骤、面临的挑战及确保数字化成功的保障体系，让我和在座的企业家眼前一亮！这是一套可以落地的体系，企业甚至可以先拿来学习，再直接效仿。华刚老师在美的工作了 16 年，在多个重要的岗位有过工作经历，对于制造业企业的经营管理有着深刻的见解，所以他讲解的由他执行的数字化转型方案有条有理，一环套一环。

这本书是华刚老师的最新作品，总结了美的 55 年来高质量增长的六大重要管理系统，以及美的组织力成功的底层逻辑"7+3"机制，并结合美的数字化转型的案例做了深入的解析，通俗易懂，对于企业具有非常好的实践指导意义，是一本高质量的好书，值得推荐。

如今，企业增长的逻辑变了，赚钱的方式也变了，企业如何持续保持高质量增长，其底层动力在哪里？正在启动数字化转型的企业家也许能够从本书中找到参考答案。

推荐序三

张学武

第十三、十四届全国人大代表，盐津铺子食品股份有限公司董事长

华刚老师作为美的"7+3"机制的设计者和实施者，有着多年成功的实战经验，以及深厚的理论功底。他向我详解了美的四次堪称经典的重大战略转型。美的战略管理系统，以及以"7+3"机制为内核的战略落地保障系统，为美的四次战略转型提供了管理范式和成功模型，同时也推动了美的千亿级的华丽转身。

盐津铺子是一家集食品研发、生产、销售于一体的上市集团。2017年上市以来，公司乘风破浪，在过去5年里，年复合增长率超过30%，销售收入翻了四番。

在过去的5年里，前期的盐津铺子依靠的是企业家精神引领，由我及核心高管团队在公司治理的实践中，以及不断向优秀标杆企业如华为学习的过程中，持续推动变革，感知未来的商业动向，根据市场需求不断创新，同时也逐渐确立、沉淀了公司的企业文化及核心价值观。公司始终坚持以客户为中心，敏锐洞察新形势下的客户需求。一开始，公司采取的是直营商超引领、经销商跟随的渠道驱动增长战略。在后疫情时代，公司主动进行业务转型调整，拥抱渠道变革，加速渠道下沉，大力挖掘供应链潜力，聚焦核心品类，加大研发力度，打磨产品力，用不同产品组合覆盖全渠道，打造强大产品力、渠道力，实现逆势增长。公司产品从"高成本下的高品质＋高性

价比"逐渐升级成为"低成本上的高品质+高性价比",由渠道驱动增长升级为"产品+渠道"双轮驱动增长。

在组织力打造上,公司在2019年更新了人才理念,提出了重视知识资本的价值,持续提升人才密度。我们认为,优秀人才的获取和激励是公司持久成功的关键要素。对此,公司在关键岗位上持续引进核心人才,围绕战略目标设置动力机制,提倡以奋斗者为本建立共创共享的机制,形成利益共同体和事业共同体。我们对在关键岗位上持续做出重大贡献的核心人才进行股权激励,全力打造津苗校招"学生兵"队伍。在运营上,公司制造与供应链板块持续降本增效。

雄关漫道真如铁,而今迈步从头越。过去虽然取得了一定的成功,但我深知公司现在仍然处于机会成长阶段。在盐津铺子冲刺双百亿目标之际,要实现百亿级的增长目标,势必需要从机会成长跨越到系统成长。

一路走来,我们也深切地感受到,将战略真正落地,并且在不断变化的市场环境中持续修正和调整升级战略,并保持战略的正确性,需要有强大的组织力和科学完善的公司治理体系,而这也正是我和团队苦苦思索和追寻的。

和华刚老师的合作,让苦思增长之路的我豁然开朗。华刚老师的高质量增长新动力的方法论已经在盐津铺子逐步落地,我们想借助这个方法论,培养若干内部企业家,实现公司的系统成长,成就一番更大的事业。他作为我的良师益友,启发我们从美的现代化企业治理标杆的最佳实践中学习,开辟一条属于盐津铺子自己的基业长青之路。2023年,我们发布了新的战略,将由"渠道+产品"双轮驱动战略进一步深化至产品领先战略,打造以产品领先为战略的持续增长飞轮。我们将在华刚老师的保驾护航下,做出高质量增长的全新尝试,为实现盐津铺子的双百亿目标创造更多新的可能性!

这本书对如何构建可持续、高质量增长的发展机制,做到"发展客户"和"发展员工"齐头并进,给出了系统的对策,还原成功实践案例,并进行了深度的提炼总结,可学习、可复制、可落地,值得细细研读,掩卷而思。增长永远没有终点,转型升级永远在路上。当企业家还在披星戴月,对如何建立持续的领先优势和增长能力思绪万千时,这本书让我们有理由相信,公司持续增长的方法,就在我们身边!

推荐序四

邵钧

创合汇创始人

新商学 新增长
——向美的学经营管理

21世纪以来，技术创新浪潮迭起，多种重量级技术同时成熟，人类进入万物互联的智能社会。与此同时，人们的生活方式和企业经营环境发生了颠覆式的变化，传统的价值链将被取代，各行业的界限趋于模糊，新的生态系统逐渐形成。但与之相比，以管理为核心的传统商学教育的理论却滞后于时代的变化，大多数企业并没有建立起适应变化的创新增长模式和组织管理形态。如今，我们会发现一些在原有产业中具有优势的企业，因不想摒弃那些曾经帮助企业成功的特性而错失了转型升级的契机。也有一些企业，在面对竞争格局变化时，不能把握变化中的机遇，而错失未来。但与此同时，有些优秀的企业却能穿越周期、逆势增长。

英国管理学界智者查尔斯·汉迪说："未来世界充满着不确定性，未来遇到的问题都是过去没有碰到过的，所以你用过去的理论解决不了这些问题。"在此背景下，创合汇创新院和21世纪新商学研究院提出了以创新和企业家精神为核心的新商学理论，以"赋能创新增长"为使命，开创性地提出了"创新增长3.0模型"：创新增长＝企业家精神 × 战略 × 组织能力。采用"双对标"，对标未来趋势＋对标最佳实践的研究理念，融合商学院前沿理论和华为、美的、阿里巴巴、IBM、丹纳赫等全球领先企业的实战案例，并将陆续推出以创新增长为核心，以"企业家精神""战略""组织能力"等为角度的系列丛书，为企业家和高管团队解析 21 世纪组织创新增长的底层逻辑和实战方法论。

美的这家公司多年来非常低调，极少宣传。不了解美的的营收、市值及其产品的市场地位的人，一般不会对美的有特别的感觉。其实美的所在的家电行业竞争非常激烈，对经营管理的要求非常高。美的在做到千亿元营收规模后，管理并没有随着体量增大而变得复杂甚至拖累企业，反而持续成为增长的动力。这反映出美的有极强的经营管理能力，所有的好结果，都是管理出来的。美的真实的管理实践经验值得企业系统学习。

华刚既是美的前资深高管，在业界 20 余年，实战经验丰富，同时又对理论非常敏感。这本书既是对美的经营实践的一次全面、真实、科学的总结，更提炼出了一整套行之有效的管理系统，经得起实践检验，能够在企业成功落地。希望这本书、这套系统，能够帮助更多企业实现高质量发展。

自序

我在美的工作了16年，见证、参与了美的经营利润从几十亿元增长到千亿元的发展过程。

2000年7月，我开始在美的实习，2016年1月正式离开美的。在这16年时间当中，我3年在业务一线，3年在中层岗位上，余下10年则在不同高层管理岗位上，担任过销售、营销、人力资源、战略、营运、经营、投资及美的电器管委会成员、香港上市公司董事等。这些岗位让我深刻地洞察了美的从一家乡镇民营企业走向经营利润3000多亿元的数字化科技集团背后的管理哲学与理念。正因如此，2016年离开美的时，我一直有一个愿望，把我在美的工作的收获系统地总结出来，惠及更多有需要的企业家和职业经理人，这是一件非常有意义的事情。

但是，这个计划并没有很快实施，原因有二：一是这种总结必须全面、客观、科学，切忌草率；二是总结的内容必须能经得起实践检验，所以，我没有贸然行动。

在此期间，世界正经历着颠覆性的变化，疫情席卷全球，全球不同地区政治局势复杂，在一定程度上改变了全球经济周期及全球化态势。中国企业也面临着非常多的困难，华为遭美国制裁、汇率波动、全球供应链向东南亚转移等，这些事件深刻地影响着中国的经济活力和企业的增长方式与发展模式。

VUCA 时代向 BANI 时代转换，Z 世代逐步进入社会主流，以及 ChatGPT 的兴起等，这个世界总是充满了变化与高度的不确定性。唯一不变的特征就是变，这也是时代永恒的主题，是美的的经典管理文化。加上当今世界企业的经营周期更短，竞争更激烈，蓝海转换红海非常快，这些都给企业经营带来了更大的不确定性。

与此同时，当今时代也给企业创造了非常多的机会。新基建、新能源、高端制造、数字化技术、生物科技、人工智能、5G 产业链等百花齐放。2023 年 2 月，ChatGPT 一周内席卷全球，给企业家、资本市场带来了巨大的经营机会。宁德时代、比亚迪、蔚小理、京东的崛起，说明了这个时代永远孕育着机会，关键在于我们有没有准备好。

新行业、新产业、新技术、新材料不断崛起，老产业、老技术、老模式跟不上节奏，无法深刻洞察变化的企业不断退出历史舞台，这正是时代发展的常态。

技术在进步，需求在变化，产业在更迭，经营周期在缩短，经营难度在增加，如果企业不能敏锐洞察变化，不能快速提升管理能力，不能积极调整经营策略、组织体系及人才战略，就会不断熵增，处于内外交困中。企业能否接受这样的挑战？又该如何应对这样的不确定性与风险？

有没有一种经营管理系统，能将外部高度的不确定性转化为内部高质量增长的确定性，又能提升企业内部的经营能力、组织力、文化力，实现持续成功？UMC3+3 管理系统就是基于这样的时代背景和企业经营需要而被提炼总结出来的。

2016 年离开美的以后，我在其他上市公司担任 CEO 及副总裁，完成了产品开发、制造、采购、品质、计划物流等制造业关键岗位的轮岗，后来我又在多家企业担任管理顾问，将美的成功背后的管理逻辑进行实践，并不断完善、补充和优化，取得了非常好的落地效果。在蛰伏 6 年后的今天，我终于胸有成竹地把这套管理系统呈现给大家，将其命名为 UMC3+3 管理系统，并写了这本《增长韧性》。

精准的总结、成功的实践、体系化的管理工具、可落地的方法和模式，正是《增长韧性》的基因。

本书中所阐述的高质量增长管理系统即 UMC3+3 管理系统，第一个 3 是指企业持续成功的三大因素：文化力、战略力、组织力。企业持续成功力 = 文化力 × 战略力 × 组织力。这里的文化力源于企业家精神，企业家精神包括十大心智模式。战略力是指企业选赛道、经营赛道的能力。组织力是指以 "7+3" 机制为内核的组织力，其核心是激发人的潜能、善意与创造力，同时抑制人性中恶的破坏性，实现人的价值最大化，进而使企业持续成功变为可能。

企业文化的背后是企业家精神，企业的使命、愿景、价值观会形成赛道选择，推动战略实施与落地，即战略规划与目标落地。但要确保战略落地，实现战略结果，必须有一套先进的管理机制来提升组织力，支撑战略的实现，从而实现企业使命、愿景，完成企业家的梦想。这正是 UMC3+3 管理系统的底层逻辑。

第二个 3，指 3 个落地子系统，即卓越运营、数字化转型及经营体制系统。第二个 3 是第一个 3 的落地平台，即从理念原理到方法工具的承接。其中，卓越运营的核心在于高效、低成本运营，对外解决竞争力问题，对内解决盈利能力问题，所以企业必须有高效、低成本经营价值链的能力。数字化转型属于时代的基本命题，企业必须完成数字化转型，否则在未来的竞争中就少了竞争的利剑。经营体制即经营平台，包括组织结构、责权利匹配、风险控制、人才经营、客户经营等，可以说，经营体制是 UMC3+3 管理系统的着力点和承载主体。

UMC3+3 管理系统是从美的这样一个有 55 余年发展史，并经历了多个产业逆周期而持续成功的公司总结出来的，是我 20 多年实践总结出来的管理模型，涵盖企业管理的六大关键要素，并形成 6 套子系统，即企业家精神与先进文化的融合系统、从战略规划到落地的高效执行系统、组织建设及人才激活的全面机制系统、开源节流降本增效的卓越运营系统、数字化转型成功的执行保障系统和高质量增长持续发展的经营体制系统。可以说，这 6 套子系统是所有盈利型经营组织的核心管理系统。如果建成这 6 套管理系统，则企业的高质量发展指日可待。当然，更为重要的是，这 6 套子系统是经过了美的这样的成功企业实践检验的，也是我在多个企业中落地实施并证明行之有效的管理系统。

本书共分为 17 章。

第一章主要阐述UMC3+3管理系统的整体框架，属于原理及理念层面。读者通过精读此部分内容，可以完成对高质量增长管理系统原理层面的理解。

第二章主要解析企业家精神的十大心智模式，以及企业文化的四个层面：精神、行动、制度及物质。企业的一号位、各部门一把手只有具备内部企业家精神，企业才能真正长治久安。

第三章主要解析从战略规划到目标落地的高效执行系统。该章详细解读了如何做战略洞察，如何做战略规划、战略解码，以及经营计划、全面预算，包括高效执行落地体系的建设。该章还深度分析了在现代企业中普遍存在的战略升级难、转型难、变革难、落地难等问题，以及背后的成因及解决方法。

第四章主要解析组织建设及人才激活的全面机制系统，核心内容是"7+3"机制。该章是本书的重点，从原理、方法、工具到模板全面解析"7+3"机制，给读者一整套易懂易学、有理念、有方法、有工具的落地方案，并配合大量案例帮助读者理解、实践。

第五章主要解析数字化转型的时代背景、过程、方法、困难和挑战，并分享数字化转型的一些成功做法。该章主要分享了美的数字化转型案例，包括美的经典的"632项目""T+3模式""灯塔工厂"等，以此来解析企业尤其是制造业数字化转型的全套解决方案。

第六章全面解读卓越运营系统，卓越运营系统是制造企业的核心竞争力，是有助于降本增效、开源节流的全套理论、工具，全面而实用。该系统来自美的成功实践，并且在多家大型企业成功落地，是逆周期提升竞争力的关键，也是顺周期超越竞争对手的法宝。

第七章解析持续高质量增长的经营体制的构建问题，是UMC3+3管理系统中前5个子系统的承载主体，是整个系统的着力点，也是人才培养的摇篮。因此，经营体制对企业的成功起着临门一脚的作用。比如，美的经典的事业部体制是美的先进管理系统的落脚点，是美的多元化成功的组织系统，是美的良将如潮、人才辈出的摇篮。

第八章介绍经营管理的三大抓手之一——财经职能。该章主要介绍财经管理的核心定位、关键职能职责，包括全面预算管理、经营分析、成本管控、效率提升等。可以说，财经职能对企业高质量增长有重要作用。

第九章介绍营运职能。营运职能也是经营管理的三大抓手之一，很多企业却忽视甚至没有进行此职能的建设。该章就营运管理的职责、工作定位及重点工作内容做了提示。

第十章到第十二章，主要解析制造业的研产销协同管理、各自的功能定位、职责及主要的方法论与工具。研产销是制造业的根本，是价值链管理的核心，是降低成本和提高效率的关键。提升研产销的运营能力，就是坚守常识，把简单的事情做到极致。正如美的集团现任董事长兼总裁方洪波所说：所有成功的企业具备的伟大共性，就是能坚守最耳熟能详的常识。该章还分享了丹纳赫 DBS、美的 MBS 等精益工具箱。

第十三章研究第二增长曲线的相关问题，解析企业如何开辟第二赛道，具备持续成功的能力。

第十四章重点分析投并购及整合营运的相关内容。投并购是多元化、规模化、生态化的最快方式，也是企业发展最容易踩大坑、出大问题的领域。投并购后整合营运是否成功，取决于投前的交易框架及管理系统设计，更取决于团队的整合能力与资方的组织能力。

第十五章主要解析企业变革与创新管理。变革与创新是所有企业的关键能力，也是基本功，一个缺乏变革、创新能力的企业是不可能实现持续成功的。变革与创新是时代的需要、竞争的需要，更是自我进化升级的要求。

第十六章简要解析市值管理，其核心内容包括战略管理、商业模式、经营业绩、团队与组织力。

第十七章主要探讨如何学习与实现高质量增长管理法。该章结合著名变革专家勒温与变革之父约翰·科特的变革方法论，就高质量增长管理法如何在企业里推广、实践、落地做了相应的分享。

期待读者能从本书中有所获益，并真正悟出这套高质量增长管理法背后的原理，以及落地的整套解决方案。由于笔者能力所限，本书可能存在不足之处，期待读者批评指正！

最后，祝所有的企业家朋友、职业经理人所在的企业实现高质量增长，基业长青。

目录

Chapter 1 第一章　高质量增长管理公式 _ 001

一、什么是高质量增长 _ 002

二、公式化思维的价值 _ 002

三、高质量增长管理公式 _ 003

四、高质量增长管理系统 _ 007

案例：美的持续高质量增长的三大密码 _ 009

Chapter 2 第二章　企业文化引领企业持续成功 _ 011

一、什么是企业家精神 _ 012

二、什么是企业文化 _ 012

三、十大企业家精神构筑先进企业文化 _ 014

四、如何提升文化力，引领企业持续成功 _ 019

案例一：美的企业文化及其解读 _ 025

案例二：奈飞的企业文化 _ 030

Chapter 3 第三章 战略牵引企业走向正确的方向 _ 033

一、战略管理的基本理论 _ 034

二、战略选择 _ 037

三、战略经营 _ 039

四、战略升级 _ 052

案例：美的各阶段发展战略及升级过程 _ 055

Chapter 4 第四章 "7+3"机制建设为高质量发展提供原动力 _ 063

一、什么是企业组织力 _ 064

二、组织力与管理机制 _ 066

三、"7+3"机制助力企业持续成功 _ 067

四、七大动力机制 _ 074

五、三大约束机制 _ 131

六、如何构建"7+3"机制 _ 137

Chapter 5 第五章 数字化转型 _ 139

一、数字化转型的相关概念 _ 140

二、数字化转型的本质与积极意义 _ 142

三、数字化转型的框架与步骤 _ 145

四、数字化转型面临的挑战 _ 154

五、数字化转型成功的八个保障 _ 155

六、数字化转型各阶段特征 _ 158

案例：美的数字化转型之路 _ 159

Chapter 6
第六章　卓越运营系统 _ 167
一、卓越运营的相关概念 _ 168

二、卓越运营的重要性 _ 170

三、卓越运营的整体框架 _ 170

四、卓越运营的实践 _ 177

Chapter 7
第七章　构建强大的经营体制 _ 181
一、事业部的来源 _ 182

二、事业部的标准结构 _ 183

三、事业部的特点 _ 184

四、事业部的管理模式及定位 _ 186

五、事业部的类型 _ 187

六、事业部经营体制的优缺点 _ 190

七、事业部制的适用范围及建议 _ 191

八、如何构建事业部模式 _ 193

九、如何构建强大的经营体制 _ 194

案例：美的事业部体制建设 _ 195

Chapter 8
第八章　业财融合财经管理 _ 199
一、财经管理原则 _ 200

二、财经"4+1"管理框架 _ 201

三、业财一体化的十大价值 _ 202

四、全面预算管理 _ 206

五、财经管理未来发展方向 _ 212

Chapter 9 第九章 营运管理与执行力建设 _ 213

一、营运管理的组织建设 _ 214

二、营运管理的主要职责 _ 216

三、营运管理的几项核心工作 _ 217

Chapter 10 第十章 产品管理 _ 227

一、产品战略管理 _ 228

二、产品需求管理 _ 229

三、产品研发设计管理 _ 229

四、产品营销管理 _ 231

五、产品生命周期管理 _ 232

六、产品领先战略 _ 234

案例一：美的新型研发"四级研发体系"组织和"三个一代"技术架构 _ 236

案例二：美的集团科技月——"科研奥斯卡"案例 _ 238

Chapter 11 第十一章 新零售新营销 _ 241

一、什么是新零售 _ 242

二、为什么会出现新零售 _ 243

三、新零售、新营销进化趋势 _ 244

四、如何做新营销 _ 247

五、企业营销升级之路 _ 249

六、线下营销渠道升级 _ 254

案例：美的营销数字化实现红海到蓝海的升华 _ 256

Chapter 12
第十二章　精益制造与供应链管理 _ 263
一、精益制造管理 _ 264

二、成本效率管理 _ 270

三、产销计划管理 _ 273

四、采购管理 _ 274

五、品质管理 _ 277

六、仓储物流管理 _ 278

案例：丹纳赫 DBS 框架与工具箱 _ 280

Chapter 13
第十三章　第二增长曲线构筑持续成功 _ 285
一、确保第一赛道的成功 _ 286

二、纵向产业链生态化是增加利润的有效方法 _ 290

三、横向多元化战略是规模化的重要路径 _ 291

四、场景生态化战略构建平台化发展 _ 292

五、开辟第二赛道，建立高质量发展护城河 _ 293

Chapter 14
第十四章　并购与整合管理 _ 297
一、是并购还是内生式增长 _ 298

二、投并购过程中的陷阱 _ 299

三、并购整合成功的九个法则 _ 300

四、数一数二战略 _ 303

Chapter 15
第十五章　变革与创新管理 _ 305
一、为什么要变革 _ 306

二、为什么变革很难成功 _ 307

三、谁来推动变革 _ 310

四、如何推动变革 _ 310

五、如何正确地领导变革 _ 311

六、创新管理 _ 314

案例：变革主题分享实录 _ 315

Chapter 16
第十六章　市值管理 _ 325

Chapter 17
第十七章　如何实践高质量增长管理系统 _ 329

参考文献 _ 335

致谢 _ 337

Chapter 1 第一章 | 高质量增长管理公式

所有的经营者都有一个愿望,即希望经营的企业能够保持高质量增长,但是这个愿望实现起来并不容易,大多数企业终归走向平庸,甚至消失。本书主要研究、探寻高质量增长企业的共同特性与规律,为管理者提供系统框架和方法论。

公式是上帝交给人类解决问题的一把金钥匙。用公式思维拆解商业问题,是解决问题非常有效的方法。持续成功型企业在管理上有没有共性?当然有!能否将共性总结为放之四海皆准的管理公式?当然能!我们认为,那些持续成功、基业长青的企业有共同的成功因子。本章将主要讨论何为高质量增长,高质量增长企业的管理公式,并解析高质量增长管理系统总框架。

一、什么是高质量增长

笔者研究了存续 50 年以上的世界 500 强企业，如 IBM、三星、美的等，发现它们成功的背后有一个惊人的共性，那就是保持持续高质量增长。具体来说，这些企业经历了多个经济逆周期仍然屹立不倒；行业从蓝海到红海，它们仍然保持着一贯的盈利水平；它们发展跨界产业，寻找第二增长曲线的成功率非常高。此外，这些企业在保持利润和营收同步增长的同时，组织强大，人才辈出，文化先进，机制健全。

那么何为高质量增长？即拥有远大战略、先进管理机制及文化，拥有持续增长的盈利表现。具体特征如下。

特征一：拥有强大的战略管理能力，使企业持续走在正确的发展方向上；

特征二：拥有先进的企业文化，引领团队及企业持续走向成功；

特征三：拥有先进管理机制与组织体系，充分激发员工及团队的潜能、善意及创造力；

特征四：拥有持续增长的动能，并在行业头部引领行业发展；

特征五：拥有比友商更优异的盈利表现，建立了深厚的发展护城河，拥有强大的风险控制能力；

特征六：拥有经历多个经济逆周期仍然保持营收和盈利增长的领先优势；

特征七：拥有复制自我、融合他人、构筑第二增长曲线的跨界发展能力。

二、公式化思维的价值

什么是公式化思维呢？它到底有什么价值？在这里可以跟大家分享一个公式化思维的案例，以方便大家理解。

曾经有一位麦肯锡的员工跳槽到了谷歌，他在谷歌的一个广告部门做业务管理，负责提升广告业务的收入。入职的第一天他就问了下属们一个问题："我们这个部门的业务公式是什么？"下属们就被问蒙了，他们想："我们部门没有什么公式啊。"后来，这个麦肯锡来的人通过和整个部门的人沟通，最终得出了他们部门的一个业务公式。这个公式就是：广告收入 = 展现量 × 点击率 × 每次点击的价格。

广告部门是要对广告收入负责的。谷歌的广告是按照单次点击来定价的，每次点击都能够收入1元；点击量又取决于有多少人看到了这条广告，也就是上述公式里的"展现量"；看到广告的客户里有多少人点击了也很重要，这个数字就是点击率。

我们可以看到，在这位业务主管到来之前，整个部门的目标只有一个，就是提高营收，但具体该怎么做，员工并不太清楚。这个问题其实是一个没有被拆解到原始问题的复杂问题。但有了上述公式之后，问题就变得更简单更直接了，现在大家就都知道：想要提高部门的营收，要么提高展现量，要么提高点击率，要么提高每次点击的价格，非常清晰明了。

每个复杂的商业问题背后其实都有这样可拆分的细分因子问题。公式化思维就是将复杂的管理现象抽象为因果项，并将成果的主要因子进行提炼，找出因子之间的关系，形成通用的公式，即可复制的成功方法论。

公式化思维其实是认识世界的最有效的方法，对管理企业也同样有效。我们从小学习数学，数学是典型的标准化的抽象思维，也是一个人建立认识的最基础的逻辑。比如 1+1=2，质能公式 $E=mc^2$，牛顿第二定律 $F=ma$ 等。

三、高质量增长管理公式

结合管理学和公式化思维，我们将高质量增长企业的相似性与共性总结为以下公式：

> 企业持续成功力 = 文化力 × 战略力 × 组织力

以美的为例，其54余年的成功实践非常符合这个公式。华为的成功虽然被总结为战略与组织力的成功，任正非本人并没有将企业家精神归纳为华为成功的关键因素，但笔者认为，华为最根本的成功是基于企业家精神、根植于企业文化的成功,《华为基本法》就是企业文化力的集大成者与表现形式。世界上所有优秀而又成功的企业，都脱离不了上述公式中的三大成功因子。

接下来，我们就对这三大成功因子进行逐一分析。

1. 文化力

文化力的背后是企业家精神，企业家精神强大了，文化力就强大了。

企业家精神就是企业家个人价值观、世界观、人生观在企业经营过程中的表现。纵观全球卓越的企业，从市值排名前三的苹果、亚马逊、微软，到国内巨头华为、美的、阿里巴巴、腾讯，乃至近年崛起的全球化新贵字节跳动……它们无一例外都拥有一位优秀卓绝、众望所归甚至能够力挽狂澜的企业领袖。

企业家精神如此重要，那它是如何作用于企业的经营与管理的呢？其实就表现为企业家的言行在企业中内化于心、外化于行的过程，也就是企业文化。企业文化实质上是企业家个人心智模式在企业发展中所建立起来的通识行为，是企业在方方面面有着明显特征的行为或表现。这些行为或表现不是零散的、无组织的，而是体现了统一的企业精神和企业价值观。

企业的使命、愿景源于企业家的理想和目标。企业价值观则是企业家个人内心世界和其所追求的精神世界的呈现。企业家崇高的理想、远大的目标，及其对人性的理解、对价值的看法、对权力的控制、对团队和组织的认知，对企业均会产生深远的影响。

那些成功的企业之所以能够做大做强，本质的原因就在于企业家精神及其心智模式。比如，美的创始人何享健的世界观、人生观、价值观深深地影响了美的的企业文化价值观。何享健出生于广东，广东比邻香港，鸦片战争以后香港成为中国与西方世界连接的窗口，各种先进的思潮和活跃的生产要素从香港传到广东。何享健带领北滘镇15位村民，做了第一个吃螃蟹的人。他们积极进取，敢于追求，打破常规，于1968年创立企业。在那样一个特殊的年代，这显然是有胆识、有勇气、有决心的创新之举。所以，开放、和谐、务实、创新成为美的的企业精神。试想：十几个人创业，如果团队内部不和谐，美的是不可能走到今天的；如果团队不务实，美的也不会有强大的执行力；如果团队思想不开放，美的不可能人才如潮，走向全球；如果团队不创新，美的不可有不断的技术进步和多元化、生态化战略的成功。

再看看华为，华为创办于 1987 年，用了 30 多年的时间成为一家全球著名的科技公司，华为的成功与任正非的人生三观也是相关的。1944 年任正非出生于贵州省安顺市的一个贫困山村，但是出生于知识分子家庭的背景与任正非的人生及华为追求持续的科技进步有着密切关系。即使在三年困难时期，任正非的父母仍然坚持让孩子读书。随后任正非经历了"文革"、应征入伍、进入南海石油工作，这些人生经历也磨砺和造就了华为持续坚持艰苦奋斗的企业文化。

2011 年 12 月，任正非在华为内部论坛发布了《一江春水向东流》这篇文章，透露了华为的人人股份制。任正非透露，设计这个制度受了父母不自私、节俭、忍耐与慈爱的影响。任正非还创立了华为的 CEO 轮值制度，每人轮值半年。此举为避免公司成败系于一人，亦避免"一朝天子一朝臣"。

华为坚持以奋斗者为本的价值创造、价值评价、价值分配的管理体系，与美的文化价值观中的"价值为尊，利益共享"是一致的。美的创始人何享健明白，没有价值分享，眼里都是小我，是做不成大事的，所以美的的企业文化中一开始就有利益分享的基因，这为随后 50 多年的发展过程中高度践行价值分享、股权激励埋下了种子。这也是美的能做大做强的内在逻辑。

2. 战略力

什么是战略？从不同角色、立场出发，战略的定义也不相同，这里不展开，具体在后面的章节里会深入探讨。

企业战略就是以未来为基点，为适应环境变化、赢得竞争优势和取得经营业绩而做出的事关全局的选择和行动。

首先，战略是"以未来为基点"的，而不是以现在为基点。战略既涉及未来，也关乎现在，但不是依据现在去假设未来，而是根据对未来的思考、分析和判断，设想未来的愿景和目标，进而制定战略规划，指导现在该做什么、不该做什么。正如管理大师德鲁克所说：战略就是依据未来决定现在该做什么。战略规划的起点是企业的目标，每一个目标领域都需要思考的问题是"当前必须做什么才能实现未来的目标"。

其次，战略是适应环境变化、赢得竞争优势和取得经营业绩的动态过程。在战略理论中，如何适应环境变化、如何赢得竞争优势、采取何种竞争战略一直是研究的重点，如迈克尔·波特提出了低成本、差异化、集中化这三种基本竞争战略。斯莱沃斯基提出的价值驱动业务设计，关注的核心就是如何打造战略控制点，即树立突出的竞争优势，确保企业取得持续的经营业绩。

最后，战略是由一系列决策构成的，是不断选择的过程，包括业务选择、市场选择、品类选择、组织形态选择、人员选择，等等。战略强调集中优势资源，有所为，有所不为。管理学者陈春花甚至认为"战略的本质是选择不做什么"。战略并不只是高层次的，关键是要落地，所以需要制定整体的和各个领域的行动方案，并付诸实施，且行动方案和采取的行动都是需要不断动态调整的。

"战略"一词源于军事领域，中国古代的《孙子兵法》从道、天、地、将、法五个方面总结了军事战略的思想。这五大军事战略思想同样可以运用到企业管理之中。

道："道者，令民与上同意也"，相当于企业的使命、愿景及目标。

天："天者，阴阳、寒暑、时制也"，代表了企业外部环境及发展机遇，并由此确定产品与市场范围、消费者群体。

地："地者，远近、险易、广狭、死生也"，代表企业内部环境及竞争优势，天时地利决定了增长向量，现在被称为赛道。

将："将者，智、信、仁、勇、严也"，代表了经营团队和领导才能，是企业最重要的资源和能力，即组织力。

法："法者，曲制、官道、主用也"，代表了企业的策略措施、政策制度、组织架构、资源配置、企业文化等。

战略就是选赛道、经营赛道、升级赛道的能力。选赛道既来自对企业家个人的梦想、追求的升华，又取决于能力与资源的匹配能力。经营赛道、实现战略的能力，与企业家精神一脉相承。

3. 组织力

所谓组织力，是指企业（组织）为实现战略与经营目标，以人性为基点，通过责权利能科学匹配的组织体制设计，实现员工善意、潜能激发的一系列机制安排的总和。本书中归纳出了组织力的内核，称为"7+3"机制。从形态上看，组织力表现为企业在竞争中的系统能力，决定了企业在外部市场成功的可能性，即提升组织力以配合战略，完成战略与经营目标的实现。

美国著名的管理学家艾尔弗雷德·D.钱德勒总结过一条黄金定律：战略决定组织，而组织决定成败。组织力强的企业，其内部能发挥协同效应，对外快速应对市场变化，为客户创造价值，超越竞争对手。比如，疫情这只黑天鹅，对一些企业是一种打击，对另一些企业却是一个重大利好，即使在线办公也没有影响这些企业的发展，因为这些企业的组织力非常强。

那么，如何打造企业的组织力呢？关键在于管理机制的构建。企业管理机制是基于人性，激发人性潜能、善意，抑制人性之恶意的一整套管理制度、体制安排。如美的的"7+3"机制，就是美的组织力的内核，是美的持续走向成功的关键因素。

我们用公式化思维来拆解组织力，其公式表现为：

> 组织力 = 组织架构 + 人才选育用留 + 责权利能匹配

组织力包括组织架构及其配套的制度、流程等。其中，人才选育用留就是人才的流进、人才的培养，以及冗员的流出；责权利能匹配就是为能干、会干、想干、敢干的人匹配相应的责任、权利及价值分配的过程。

四、高质量增长管理系统

前面我们主要在拆解高质量增长管理公式，那么这个公式又是如何作用于企业经营管理的呢？根据公式，我们用系统之父德内拉·梅多斯的系统理论，将高质量增长管理公式深化成一个系统——UMC3+3管理系统，如图1-1所示，该系统由六个子系统组成，分别为企业家精神与先进文化的融合系统、从战略规划到落地的高效执行系统、组织建设及人才激活的全面机制系统、开源节流降本增效的卓越运营系统、数字化转型成功的执行保障系统、高质量增长持续发展的经营体制系统。

```
                          使命
                          愿景 —— 企业家精神与先进文化的融合系统
                          价值观
                         决定
从战略规划到落地的高效执行系统  匹配   组织建设及人才激活的全面机制系统

 战略      战略       战略           激发机制              约束机制
 复盘      洞察       规划      治理   治理   治理    个人道德机制
                                机制   机制   机制
                                                 内部合规机制
 战略      全面       战略      治理   治理   治理
 解码      预算       落地      机制   机制   机制    外部合法机制

               数字化转型成功的执行保障系统
              开源节流降本增效的卓越运营系统
               高质量增长持续发展的经营体制系统
 营销  研发  制造  采购  仓储物流  品质管理  财经  营运  人力  审计合规
                   经营员工和满足用户
```

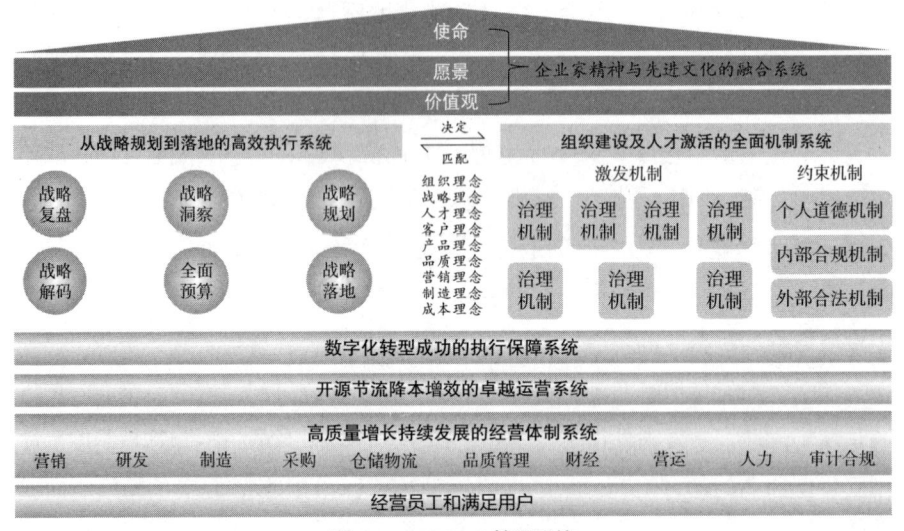

图 1-1　UMC3+3 管理系统

该系统底层原理如下。

企业所有的行为均"始于人，止于人"，即通过经营员工来创造用户与满足用户的需求，这正是 UMC3+3 管理系统的基座——经营员工、满足用户。

UMC3+3 管理系统源于美的，美的是一家经历了 54 余年发展，并经历多个产业逆周期而持续成功的公司。笔者受到美的持续高质量增长这一现象的启发，根据对美的成功因子的提取，建模形成了该管理系统。我们有理由相信，如果企业成功建成 UMC3+3 管理系统，高质量可持续性发展一定可以实现。

时代发展面临着高度的不确定性、模糊性、易变化性、易崩塌性、未知性，产业在快速更迭，经营周期在缩短，经营难度在增加。UMC3+3 管理系统就是基于这样的时代背景和企业经营需要而被提炼、总结出来的，该系统既能适应新时代发展需要，将外部高度的不确定性转化为内部高质量增长的确定性；又能提升企业内部的经营力、组织力、文化力，从而实现持续成功。

在接下来的章节里，我们会详细拆解这个管理系统，打开黑盒子，为读者一一介绍。

CASE 案例

美的持续高质量增长的三大密码

美的 50 多年来年均复合增长率超过 22%，正是基于其战略力、文化力、组织力（机制）三大关键因素的同时发力。我们将美的成功的三大因子进行了进一步的解析，形成以下模式图，如图 1-2 所示。

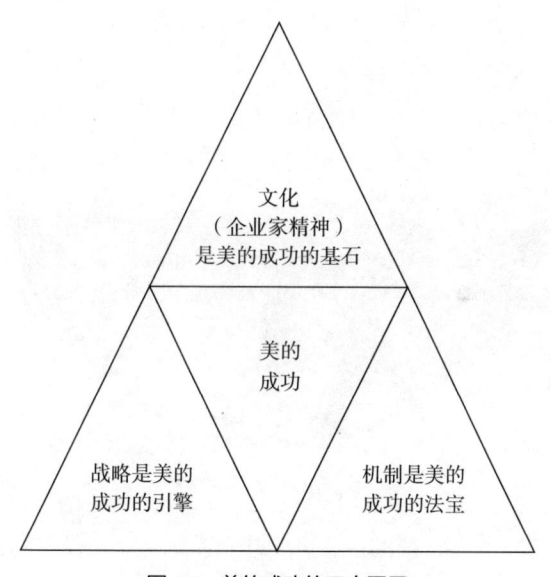

```
            文化
        （企业家精神）
        是美的成功的基石

              美的
              成功

   战略是美的            机制是美的
   成功的引擎            成功的法宝
```

图 1-2　美的成功的三大因子

文化有生生不息的特点，美的基于开放务实、价值为尊、利益共享、持续变革、创新和感知未来的企业文化，为其持续成功提供了精神引领，并将这些文化无形地渗透企业经营的方方面面。

战略是美的成功的引擎。美的守正居齐，借改革开放的东风，响应党和国家号召，以"原来生活可以更美的"为客户价值点，以为人类提供更美的生活为归宿点，为中国乃至全球提供了数以万亿级的产品及服务。美的抓住行业赛道机会，以清晰的商业洞察和精准的商业定位，把所聚焦的产业做到了极致，一跃成为行业前三强。

机制是美的成功的法宝。"7+3"机制使组织与战略深度匹配，责权利清晰匹配，优秀人才辈出，管理简单高效，经营持续优化，绩效走向卓越。

这三大成功因子相辅相成，缺一不可。我们用飞轮原理来梳理美的成功的管理系统，得出以下飞轮图，如图1-3所示。

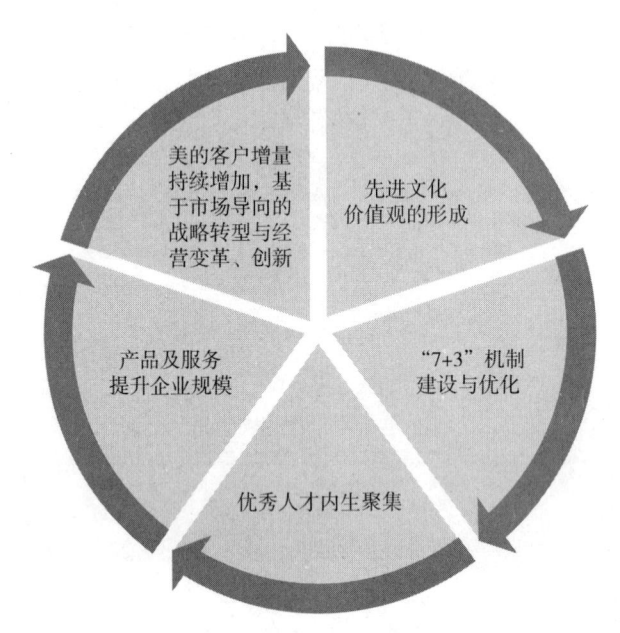

图1-3 美的管理系统飞轮图

美的开放务实、和谐创新的企业精神与价值观，是"7+3"机制形成的基因。先进的管理机制又带来了人才虹吸效应，通过"7+3"机制牵引，美的团队的善意激发和创造力得到最大发挥，从而为消费者提供更好的服务和产品。有了更好的产品和服务，就能驱动美的客户量进一步增长，使美的战略成功，并不断进行战略升级，反哺和夯实先进文化，并最终实现了持续高质量增长。

Chapter 2 第二章 企业文化引领企业持续成功

在第一章中,我们用公式化思维和系统思维对高质量增长管理系统做了框架性的阐述。从这一章开始,我们将全面深入地剖析高质量增长管理系统的各个子系统。本章主要分析以企业家精神为内核的企业文化是如何引领企业持续走向成功的。

一、什么是企业家精神

企业家精神是企业文化的内核，在整个企业文化中起着主导与支配作用。可以说，企业家精神是企业的灵魂，企业家精神和企业文化互为表里，相辅相成。全球最大科技顾问公司之一埃森哲的研究报告指出，在全球高级主管心目中，企业家精神是企业基业长青的基因。比如，有人认为，华为的成功本质上是任正非的企业家精神与经营哲学的成功。

因此，在研究企业文化之前，我们先要研究企业家精神。

企业家精神是什么呢？时代不同，其内涵也略有不同，但是其底层逻辑是一致的。企业家精神就是企业家的个人世界观、人生观、价值观在企业经营过程中表现出来的言行。它是一种重要而特殊的无形生产要素。企业家精神是由企业家的心智模式决定的，有什么样的企业家心智模式，就会有什么样的企业家精神。

二、什么是企业文化

企业家精神决定企业文化。什么是企业文化？企业文化也称组织文化，是由组织的价值观、信念、仪式、符号、处事方式等组成的组织所特有的文化现象。

企业文化之父埃德加·沙因教授是这样定义企业文化的：企业文化是一个特定组织在处理外部适应和内部整合问题中所学习到的，由组织自身发明、创造并且发展起来的一些基本假设。沙因使用睡莲模型，如图 2-1 所示，来描述组织文化，并进行了详尽的分析。

组织文化的第一个层次如同睡莲浮在水面上的花和叶，通常是其外在表现形式，包括组织的架构、制度、流程，以及组织成员的语言、行为、物品摆放等直观的信息。由于这些表象可以被人们接触与感知，因此人们可以通过它们形成对组织最直接的认识。

花和叶：文化的外显形式，包括组织的架构、制度、流程等

枝和梗：公开倡导的价值观、使命、愿景、行为规范等

根：各种被视为理所当然的、下意识的信念、观念和知觉

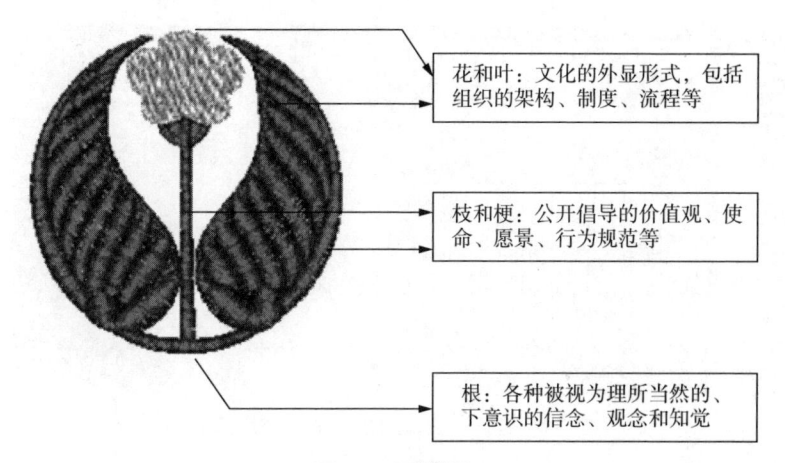

图 2-1　睡莲模型

组织文化的第二个层次是睡莲垂直生长在水中的枝和梗，通常是公开倡导的价值观、使命、愿景、行为规范等，也称经营理念。这一层次的文化是组织成员在生产经营活动、人际交往活动中产生的文化，也是组织文化的中间连接层次，人们或许可以透过"水面"看见这一层次，但它始终是模糊的，也是容易被忽视的部分，它的健康程度直接关系到上一层次和下一层次之间的传递。

组织文化的第三个层次是睡莲扎根在土壤中的根，包括各种被视为理所当然的、下意识的信念、观念和知觉，是对某一特定情境中适宜行为与反应的无意识的基本假设。这一层次的文化是最深层次的，虽然不为人们所关注，却是组织文化的基础。

笔者认为，第三个层次的源头就是企业家精神，企业家不断地萃取心智模式中的精华，将其输入企业文化系统之中，使其不断优化，并无限接近时代与企业发展的需要。

从逻辑关系来看，企业文化就是企业家精神在组织中体系化的建制。因此，企业文化的本质是企业家精神的系统化表现，是企业的 DNA，其作用毋庸置疑。甚至有人说："一年企业靠运气，五年企业靠赛道，十年企业靠战略，百年企业靠文化。"

结合前人的研究及笔者 20 多年的实践，企业文化可以系统地总结为以下模型——基于企业家精神的企业文化融合系统，如图 2-2 所示。

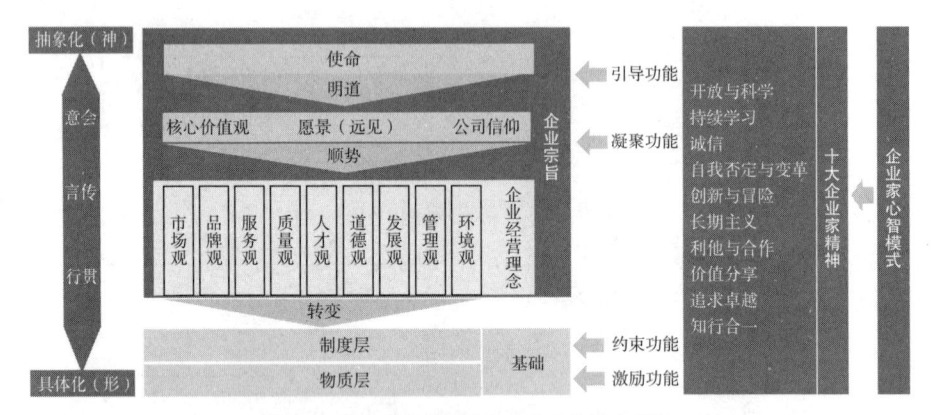

图 2-2 基于企业家精神的企业文化融合系统

我们简要解析一下该系统的脉络：企业家心智模式决定企业家精神。首先，个人世界观衍生出企业使命，即明道——这个企业为什么要创立；其次，个人人生观衍生出企业愿景，并做出赛道选择，核心是顺势而为；最后，个人的价值观衍生出企业的价值观，并生成企业经营理念。企业家精神对企业文化起着引导、凝聚、激励、约束作用；反过来，企业文化也会升维企业家精神和心智模式。

三、十大企业家精神构筑先进企业文化

当今时代，究竟什么样的企业家精神才能引领企业持续走向成功呢？通过研究美的、华为等成功企业的企业家精神，我们认为需要十大精神。

精神一：开放与科学

只有具备开放与科学精神，企业家才能走得更远。开放与科学精神的反面是封闭与经验主义，人一旦走向封闭就会犯经验主义错误，陷入自我与主观，从而在企业战略、经营决策、科学管理、人才使用上跑偏，最终也会使企业难以产生持续的竞争力。美的创始人何享健有一句名言："做企业一定要科学管理，开放用人。"

任正非在华为内部会议上也公开说："我们在内部开放批判，就像罗马广

场一样，大辩论、大批判，使得我们公司能够自我纠偏。"

精神二：持续学习

当今时代，我们面临着前所未有的挑战和机遇，只有持续学习才不会被时代淘汰，只有持续学习才能在时代潮流中走得更远。在比尔·盖茨的整个职业生涯中，他每年都会安排两周时间作为读书假期；杰夫·贝索斯是个热心的读者，他从大量的实验中学习，然后建立了自己的公司；沃伦·巴菲特也说过，他成功的秘诀是每天读500页书。

"学而不思则罔，思而不学则殆。"这句话我们每个人都听过，但真正能做到的人很少。而那些成功的企业家总是在学习，在学习中思考，再把消化的知识运用到自己的企业管理中。事实上，当一个人到了最高境界，学习就不再只是为工作做准备了，而是成为最重要的工作之一，成为一个人应对一切挑战的核心竞争力，成为永远无法推卸的责任。学习是企业家成功的关键因素之一。

荀子曰："学不可以已。"彼得·圣吉在其名著《第五项修炼》中说："真正的学习，涉及人之所以为人此一意义的核心。"学习与智商相辅相成，从系统思考的角度来看，企业家本人及整个企业都必须持续学习、全员学习、团队学习和终身学习。日本企业的学习精神尤为可贵，它们向爱德华兹·戴明学习质量和品牌管理，向约瑟夫·M.朱兰学习组织生产，向彼得·德鲁克学习市场营销及管理。同样，美国企业也在虚心学习，比如企业流程再造和扁平化组织，正是学习日本团队精神结出的硕果。

我们再看美的，无论是创始人何享健还是现任董事长方洪波，都不仅自己爱学习，还设立了机制，驱动全体员工学习。早在2004年，方洪波就在制冷家电集团推进一项学习机制：将南京大学在职MBA引入美的，考入南京大学MBA的员工（经过选拔方可成为南京大学在职MBA候选成员），根据英语托业考试成绩决定MBA学费个人出资比例，美的最高可报销80%的学费。这只是其中一个项目，美的早在2004年就建立了学习型组织，领导带头学习，方洪波在工作之余完成了硕士研究生、博士研究生的学业，英语水平达到了可以作为正常语言与欧美合作伙伴进行商务交流的程度。同样，华为创始人任正非也称自己50多年每天晚上都学习到将近一点。"我要去学习，不学习就驾驭不了华为。"

精神三：诚信

诚信是企业家的立身之本，企业家在修炼领导艺术的所有原则中，诚信是绝对不能摒弃的原则。市场经济是法制经济，更是信用经济、诚信经济。没有诚信的商业社会将充满极大的道德风险，显著抬高交易成本，造成社会资源的巨大浪费。其实，凡勃伦在其名著《企业论》中早就指出：有远见的企业家非常重视包括诚信在内的商誉。诺贝尔经济学奖得主弗里德曼更是明确指出："企业家只有一个责任，就是在符合游戏规则的条件下，运用生产资源从事利润的活动，即须从事公开和自由的竞争，不能有欺瞒和诈欺。"

任正非曾表示，其在早年创业过程中，没有技术，没有背景，也没有资金，但因为有诚信，帮助别人卖机器，从中得到一些佣金，从而发展起来。

精神四：自我否定与变革

不自己打破原有优势，就会被别人打破。在瞬息万变的市场中，如果僵化而行，就只能是死路一条。新常态下需要打破常规，敢于打破"只有光亮处才有出路"的思维定式，随着外部变化不断调整思路，尝试新举措，建立新跑道。唯有创新、求变、以变应变才是企业撬动市场、抓住机遇的永恒"法宝"。

美的创始人何享健在 2007 年的一次高管会上，当着 500 名高管的面说："我要否定自己，去变革。"方洪波在 2017 年美的中期会议上演讲时说道："美的 5 年前推动了系列的变革调整，才有了今天。当时是壮士断腕、不得已而为之，那我们今天就要反思，为什么不趁经营良好的时候，就敢于否定、变革发展？越是良好的时候，越要果断勇敢，敢于变革，敢于否定自己，更加果断转型……"华为任正非关于变革也有一段精彩的话："在我们公司，我实际是一个傀儡，我在与不在对公司没那么大影响。当年我们向 IBM 学习管理变革时，IBM 顾问跟我讲：管理变革最终就是'杀'掉你，让你没有权力，你有没有这个决心？我说我们有。"

精神五：创新与冒险

冒险是创新的前提，彼得·德鲁克提出，企业家精神中最主要的是创新，企业家在经营上的冒险行为是创新的前提条件。一个经营者要想获得成功，成为一名杰出的企业家，必须有冒险精神。对一个企业和企业家来说，不敢冒险才是最大的风险。美的方洪波认为：变革和创新是存量时代最大的增量。现在没有一家企业有护城河了，真正的护城河，是敢于自我否定，不断创新，跟上时代的步伐。

企业家的冒险精神主要表现在企业战略的制定与实施上，企业生产能力的扩张和缩小上，新技术的开发与运用上，新市场的开辟和拓展上，生产品种的增加和淘汰上等。

精神六：长期主义

长期主义是专注力和连续性的一种叠加，也是一种能够穿越小周期、看透大周期的能力。有了专注力，才能持续地提高效率。组织的专注力不如个人的强大，但组织的连续性要比个人的更长远。霍尼韦尔前董事长、CEO 高德威就是长期主义大师，他强调三点：第一，清除认知惰性，规划现在和未来；第二，为现在努力才能活着；第三，为未来布局才可能赢。只有坚持长期主义，才能让自己的行动按部就班地逐步进行，才能无限地接近自己拟定的目标。所谓"不积跬步，无以至千里"，就是这个道理。

精神七：利他与合作

稻盛和夫认为，利他主义是一种长期主义的经营管理哲学，企业领导者只有秉承这种哲学，企业才能够保持长远发展。利他其实也是客户导向的另外一种表述，只有充分地以客户为导向，满足客户需求，才能最终利己，完成企业最终商业价值的闭合。另外，企业家精神中一定要有合作精神，与价值链上下游合作，与内部员工合作，与外部友商合作。

精神八：价值分享

价值分享是持续成功型企业家非常重要的心智模式，稻盛和夫创办京瓷和 KDDI，任正非创办华为，都是企业家价值分享心智模式的成果。比如，任正非个人在华为的股权比例是 0.88%，尤其是 2022 年华为企业不做提留，100% 分红，每股 1.61 元，极大地提振了员工士气。全员持股，这只是任正非价值分享的一种体现。价值分享不仅体现在对员工上，还体现在对社会、对合作伙伴上。任正非的企业家精神的更高维度是让整个生态健康发展，让利给客户、让利给供应商、让利给渠道伙伴。给客户分利不代表一味牺牲商务，而是给优质客户投入更多的服务资源，提供更优质的产品；给供应商让利，不代表不顾采购成本，而是更多地赋能供应商，帮助供应商建立更科学的流程体系和质量管理体系，提升交付质量，最终给客户提供更优质的服务；给渠道伙伴让利，不是不管理渠道成本，而是给优质渠道提供更好的渠道销售措施，最终目的还是给客户提供最优质的服务和产品。

为什么学习华为管理的企业家 90% 会失败？是因为这些失败的企业家要求员工学华为的奋斗精神，但是在分钱分权的心智模式上，他们本人从来不向华为学习。

精神九：追求卓越

《追求卓越》是美国管理学家托马斯·彼得斯和罗伯特·沃特曼创作的管理类著作，该书通过访问美国 62 家大公司，总结出了优秀公司、企业家的八个特征，其中有一项就是持续追求卓越。360 集团创始人兼 CEO 周鸿祎表示，企业家要有追求卓越、敢闯敢试、敢于承担风险的精神。在制造业，追求卓越有另外一个专业术语——工匠精神。在中国有一个看似奇怪但实际上并不奇怪的现象：大部分懂得聚焦的企业家都能成就一家伟大的企业，比如华为聚焦客户价值实现（以客户为中心），美的聚焦机制建设，海尔聚焦让顾客满意。

精神十：知行合一

知行合一是企业家精神的归宿，是上述九大企业家精神的实践法则。知行合一是由明朝思想家王守仁提出的哲学理论，即认识事物的道理与实行其事，是密不可分的。"知"是指内心的觉知，对事物的认识，即心智模式；"行"是指人的实际行动力。

知为行之始，行为知之成。知行合一，致良知，也是王守仁心学思想的核心。

四、如何提升文化力，引领企业持续成功

塑造先进的企业文化是一个复杂而长期的系统工程，源头和动力就在于企业家精神及心智模式，因此我们主要解析企业家如何升级心智模式。

什么是心智模式呢？心智模式也称"认知地图"。美国管理学家彼得·圣吉将其定义为：根深蒂固地存在于人们心中，影响人们如何理解这个世界（包括我们自己、他人、组织和整个世界），以及如何采取行动的诸多假设、成见、逻辑、规则，甚至图像、印象等，并深受思维习惯、思维定式、已有知识的限制。从本质上看，心智模式是人们在大脑中构建起来的认知外部现实世界的"模型"，它会影响人们的观察、思考及行动。

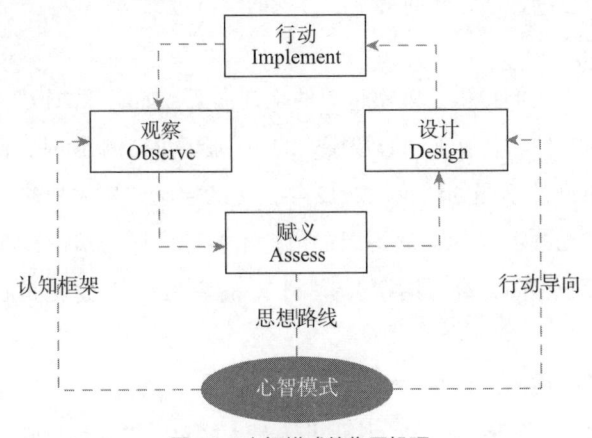

1. 心智模式的作用机理

心智模式的作用机理如图 2-3 所示。

图 2-3　心智模式的作用机理

图 2-3 上部分显示的是考夫曼提出的个体学习的 OADI 循环，下部分则显示了心智模式的作用机理。按照考夫曼的说法，个体的学习过程可描述为"见—解—思—行"的循环过程（简称 OADI 循环）。

所谓"见"（Observe），指的是从特定经历中取得素材，不仅指观察，还包括通过各种渠道获得的感觉、知觉等；"解"（Assess）是对得到的素材进行解释、评估，加以理解；"思"（Design）是对解释、评估之后的信息加以总结，形成抽象的概念、理论或模式；而"行"（Implement）则是将概念、理论付诸实践，以检验概念或理论的真伪。

心智模式一般包括以下七个特征：

- ▶ 每个人都具有心智模式。
- ▶ 心智模式决定了我们观察事物的视角和做出的相关结论。
- ▶ 心智模式是指导我们思考和行动的方式。
- ▶ 心智模式让我们将自己的推论视为事实。
- ▶ 心智模式往往是不完整的。
- ▶ 心智模式影响着我们行为的结果，并不断强化。
- ▶ 相较于其实用性，心智模式往往更具有持久性。

心智模式的作用机理主要表现为三方面，即心智模式通过三种途径影响个体的观察、思考和行动，从而影响所有人的学习过程。

（1）认知框架

心智模式为人们提供了观察世界的认知框架，如同"滤镜"，会影响人们所"看见"的事物。具有不同心智模式的人在观察同一事物时，往往会有不同的感受或得出迥然不同的结论。2012 年，美的启动"三大战略主轴"转型，对此，众说纷纭，不同的人从不同视角得出各种各样的结论；即使同一个视角，看法也不尽相同，真可谓"仁者见仁，智者见智"。这就是心智模式作用的体现。

（2）思想路线

认知心理学家瓦瑞拉认为，认识并不是人简单、被动地反映客观事实的过程，而是我们经验世界创造的主动过程。对于从外部世界获取的信息，我们会对其进行解读，做出合理的假设、想象，并按照特定规则或逻辑进行推论，从而做出判断和决策。在这方面，每个人其实都有很多切实的感受。例如，在午夜，你走在空旷的街道上，脑海中会浮现出很多画面，包括潜在的危险等，会不由自主地加快脚步。再比如，有的企业家在做重大决策时，见到某种场景，就会想起之前经历过的场景，并不由自主地按之前的经验做出判断和决策。这就是著名的"经验依赖"现象。思想路线决定了我们的思考和决策是否具有科学性。美的创始人何享健有一句名言：美的的成功可以总结为"科学管理"。言外之意，美的在管理上从来不主张感性判断和经验依赖。

（3）行动导向

彼得·圣吉指出，心智模式不仅决定我们如何理解世界，而且决定我们如何采取行动。因为人们在形成和发展心智模式的过程中，会逐渐总结规律、发现问题，形成一些对世界的概括性的看法，即价值观和世界观，从而影响人们的判断和行为。例如，相信"X理论"的管理者会将员工视为懒惰的、千方百计谋求个人利益而不顾公司利益的人，从而更倾向于采取严格的管控措施；而相信"Y理论"的管理者会将员工视为积极的、能自我约束和激励的人，因此更倾向于采取授权、激励等管理措施。

总之，心智模式是一种客观的心理存在，它影响着人们的观察、思考、决策和行动。心智模式没有绝对的对错、好坏之分，是一把"双刃剑"。由于心智模式是人们在特定的环境中基于自己的经历形成的，如果环境没有太大的变化，现有的心智模式将使组织高效运作，强化既有的成功；如果环境发生了根本性的变化，用原有的心智模式去观察、思考和行动，就会处处碰壁。因此，企业家要带领团队定期检视自己的心智模式是否与环境相匹配，并在必要的时候改善自己的心智模式。这就是管理变革和文化升级的重要性。华为、美的等企业持续进行管理变革与企业文化升级，以对抗外部环境变化和组织内部熵增，本质上也是要求员工的心智模式不断进化，以适应环境变化和经营的需要。

2. 改善心智模式的过程

如何改善心智模式呢？

彼得·圣吉指出，改善心智模式的过程，就是把镜子转向自己，试着看清自己的思考与行为如何形成，并尝试以"新眼睛"获得新的信息，以新的方式对信息进行解读并进行思考和决策。从本质上看，这是一个自省、学习、创新和变革的过程。具体来说，它包括如图2-4所示的四个步骤。

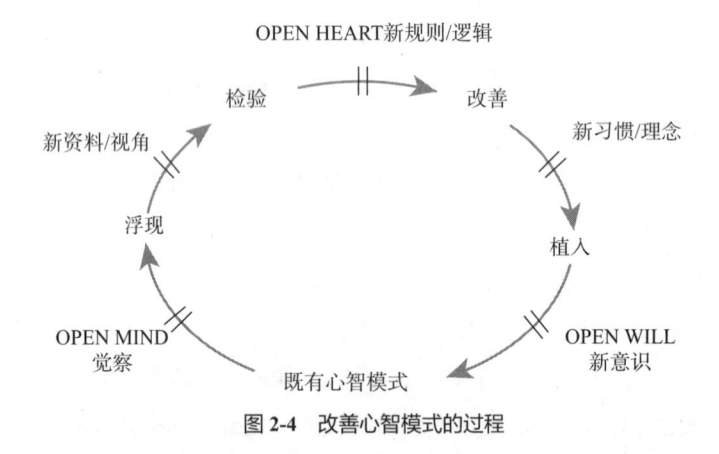

图 2-4 改善心智模式的过程

（1）觉察——开放的头脑

觉察是改变的前提。因此，让人们产生觉察，使隐藏于个人内心深处的假设、规则、成见等"浮现"出来，才能更加主动地对心智模式进行检验和改善。著名学者、领教工坊主席、极致学院创始人肖知兴老师认为，自我认知是觉醒的前提，一个人最怕的是无知却还不知道自己无知。

（2）检验——开放的思想

俗话说："巧妇难为无米之炊。"在我看来，新资料、新信息是生成新的心智模式的必备原材料。在"心门"打开之后，人们可以通过新的视角去获得新的资料，或以新的视角去审视原有的资料。

（3）改善——开放的心灵

在接纳了新的资料之后，人们需要用新的规则或逻辑对其进行解读，以便检验心智模式的有效性及其适用范围。由于思维的连续性，这一过程和检验几乎是同步发生的。这也是奥托·夏默所称的"开放的心灵"。

（4）植入——开放的意志

由上文可知，心智模式并非存在于理性思维层面，而是隐藏于思维的背后，是在潜意识或无意识状态下发挥作用的心理存在。所以，要想让其发挥作用，必须经由持续的练习，让其成为下意识的习惯，让一些价值观、规则、逻辑等成为牢固的信念，进入潜意识层面，才能较稳定、持久地发挥作用。对此，心理学家奥托·夏默称之为"开放的意志"。

需要说明的是，这一过程的四个步骤并不是分开的，改善心智模式的过程也不是单向的，更不可能一蹴而就，而是非常微妙、复杂、困难的。甚至当你或他人认为你已经发生改变时，一些根深蒂固的观念或习惯仍然自觉、不自觉地左右着你。

3. 改善心智模式的方法

改善心智模式有很多方法，我们在这里列举八种方法。

第一种，自省与反思

自省是改善心智模式的核心方法。例如，华为的核心价值观中就要求团队尤其是高层干部"持续进行批评与自我批评"。美的将其月度经营分析会称作"月度经营检讨会"。2010年美的家用空调事业部第十六届营销年会里就有一项议程——"开展批评与自我批评"，领导率先开展自我批评，下属聆听打分，低于一定分数必须再次进行自我检讨与自我批评。

第二种，持续学习

这要求企业家带头学习而不可依赖经验而行。同时，在组织层面，持续学习还强调建立学习型组织的重要性。优秀的企业都会例行为员工提供各种培训，购买书籍，并组织标杆学习。

第三种，建设性地试错

试错是获得新生的重要方式。美的鼓励员工进行建设性试错，正如美的研发工程师罗彬所说，美的人敢于试错，从不断尝试中寻求突破，以获得最优的解决方案。有敢于试错的勇气，才能有突破瓶颈的机遇。

第四种，更换新的环境

心智模式的形成具有"路径依赖性"和"经验依赖性"，也就是说，由于每个人的成长环境与经历不同，心智模式也可能是不一样的。《孟母三迁》的故事深刻地揭示了外部环境对心智模式的影响。

第五种，换位思考

《列子》中有一个《疑邻盗斧》的小故事，形象生动地说明：当我们心里有了某种想法之后，通过心智模式"选择性观察"的机理，我们会发现更多能印证这种想法的事例，从而更加坚定自己的判断。这是心智模式的自我增强特性。而这种自我增强特性容易导致企业忽视换位思考。换位思考也叫利他思维、客户思维，在企业中是非常重要的文化，不能换位思考的企业，通常"部门墙"非常高，管理效率低。

第六种，情景管理

情景管理本质上是为了避免"路径依赖性"和"经验依赖性"。它强调应结合场景及不同对象，做出不同的反应。

第七种，深度会谈与共识会

相对于个人学习，与他人交流更可能让自己豁然开朗，正如人们常讲的"听君一席话，胜读十年书"。在这方面，彼得·圣吉推崇的"深度会谈"是一种非常有价值的交流技巧。在圣吉看来，"深度会谈"是深入的、高层次的、高质量的沟通、倾听与共享，其目的不是探究真相，而是建立"共同的意义"。现在互联网平台企业较多采用这种模式和流程，由于年轻人多，想法差异大，通过自上而下命令式的方式来改善心智模式、达成共识是很难的，这时候共创共识的方法非常奏效。

第八种，持续"修炼"

改善心智模式归根结底只能依赖于自我的持续"修炼"，他人无法替代，外界条件只能起促进或激励作用。持续"修炼"是改善心智模式的不二法门。

在上述八种方法中，前四种方法是让人们产生觉察，而觉察是改变的前提，其中前三种大致对应孔子所说的"生而知之"、"学而知之"和"困而知之"；第五、六、七种方法是让人们通过新的视角去获取和解读新的资料，而新的资料是生成新的心智模式的必备原材料。当然，改善心智模式的各种方法从本质上讲都是自我持续"修炼"的过程，是一个学习过程，这种学习贯穿改善心智模式的全过程之中。

我们每个人都有心智模式，每时每刻都受心智模式的影响。如果不能驾驭心智模式，我们就会成为"心智的囚徒"。只有善于驾驭并改善心智模式，我们才能成就"全新的自我"。

CASE 案例一

美的企业文化及其解读

美的企业文化分为两个阶段。

第一阶段：美的价值观 1.0（创业—2018 年）

美的的核心价值主张是为顾客创造价值，为员工创造机会，为股东创造利益，为社会创造财富。美的将顾客和员工利益放在重要位置，优于股东利益。美的价值观 1.0 阶段的全文如下。

一、美的使命

为人类创造美好生活——为客户创造价值、为员工创造机会、为股东创造利润、为社会创造财富。

二、美的愿景

做世界的美的——致力于成为国内家电行业的领导者，跻身全球家电综合实力前五强，使"美的"成为全球知名品牌。

三、美的企业精神与核心价值观

开放：博采众长、勇于尝试

和谐：合作协同、共担责任

务实：追求实效、不事张扬

创新：发展科技、创新机制

四、经营准则

理性追求：宁慢两步、不错半步

授权经营：充分授权、业绩导向

协作共享：价值为尊、利益共享

五、内部层级定位

企业集团：资本经营，股东价值最大化

二级集团：产业经营，成为市场领先者

经营单位：产品经营，建立产品竞争力

六、重大关系准则

股东与经营层：契约经营、利益共享

企业与员工：互动双赢、共同成长

企业与合作伙伴：互利互惠、携手前进

企业与社会：恪守商道、承担责任

七、员工能力标准

以客为尊：客户导向、服务意识

激发潜能：积极主动、挑战压力

有效沟通：换位思考、彼此尊重

卓越执行：承担责任、追求实效

创新解难：积极思考、解决问题

八、员工行为准则

敬业：恪尽职守、敢于承担

进取：永不满足、精益求精

协作：服从大局、协同合作

学习：谦虚好学、学以致用

在此期间，美的白电集团成立，美的内部称之为制冷家电集团，其文化价值观是对集团文化价值观的延伸，并落实到基层，更强调经营理念，具体如下。

第一条　企业使命：为人类创造美好生活。为人类提供性价比最优的产品，创造一流的生活环境、品位体验与人文享受。

第二条　企业愿景：做世界的美的品牌，成为世界级产品领导品牌；产品与服务：广受全球赞誉；企业与团队：最受世人尊敬；员工：以献身伟大的共同事业为荣。

第三条　核心价值观：价值为尊，利益共享。为顾客创造价值，为员工创造机会，为股东创造利益，为社会创造财富；顾客至上，关注顾客需求，追求绩效，赢得顾客满意；尊重员工，培养人才，以共同利益落实共同愿景；持续变革，视变革为机会，不断创造价值，共同成长。

第四条　员工信念：敬业、责任、合作、学习、创新。敬业爱岗，恪尽职守；具有强烈的责任感，勇担责任；主动合作；向实践学习、向书本学习、比竞争对手学得快；挑战困难，大胆创新，赢得未来。

第五条　人才理念：唯才是用，唯德重用。员工是美的价值的缔造者，具有强烈进取心、创新力、良好沟通能力及优秀团队精神的人才是企业的核心竞争力；创造公平、公正、公开的竞争环境，不拘一格降人才；重用高度认同美的企业理念的人才；用人观是"五用""五不重用"，如图2-5所示。

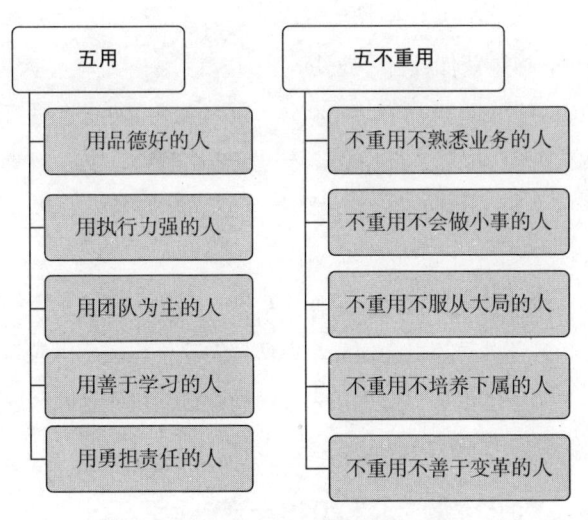

五用	五不重用
用品德好的人	不重用不熟悉业务的人
用执行力强的人	不重用不会做小事的人
用团队为主的人	不重用不服从大局的人
用善于学习的人	不重用不培养下属的人
用勇担责任的人	不重用不善于变革的人

图2-5　"五用""五不重用"用人观

第六条　技术理念：技术服务市场，创新引领未来。快速将市场需求转化为对产品的技术要求，向市场提供性价比最优的产品；依靠研发与技术创新，不断创造市场需求并引导市场，使产品力成为企业核心竞争力。

第七条　品质理念：品质是企业的尊严。品质是品牌的内在支撑，是企业的尊严；创造一流品质，真诚服务顾客；坚持品质四项原则。

顾客视角原则：顾客是企业生存的基础，当品质与成本、效率等其他因素发生矛盾或冲突时，应以顾客的视角，站在顾客的立场审视问题，做出正确的决策。

长远思考原则：顾客的满意和忠诚是基于长期使用产品过程中对品质的感知而产生的，所以任何时候均不能以牺牲品质为代价换取短期利益。

拒绝漠视品质：对品质的漠视意味着对尊严的亵渎，所以对于品质意识淡漠的员工，应坚决予以淘汰。

追求零缺陷：为确保尊严，必须做到，不合格的供应商坚决淘汰；不合格的零部件不能上线；不合格的产品不能出厂。

第八条　营销理念：营于思，销于行；大市场，细耕作。营销有道，勤学习才能进步；市场无情，勇变革方能发展；勤思多想，通过不断学习摸清市场的规律，系统策划和实施；以速度求主动，执行力是制胜的关键；对市场变化快速反应，在变化中寻求发展，实现自我超越；市场增长的空间永远存在，唯有管理精细化、运作专业化才能留住顾客，战胜对手。

第九条　服务理念：认真做足100分，顾客满意100分。顾客永远是第一位的；服务追求零缺陷，提倡"五心级服务"（贴心、舒心、放心、精心、称心）。

第十条　成本理念：追求系统成本最优，绝不浪费一分钱。成本管理无小事，点点滴滴皆资源；永远挑战成本极限。

第十一条　价值链合作理念：合作、互动、双赢。当今之竞争是价值链整体的竞争，在业务各领域寻找机会建立合作伙伴关系，与核心供应商和渠道建立战略合作关系；大力输出管理、技术和人才，同供应商协作，同客户联盟，与其他机构合作，和价值链上下游核心伙伴实现同步成长。

第二阶段：美的价值观 2.0（2018 年至今）

美的愿景：科技尽善，生活尽美。

美的使命：联动人与万物，启迪美的世界。

美的价值观：敢知未来。

美的价值观确定为敢知未来，并对其内涵做了新的诠释。

一、志存高远

从一个塑料瓶盖开始，美的人始终心怀梦想，坚持长期主义。正因如此，才能让1968年在顺德北滘创立的一个小作坊成长为一家世界五百强国际化企业。正如扬帆航海，前方尽是未知，纵然跌宕起伏，但只要坚信远方有闪亮的灯塔，我们终将能够抵达。

二、客户至上

客户是我们的立身之本。坚持一切从客户视角出发，倾听客户的声音，重视客户的每一个反馈，至关重要。我们鼓励大家主动识别自己工作岗位中的"客户"，并始终站在客户角度思考问题、解决问题；鼓励大家直接聆听客户的反馈，并努力提升交付体验，做到把简单留给客户，把复杂留给自己。

三、变革创新

走老路，永远无法到达新的彼岸。无论你身处什么部门、什么岗位，我们都希望你保持成长思维，打破边界；面对挫折坚持不懈，在批评中学习；大胆尝试，承担风险。VUCA时代，我们更加需要这种勇于探索、拥抱变化的精神，来应对日益复杂的外部环境。

四、包容共协

美的人分布在全球各地，你会与不同性别、年龄、性格、国籍的同事打交道。正因为大家所处的环境不同、背景不同，才得以碰撞出不同角度的精彩观点，让一个问题得到多个不同的答案。同时，我们倡导打破层级，坦诚沟通不唯上；不必因为自觉"人微言轻"而自我禁言。只有多元和包容，才能让组织迸发出生生不息的活力。

五、务实奋进

居安思危，时刻进步，实事求是，说到做到。我们要继承美的务实奋进的优良传统，时刻保持忧患意识和危机感，在最好的时候主动求变。尊重事实，对事不对人，坚守团队诚信，不夸夸其谈，拒绝没有思辨就执行，积极做问题的解决者。价值观是什么？它是我们每天对待工作的方式，它是我们在面临决策时做出选择的理由，它是组织中大家共同遵守和践行的行为准则；价值观不仅仅是管理者的事，它与你有关，与我有关。认识它、认同它、践行它、捍卫它、传承它，应该是每位美的人的责任。我们坚信，共同的信仰和理念会让我们走得更稳健、更遥远。

CASE 案例二
奈飞的企业文化

奈飞，相信大家都不陌生，喜欢美剧的朋友可能看过它出品的《纸牌屋》。奈飞成立于 1997 年，曾经是一家在线 DVD 租赁提供商，之后转型成一家会员订阅制的流媒体播放平台。2009 年，奈飞公开发布了一份介绍企业文化的 PPT 文件，在网上累计下载量超过 1500 万次，被 Facebook 的 CFO 谢丽尔·桑德伯格称为"硅谷重要文件"。文件内容如下。

（1）我们只招成年人
- 成年人最渴望的奖励，就是成功
- 每个人都渴望与高绩效者合作
- 不要让规章与制度限制了高绩效者

（2）要让每个人都理解公司业务
- 培养基层员工的高层视角
- 保持沟通的强节奏
- 双向沟通，注入好奇文化
- 员工的无知是管理者的失职
- 让员工学习冲突管理，不如让他们学习业务运作
- 情况在不断变化，沟通必须持续进行

（3）绝对坦诚，才能获得真正高效的反馈
- 人前人后言行一致
- 重视公开批评的价值
- 学会给出受欢迎的批评
- 自上而下树立坦诚的榜样

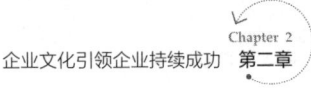

- ▶ 为反馈提供多种机制
- ▶ 坦承成绩，更要坦承问题
- ▶ 领导者能够坦承错误，员工就能畅所欲言
- ▶ 透明文化，让错误无处遁形

（4）只有事实才能捍卫观点

- ▶ 坚持你的观点，用事实为它辩护
- ▶ 数据并不带有观点
- ▶ 小心看起来很好实际上没用的数据
- ▶ 用数据对观点进行检验
- ▶ 基于事实≠真实，对观点进行不断审视
- ▶ 要解决观点分歧，就要将辩论公开化

（5）现在就开始组建你未来需要的团队

- ▶ 不要让招聘成为一场数字游戏
- ▶ 不要期望你今天的团队能成为你明天的团队
- ▶ 站在6个月后的未来，审视你现在的团队
- ▶ 你建立的是团队，不是家庭
- ▶ 员工的成长只能由自己负责
- ▶ 企业在不同的阶段需要不同的员工
- ▶ 你不必在一家公司待一辈子

（6）员工与岗位的关系，不是匹配而是高度匹配

- ▶ 人才保留不是团队建设的目标
- ▶ 伟大的工作与福利无关
- ▶ 不与面试者谈薪酬
- ▶ 用超高的人才密度吸引人才
- ▶ 不是每个岗位都需要爱因斯坦
- ▶ 简历之外，更能看出匹配度
- ▶ 永远在招聘
- ▶ 当人力资源部门成为业务部门

（7）按照员工带来的价值付薪

- ▶ 薪酬与绩效评估流程无关，只与绩效有关
- ▶ 不要让员工在不得不离开时才获得应得的薪水
- ▶ 保证每个人都获得市场最高水平的薪水
- ▶ 告别密薪制，薪酬透明有助于市场定价

（8）离开时要好好说再见

- ▶ 每10场比赛就做一次评估
- ▶ 取消绩效评估流程
- ▶ 废除绩效提升计划
- ▶ 高敬业度不代表高绩效
- ▶ 员工评估的一个算法
- ▶ 主动让员工离开
- ▶ 终身雇佣制的消失

Chapter 3
第三章 战略牵引企业走向正确的方向

战略能力包括三个核心能力，一是看大势的能力，即选赛道的能力；二是战略营运能力，即经营赛道的能力；三是战略升级与转型能力，即升级赛道的能力，确保企业跟上时代，不被竞争者淘汰，不被时代淘汰。本章主要围绕这些核心问题展开。

一、战略管理的基本理论

战略管理学在管理学里属于比较年轻的分支，该理论起源于 20 世纪的美国。它萌芽于 20 世纪 20 年代，形成于 20 世纪 60 年代，在 20 世纪 70 年代得到较大发展，在 20 世纪 80 年代受到冷落，20 世纪 90 年代时又重新受到重视。进入 21 世纪，战略管理被绝大多数企业纳入日常经营活动当中，真正成为牵引与承载企业持续成功、高质量增长的主要力量。

1. 西方的战略管理理论

在企业战略管理理论发展史上，许多西方战略学者对企业战略进行了深入研究，代表性的观点主要有以下几个。

（1）"战略 = 适应环境"

美国企业史学家艾尔弗雷德·钱德勒被认为是战略管理领域的奠基者之一。1962 年，钱德勒出版了他的《战略与结构：美国工商业企业成长的若干篇章》一书。他以杜邦、通用、标准石油、西尔斯 4 家企业为对象，详细考察了 20 世纪前期美国大企业从直线职能结构向多部门结构转变的过程，并提出"结构随战略"的主题，即企业扩张战略必须有相应的结构变化跟随。钱德勒开企业战略问题研究之先河。钱德勒在这本著作中，还分析了环境、战略和组织之间的相互关系。他认为，企业经营战略应当适应环境，满足市场需求，而组织结构又必须适应企业战略，随着战略的变化而变化。

（2）"战略 = 计划"

美国著名战略学者伊戈尔·安索夫被认为是战略管理的鼻祖。安索夫根据自己在美国洛克希德飞机公司等大型多元化经营的公司里多年的管理实践和在大学的教学及咨询经验，于 1965 年出版了著名的《企业战略》一书，首次提出了"企业战略"这一概念，将战略定义为"一个组织打算如何去实现目标和使命，包括各种方案的拟定和评价，以及最终将要实施的方案"。安索夫认为，战略构造应是一个有控制、有意识的正式计划过程。企业的高层管理者负责计划的全过程，而具体制订和实施计划的人员必须对高层管理者负责，通过目标、项目、预算的分解来实施所制订的战略计划。美的 1998 年推行的预算管理、计划管理正是受到以安索夫为代表的计划学派的影响。

（3）"战略 = 竞争"

美国著名战略学家迈克尔·波特被称为竞争战略之父，是当今世界上最有影响的管理学家之一。波特在其著作《竞争战略》和《竞争优势》中阐述了关于竞争战略的观点。波特认为，构成企业环境的最关键部分就是企业投入竞争的一个或几个行业，行业结构极大地影响着竞争规则的确定及可供企业选择的竞争战略。行业结构分析是确立竞争战略的基石，理解行业结构永远是战略制定的起点。波特创造性地建立了五种竞争力量分析模型，他认为一个行业的竞争状态和盈利能力取决于五种基本竞争力量之间的相互作用，即进入威胁、替代威胁、买方讨价还价能力、供方讨价还价能力和现有竞争对手的竞争，而其中每种竞争力量又受到诸多经济技术因素的影响。在这种指导思想下，波特提出，企业战略的核心是获取竞争优势，赢得竞争优势有三种最一般的基本战略：总成本领先战略、差异化战略、集中化战略。

波特所提出的行业竞争结构分析理论在过去 20 年里受到企业战略管理学界的普遍认同，并且成为进行外部环境分析和激发战略选择最为重要和被广泛使用的模型。

波特的竞争战略是最早对美的发展产生深刻影响的理论。在 2000 年前后，《竞争战略》和《竞争优势》这两本书被列入美的中高层领导的必读书目，美的在 1998—2012 年的经营策略主要受波特竞争战略理论的影响。

（4）"战略 = 核心竞争力"

哥印拜陀·克利修那·普拉哈拉德和加里·哈默尔是核心竞争力理论的创始人。1990 年，普拉哈拉德和哈默尔在《哈佛商业评论》上发表了《公司的核心竞争力》一文。他们认为："竞争优势将取决于企业能否以比对手更低的成本和更快的速度构建核心竞争力，使各项业务能够及时把握不断变化的机遇。"其后，越来越多的研究人员开始投入企业核心能力理论的研究中。所谓核心能力，就是所有能力中核心的、根本的部分，它可以通过向外辐射，作用于其他各种能力，影响其他能力的发挥和效果。

核心能力学派认为，现代市场竞争与其说是基于产品的竞争，不如说是基于核心能力的竞争。企业的经营能否成功，已经不再取决于企业的产品、市场的结构，而取决于其核心能力。因此，企业战略的目标就在于识别和开发竞争对手难以模仿的核心能力。

（5）"战略=5P"

加拿大教授亨利·明茨伯格被认为是最具原创性的管理大师之一。明茨伯格1999年在其《战略过程：概念、情境、案例》一书中提出了"5P"战略的概念。明茨伯格认为，人们在生产经营活动中不同的场合以不同的方式赋予企业战略不同的内涵，说明人们可以根据需要接受多样化的战略定义。在这种观点的基础上，明茨伯格提出企业战略是由5种规范的定义阐述的，即计划（Plan）、计策（Ploy）、模式（Pattern）、定位（Position）和观念（Perspective），这构成了企业战略的"5P"。这5个方面从不同角度对企业战略这一概念进行了阐述。

2. 东方的经典战略思维

东方战略管理理论与西方战略管理理论有所不同：西方战略管理理论更侧重操作层面，即告诉你怎么制定战略流程，怎么设计战略模式，怎样分析战略要素，怎样制定战略方案；而东方战略管理理论更底层，更强调宏观、整体、长远规划，更侧重思想层面。

其实，早在2500多年前，中国著名的军事家孙武就从战争的角度出发，系统阐述了竞争战略思想。孙武把战争上升到"死生之地，存亡之道"的战略高度，指出竞争是建立在力量对比基础上的，揭示了力量生成规律及竞争的客观规律是强胜弱败，即现在我们所说的比较优势，并揭示了力量发生作用应当遵守的"避实而击虚"的战略原则。而要成功应用这一竞争规律，还必须通过"知彼知己，百战不殆""自保而全胜""先胜而后战""出其不意""集中兵力"等竞争制胜之道来体现。

最早把孙武的军事谋略运用于企业管理的是日本人。日本军人出身的企业家大桥武夫于1951年接管濒临破产的小石川工厂，把它整顿、重建为东洋精密工业公司。几十年来，该公司一直生机勃勃、久盛不衰，其诀窍就在于大桥武夫把《孙子兵法》的思想引入了他的企业管理之中。他所著的《用兵法经营》一书总结了他以兵法原理经营管理企业的成功经验，在日本企业界影响深远、负有盛名。

美国人对于将孙武的军事理论运用于企业管理，也表现出浓厚的兴趣。美国学者在其所著的有关企业管理的著作中，极力推崇《孙子兵法》的管理思想。著名管理学家乔治在《管理思想史》中强调："你想成为管理人才吗？必须去读《孙子兵法》！"美国企业家、通用汽车公司董事会主席罗夫·史密斯自称他的经营之道来自两千多年前中国的《孙子兵法》，并运用书中的理论在公司进行了一场大刀阔斧的改革。

中国自 20 世纪 80 年代以来，相继召开了多次有关孙子兵法与企业经营管理方面的经验研讨会议，与会者介绍了大量运用孙子兵法进行经营管理而取得成功的实例，并且发表了一大批专题论文，出版了学术专著，已取得很好的效果。当今，中国已加入世贸组织，全球经济一体化的态势直接影响国内各个企业，企业家面临一场前所未有的事关生死存亡的竞争。能否以经济战略家的眼光应对这场全球化的竞争，开辟自己的新路，是对每一个企业家的考验。在这方面，《孙子兵法》一书对于企业家而言是一部制胜之书。

基于企业操作角度，企业战略管理可高度概括为三个部分，分别是战略选择、战略经营及战略升级。接下来我们一一展开论述。

二、战略选择

战略选择即赛道选择，这是所有企业几乎都需要面对的课题。无论新创业者，还是已经经营多年的企业，都要有一套科学、理性、系统的决策方法。在战略选择上，若采取经验依赖，或以个人感性判断"拍脑袋"，或盲目追逐风口，都是不可取的。这样做小则损失惨重，大则倾家荡产、万劫不复。比如，江西有一家曾经市值千亿级的农业板块的上市公司，不到两年，市值缩水90%，面临退市，就是"拍脑袋"、盲目追逐风口造成的灭顶之灾。

为了尽可能减少决策风险、提升决策质量，最终确保战略选择的成功率，在此分享一个非常简单的决策方法，即想做、可做、能做战略选择"三交集法"，如图 3-1 所示。

战略选择就是在想做、可做、能做这三者中找到交集部分，并且不断放大交集的过程。图中 A 是想做，B 是可做，C 是能做。D 才是该做的，即战略选择的最佳方案。

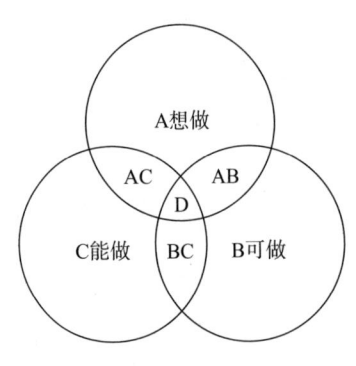

图 3-1 战略选择"三交集法"

1. 想做

"想做"源于企业家精神，是企业的使命、愿景（远见）和价值观。使命是一个企业之所以存在的终极目标，它是指企业能为人类、社会、客户创造什么价值。愿景是企业对未来长远发展的一种预期，其实也是企业家的产业梦想。企业家精神其实是企业家价值观在企业平台上的结构化表现，这是企业管理中的底层逻辑。

聚焦到赛道选择上，其实，想做哪个产业、哪一块市场，取决于企业家的个人主观意向。但是有了这个主观意向后，企业能不能直接投入资源、招聘人员去干？不能！这就需要进一步思考是否"可做"和"能做"的问题。

2. 可做

"可做"是对外部机会的判断，即有没有足够多的市场容量，行业成长性如何，行业处于什么样的发展阶段当中，行业竞争对手如何，行业平均利润率如何等。用战略管理术语来说，"可做"即战略洞察。因此，"可做"有几个关键考量因素：一是赛道要处于成长通道中；二是容量足够大；三是价值链可控性高，有经营空间，即"基因"要好；四是竞争对手要"好"，其操作手法要市场化，且饱和度不宜过高；五是行业利润率要有吸引力。

3. 能做

"能做"是指企业自身资源、能力、组织的匹配度。企业能否将战略贯彻到位，关键在于其是否拥有与所制定战略相匹配的能力，如果没有专业人才，组织力是否能支撑，管理机制是否健全等。选战略容易，但支撑战略成功的保障能力却很难快速复制。能做的背后是组织、人才、机制、资源的支撑。

这些关键要素和系统的健全非一日之功，需要付出长期不懈的努力。

想做、可做、能做三者的交集叫该做，即战略选择的落脚点，也就是图 3-1 中的 D。其实，从单个企业来说，该做的机会点并不大。因此，战略选择也是取舍的过程，放弃同样是一种战略选择。在战略布局上，很多企业家会犯这样的错误：只考虑想做、可做，即盲目追热点，比如国美、苏宁、红星美凯龙等都曾在战略选择上，在不尊重科学决策，没有充分分析环境、评估自身能力的情况下，盲目以个人意志来选择发展战略。

想做、可做、能做三者缺一不可，如果想做、可做但是不能做，该放弃就要放弃。比如，美的 2004 年收购云南客车、三湘客车后又迅速关停，2011 年前后关停空气压缩机项目，其背后的原因是，美的不具备做这些项目的能力。很多人不能理解美的为什么不做黑色家电（彩电音响类），按理说从供应链、市场营销、品牌及场景生态化角度来看，做黑色家电都是重要的思考点，但是美的在这个战略选择上却保持着非常强的定力。其原因有二：一是黑电关键技术投资大，且技术在短期内难以攻克，加之技术迭代快，与家电有着节奏上的差异，这属于不会做、不能做的问题；二是黑电产品早已进入了红海市场，品牌格局已基本确定，且价值链经营空间不足，这属于不可做的问题。

在战略选择上，还有一个非常重要的选项——必做，必做比想做、可做、能做的思考维度更高，属于价值链经营中的"核心、卡脖子"项目。比如，空调行业的几大品牌美的、格力、海尔都必做电机、压缩机核心零部件；华为的手机为核心业务，如今被芯片"卡脖子"，但是从战略选择上，手机芯片一定是华为的必做项目。

三、战略经营

战略经营也叫战略营运，选好赛道后，我们就要聚焦于如何做赛道经营，并将想做、可做、能做的交集不断扩大。战略经营的全链路包括战略复盘、战略洞察、战略制定、战略解码、战略执行。图 3-2 是一个从战略复盘到战略执行的高效战略经营全链路系统。接下来，我们将战略全价值链一一拆开详解。

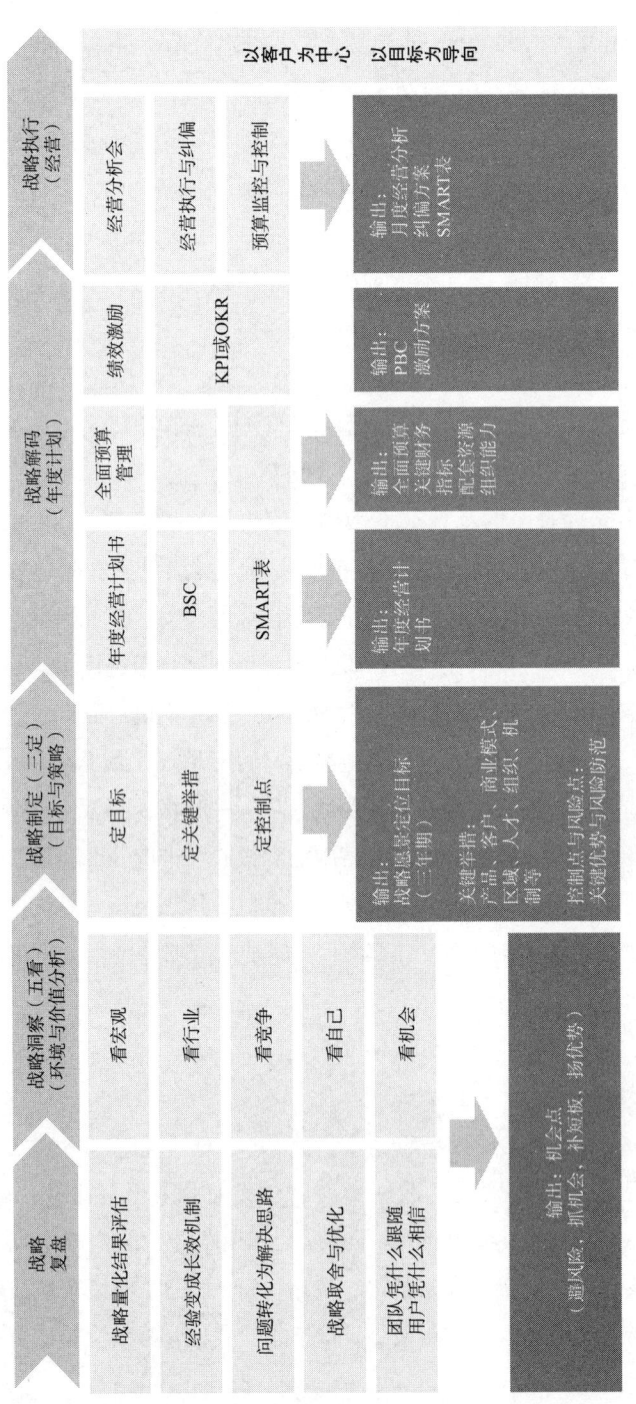

图 3-2 战略经营全链路系统

1. 战略复盘

战略复盘就是对过往制定的战略的执行情况的分析、总结、提炼，并为战略洞察提供方向上的指引。战略复盘可能是最难做的一种复盘，因为它涉及企业经营管理的方方面面，参与人员众多，问题也很棘手、复杂，复盘起来难度很大。它可能不是一两次会议就能完成的（在很多情况下需要召开数次面对面的会议），也很难像事件、活动或项目/阶段复盘那样目标明确并聚焦。但毫无疑问，战略复盘对企业发展的意义是不言而喻的。比如，美的从每年7月开始，上至集团，下至各事业部，都要进行3~5年滚动发展战略复盘工作。

那么，该如何进行复盘呢？可参考以下做法。

首先，一号位亲自部署。"定战略"是一号位的核心职责。为此，战略复盘也应该由一把手亲自部署，然后由战略管理部门承接，并拉动整个业务组织和管理组织全面参与。

其次，明确分工，形成机制。经营与战略复盘不仅仅是召开一两次会议，而是要求公司一把手和核心高管团队主导、全程参与及深入研讨，涉及公司经营与管理的方方面面，也与后续的各项工作推进（如预算、资源协调、人力资源管理等）息息相关。比如，湖州永艺股份就是一家非常重视战略牵引企业高质量发展的企业，该公司董事长张加勇带领经营团队从每年7月开始持续长效化、机制化推动战略复盘及战略制定工作，使该公司持续多年在办公椅行业处于领先地位。

最后，战略主管部门积极引导和主动梳理。经营与战略复盘对战略主管部门的要求很高，不仅需要其具备优秀的经营思维，对各种尖锐或微妙的研讨局面进行控场，而且要有战略规划、经营分析、市场洞察等方面的经验，可以熟练地使用一些专业的研讨与分析工具或方法，如平衡记分卡、商业模式画布、SWOT分析、PEST分析、波特竞争五力模型、价值链分析、情景规划等。这些有助于提高复盘研讨的效率并改善其效果。否则，复盘研讨过程就可能非常零乱、破碎，甚至混乱不堪。

战略复盘有两个视角，即战略执行结果与计划对比和行业与主要竞争对手对比。有了对比就知道了不足，就明确了战略经营下一阶段的重点。

2. 战略洞察

战略洞察是在对企业面临的内外部环境进行分析后，得出的影响企业发展战略的深层次的前瞻性假设。它不是基于表象得出的观点，而是基于行业深层次发展所得出的结论，能够让公司战略的设计和规划更加准确，更具有可执行性。战略洞察有助于进一步印证可做和想做的匹配度，即思考想做某个产业，但是这个产业是否能进入，有多大机会，有多大成功率等问题。

战略洞察是建立在观察、研究基础上的深度思考，需要掌握事物的内核。洞察的本质是基于某项事物进行深度观察，从而得出本质性结论。洞察与观察不一样：观察是看到表象；洞察是掌握内核，洞察是在观察基础上的更深度的思考，且这种思考具有较强的前瞻性和指引性。正如英特尔创始人摩尔提出的摩尔定律一样：集成电路芯片上所集成的电路的数目，每隔18个月就翻一番，性能也将提升一倍。摩尔定律不但精准预测了芯片行业的发展规律，而且指引了英特尔几十年的发展，直到今天这条定律还在发挥作用。摩尔对芯片发展的洞察并非空穴来风，而是在对行业过往发展进行深入观察的基础上发现的规律。在数字化时代，一年内产生的信息量甚至超过过去5000年的所有信息量。因此，企业时刻都要对环境保持关注与敬畏。

战略洞察是对未来的一种预测和假设。战略洞察能够对未来做出较为准确的预测，这种预测一定是根本性的、具体的，是水面之下的真相，能够对企业的战略制定给出直接的参考和指导，如是否值得做，做的机会点、切入点在哪里等。很多企业之所以战略失败，主要就出在此问题上，比如前面提到的国美、苏宁、红星美凯龙等。

我们反复提醒的是，企业战略是未来和现实的能力、资源匹配，需要企业根据对未来面临的内外部环境形成前瞻性的假设，并根据这个假设进行主动的规划和设计。而战略规划和战略执行就是对假设进行的试验和验证。有了科学系统的战略洞察，企业才能发现机会，控制风险，实现想做、可做、能做的闭环；而如果没有真正的战略洞察，战略本身也就不具备真正的牵引性，唯有企业（家）想做是不能实现战略落地的。

战略洞察一般使用什么工具呢？目前在管理界比较流行的分析工具以

IBM 使用的业务领先模型为代表，它通过对五方面内容的研究分析形成市场洞察，即人们常说的"五看"，如图 3-3 所示。不同类型的企业，关注的重点不同。大行业的龙头企业，重点关注宏观和行业；中小型企业，重点关注行业、客户、竞争和自身。

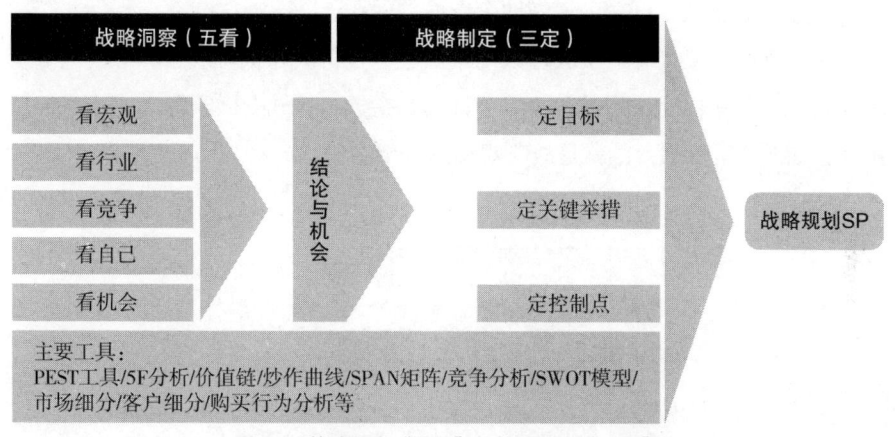

战略洞察（五看）：看宏观、看行业、看竞争、看自己、看机会 → 结论与机会 → 战略制定（三定）：定目标、定关键举措、定控制点 → 战略规划SP

主要工具：
PEST工具/5F分析/价值链/炒作曲线/SPAN矩阵/竞争分析/SWOT模型/市场细分/客户细分/购买行为分析等

图 3-3　战略洞察"五看"与战略制定"三定"

3. 战略制定

所谓战略制定，就是制定组织的长期目标以及将其付诸实施的整套方案，它是一个正式的过程。战略制定分为三个阶段：第一个阶段就是定目标，即企业在未来的发展过程中，要应对各种变化所要达到的目标；第二个阶段就是定关键举措；第三个阶段即定控制点。我们分别解析如下。

（1）定目标。一号位在设立方向和目标时有自己的价值观和自己的抱负。但是他不得不考虑外部环境和组织的优劣势，因而最后确定的目标总是在综合权衡这些因素的基础上得出来的结果。目标的确定最重要的是上下共创共识，而不是一号位或企业家个人的一厢情愿，在周期性的行业或行业已经进入存量市场阶段时，切忌冒进和好高骛远。比如正邦科技，就是因为忽视"猪周期"这一客观规划，盲目追求高增长从而陷入困境。

（2）定关键举措。目标的设定一定要考虑到自身能力、资源等的配置情况，即想做与能做之间的关系。如何补齐短板及能力的不足，正是战略规划的重点，对此，要明确支撑目标的各类关键举措。

（3）定控制点。基于想做（目标）来补齐能力和资源短板后，要列出具体的行动计划及分解指标，分别由各级组织承担。

战略制定过程处处体现了平衡与折中，即战略制定要在平衡、折中的基础上考虑想做、能做、可做、该做四个方面的问题。

一个企业一般应有三层战略，即集团级、经营级和执行级。每一级均有三个要素：方向和目标、问题和策略、计划和指标。这九个因素构成了战略规划矩阵，如图 3-4 所示，也就是战略规划的框架结构。

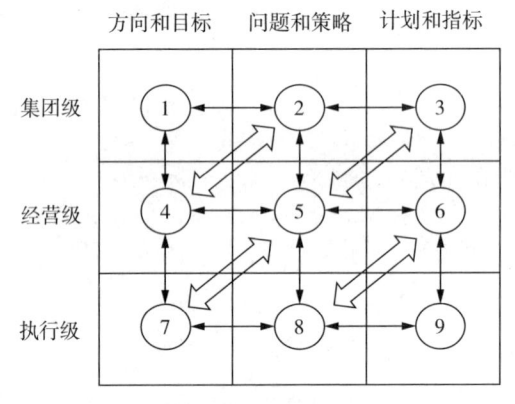

图 3-4　战略规划矩阵

这个战略规划矩阵展示了战略在集团、经营单位、业务单位之间如何左右对齐、上下拉通的问题。只有战略自上而下、一脉相承，左右价值链对齐后，战略才能执行，才能真正贯彻到各级组织中去。

总的结构是：上下左右关联，而左下和右上相关，上下级之间是集成关系。这一点在"计划和指标"列最为明显，上级的计划实际上也是下级计划的汇总。左右之间是引导、协同关系，问题和策略由方向和目标引出，计划和指标则由问题和策略引出。战略规划其实也是目标、能力、资源、机制互动的结果。

总而言之，战略制定的重点是通过共识共创的方式列出目标、策略和关键行动计划。

4. 战略解码

（1）什么是战略解码

战略解码，简单地说，是将制定的战略通过一系列步骤、工具转变为可行动、可量化、可执行的方案的过程，是基于战略目标进行能力、资源匹配的过程。

（2）为什么要进行战略解码

进行战略解码的核心目的就是确保战略能够落地，具体来说，就是为了清晰地识别、描述战略，用指标支撑战略，用责任体系支撑战略实现。这样才能真正完成从战略制定到执行的 PDCA 循环，具体如图 3-5 所示。

可以肯定的是，如果不做战略解码，战略落地基本上是无法实现的。

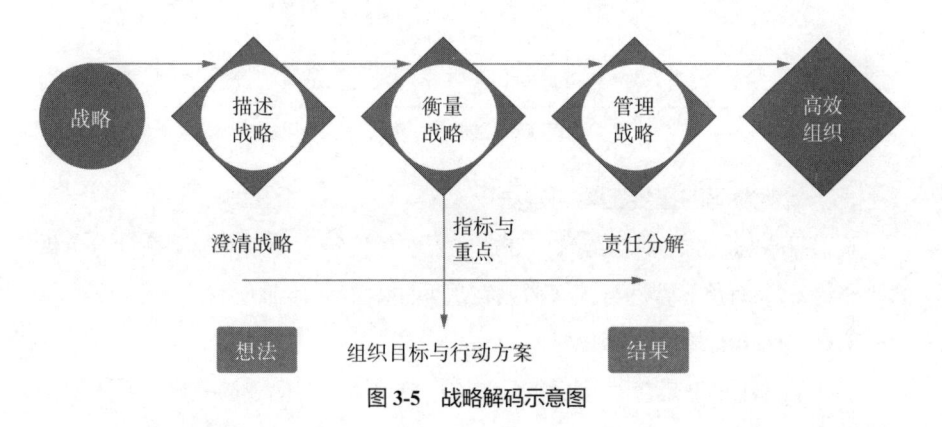

图 3-5　战略解码示意图

（3）战略解码的原则

要确保战略最终能够更好地执行，我们必须坚持以下原则：

一是垂直一致原则。要确保战略能打通，比如，集团的发展目标要自上而下层层分解和承接，确保纵向层层打通。

二是横向拉通一致原则。以客户为中心，以目标为导向，价值链运营端对端的流程拉通，通过责权利匹配，实现部门协同，为战略结果建立一致的运营体系。

三是聚焦和系统性原则。聚焦在于突出重点；系统性在于考虑短期与长期、业务与管理、利润与规模等方面的平衡。

四是责任层层落实原则。要确保所有的指标、策略、行动计划都能层层落实、对接。

(4) 战略解码框架

战略解码包括战略澄清、指标与重点、目标与资源能力匹配及绩效激励四个模块，具体如图 3-6 所示。

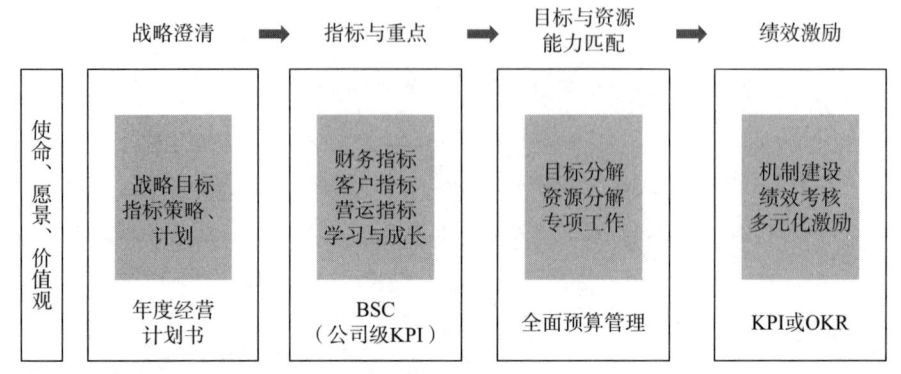

```
战略澄清 ➡ 指标与重点 ➡ 目标与资源能力匹配 ➡ 绩效激励

使命、愿景、价值观 | 战略目标 指标策略 计划 | 财务指标 客户指标 营运指标 学习与成长 | 目标分解 资源分解 专项工作 | 机制建设 绩效考核 多元化激励
                  | 年度经营计划书    | BSC (公司级KPI)                         | 全面预算管理              | KPI或OKR
```

图 3-6 战略解码图

(5) 战略解码的重要工具与方法

关于战略解码的工具与方法，在此主要对年度经营计划书和平衡计分卡做简要介绍，全面预算管理与绩效激励在后面的章节会详细介绍。

工具一：年度经营计划书

年度经营计划书是企业经营和管理的作战地图，对上承接战略，对下协同各组织单位，可谓意义重大。简而言之，企业需在"知己知彼"的前提下，以战略目标为牵引，明确"是什么、要什么、怎么做"，让经营计划成为战略落地和内部管理的指挥棒。公司要通过年度经营计划书确定年度目标、规划年度活动、确定经营对策。

年度经营计划书是年度战略规划的具象化，是战略落地实施的具体措施方案。年度计划基本由三个方面组成，分别是制订年度经营目标、制订年度经营策略、制订部门经营计划。

① 制订年度经营目标：通过年度复盘、行业分析，综合确定下年度经营目标。

年度经营复盘：盘点预估当年销售收入、营业利润、市场占有率及年度预算的达成情况，评估中长期战略的阶段性达成情况，为下年度经营目标的制订提供理论参考。

行业趋势分析：梳理行业数据，包括品类、市场、主要竞争对手、上下游供应链等信息并进行排序，分析行业现状，了解自身现状，从中预判行业发展趋势，洞察市场机会。

年度目标制订：结合年度达成情况与行业发展趋势，组织各业务单元负责人研讨公司下年度经营目标并达成共识。指标包括收入、利润、市场、渠道等各项关键目标，并以此转化成各个部门工作目标，从而形成年度绩效指标。

经营目标的确定对于大多数公司而言都很困难。如果战略复盘没有做充分，数据难以支撑经营目标的确定，可以选用以下几种方法中的一种：

方法一：按同行业标杆过往3年复合增长率确定本公司指标；

方法二：按本公司过往3年复合增长率确定本公司指标；

方法三：上级指定法；

方法四：下级上报法；

方法五：共创共识法；

方法六：上级指定任务与下级上报任务平均法。

② 制订年度经营策略：通过价值链各环节的策略开展

营销主要从4P，即产品、价格、渠道、促销等维度分析；研发主要从产品库存量单位、产品"四化"及产品生命周期等角度，聚焦上市成功率、项目命中率等；制造主要从人均产出、制造费用、效率、品质、订单交付率等角度展开；采购主要从供应链成本、效率、交期、品质等角度进行策略安排。

③ 制订部门经营计划：公司内部所有部门均要完成各自的年度计划方案

工具二：平衡计分卡

按照卡普兰和诺顿的观点，平衡计分卡是一种绩效管理工具。它将企业战略目标逐层分解转化为各种具体的相互平衡的绩效考核指标体系，并对这些指标的实际状况进行不同时段的考核，从而为企业战略目标的完成建立起可靠的执行基础。

平衡计分卡是一套从四个维度对公司战略管理的绩效进行财务与非财务综合评价的评分卡片，不仅能有效克服传统的财务评估方法的滞后性、偏重短期利益和内部利益及忽视无形资产收益等诸多缺陷，而且是一个科学的集公司战略管理控制与战略管理绩效评估于一体的管理系统，其基本原理和流程如下。

首先，以组织的共同愿景与战略为内核，运用综合与平衡的哲学思想，依据组织结构，将公司的愿景战略转化为下属各责任部门（如各事业部）在财务、顾客、流程、学习与成长4个方面的系列具体目标（即成功的因素），并设置相应的4张计分卡。平衡计分卡基本框架如图3-7所示。

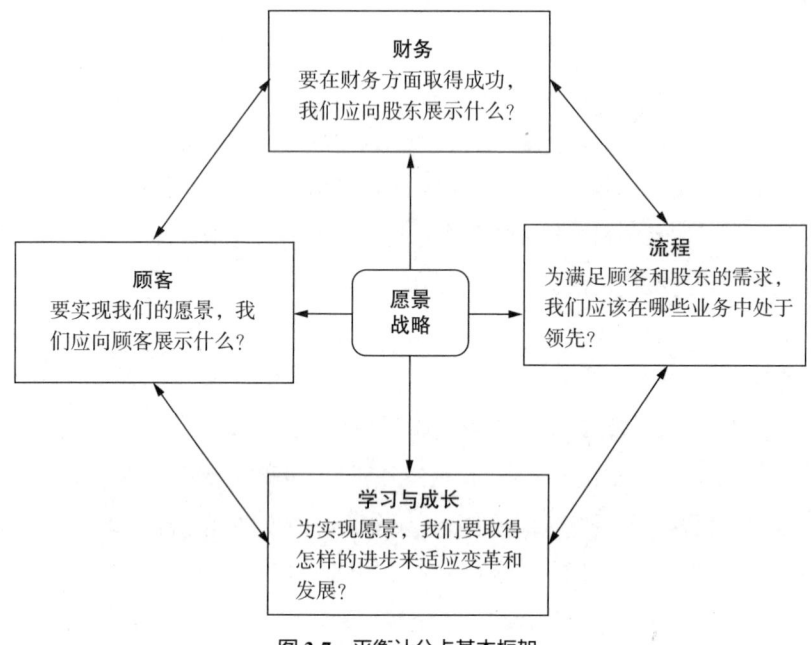

图 3-7　平衡计分卡基本框架

其次，依据各责任部门分别在财务、顾客、流程、学习与成长4个可具体操作的目标，设置对应的绩效评价指标体系。这些指标不仅与公司战略目标高度相关，而且以先行与滞后两种形式，同时兼顾和平衡公司长期和短期目标、内部与外部利益，综合反映战略管理绩效的财务与非财务信息。

最后，由各主管部门与责任部门共同商定各项指标的具体评分规则。一般是将各项指标的预算值与实际值进行比较，对应不同范围的差异率，设定不同的评分值。以综合评分的形式，定期（通常是一个季度）考核各责任部门在财务、顾客、流程、学习与成长 4 个方面的目标执行情况，及时反馈，适时调整战略，或修正原定目标和评价指标，确保公司战略得以顺利与正确实行。平衡计分卡管理循环过程如图 3-8 所示。

实际上，平衡计分卡这种管理方法突破了传统的只注重财务指标的业绩管理方法。平衡计分卡方法认为，传统的财务会计模式只能衡量过去发生的事情（落后的结果因素），但无法评估组织前瞻性的投资（领先的驱动因素）。在工业时代，注重财务指标的管理方法还是有效的。但在信息社会，传统的业绩管理方法并不全面，组织必须通过在客户、供应商、员工、流程、技术和革新等方面的投资，获得持续发展的动力。

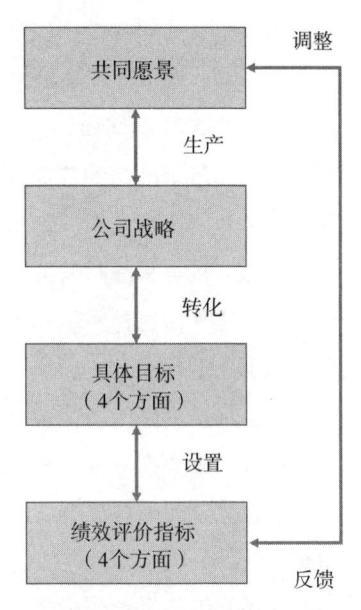

图 3-8 平衡计分卡管理循环过程

平衡计分卡反映了财务、非财务衡量方法之间的平衡，长期目标与短期目标之间的平衡，外部和内部的平衡，结果和过程的平衡，管理业绩和经营业绩的平衡等多个方面，所以能反映组织综合经营状况，使业绩评价趋于平衡和完善，有利于组织长期发展。

但是对于中小型企业来说，并不建议用平衡计分卡进行关键绩效指标分解。中小企业更讲究简单有效、高效务实的管理风格。

5. 战略执行

在前期做战略规划时，我们制定了 3~5 年目标，以及每年分别需要做到什么程度才能实现这样的目标。又或者假如企业要上市，我们就要规划确定在 3 年的上市筹备期里，做怎样的分阶段尝试才能将企业打磨完善，这就是战略落地、执行与纠偏管理。

要保障每一阶段的目标达成，就要建立一整套的战略营运体系。战略营运体系串联了从战略制定到结果落地的全过程，它是从战略到结果的过程管理工具，也是战略落地非常有利的一个抓手。同时，战略营运管理体系也是每个企业内部管理者的必修课。这个管理者不仅包括企业 CEO 或一把手，还包括企业的高管和各个部门的管理者。接下来我们用经营分析会的方法来解析如何实现战略落地、执行与纠偏管理。

经营分析会是战略营运管理中非常重要的一环，它搭建了一个场域，使核心骨干聚焦分析目标差距和调整策略。但要注意的是，经营分析会不是表彰大会，也不是批判大会，它是个目标导向的作战会。在会上，我们既要客观呈现数据，总结过去好的经验，也要暴露不足，聚焦如何解决问题并做好资源的调配。所以，经营分析会是战略落地的有力抓手，是管理者进行过程管理的工具，是目标导向的作战会。经营分析会开得好，能强化组织能力，让经营持续增长、让发展成为惯性。

一场有效的经营分析会，往往具备 6 个要素：定期机制、充分准备、客观呈现、认可亮点、分析差距、输出对策并且闭环跟踪。

（1）定期机制

每个月召开一次经营分析会，是比较合理的频率，建议在每个月的固定时间段召开。例如，企业的月度报表 5 号出，那么月度的经营分析会可以固定在 7 号召开。如此一来参会人员心中都会有张日程表，避免被其他事情打乱了计划。参与经营分析会的人员不应过多，以公司核心管理者及各业务部门负责人为主。各级组织中的财务部、人力资源部、战略营运部一把手必须全程参会。其中，财务部负责人在会上提供财务结果与建议，业务部负责人则反馈经营目标达成情况、总结重点项目及提出对应改善方案。

（2）充分准备

这个准备分为两个关键时间点：战略解码时、经营分析会前。首先在战略解码时就要做的准备工作：当我们将战略目标梳理到关键的业务板块之后，就需要把它们细化到可监控的数据维度。这需要由业务负责人跟财务负责人共同拆解，它也是经营分析会的源头。其次经营分析会前需要做的准备工作：参与经营分析会的成员提前做好思考及方案。经营分析报告可以在会前发送给参会成员，参会成员在拿到报告后可以就其中呈现的问题做好应对策略。有些企业的经营分析会时间很长，原因就在于参会成员前期没有做好准备，导致会上沟通思路不清、提出的方案可落地性差。

（3）客观呈现

经营分析会定性要少，定量要准。定性的描述可以用，但由于较难进行过程跟踪，因此我们主要还是采用定量的数据，以确保策略或行动可以通过数字来衡量。经营分析报告涉及的定量数据非常多，包括财务数据、业务数据、客户数据、营销数据等，主要根据公司战略设计目标和预算，进行业务逻辑和关键业务指标的拆解。通过这些数据，就可以对关键的业务点进行控制。

（4）认可亮点

经营分析会不是批判大会，一定要找到自己过去做得好的地方。这个"好"可以是方方面面的，除了数据结果，还可以是工作制度和流程、团队分工和协作等，由此沉淀一些方法论。这些方法论不仅能帮助我们完善经营管理的体系，还能帮助战略落地。

（5）分析差距

正如稻盛和夫所说，唯有"坚持不断做得更好，才是企业唯一的出路"。总结了过去好的方面之后，离目标是否依然有差距？怎么缩小这个差距？距离行业的标杆企业还有多远？行业标杆现在正在做什么？接下来可以有怎样的策略和资源配置？这些反思的过程，就是分析差距的过程。如果距离目标仍有一定的差距，那说明需要对原定的规划或者过去的经验进行创新和迭代，而且达成目标的90%、80%、70%所要调整的策略都不一样。只有不断地精进，才能成就更好的结果。

（6）输出对策并且闭环跟踪

追求实质远大于追求形式。经营分析会只是一个方式和工具，实质在于提炼改善方案，确保战略目标的达成。很多企业花了一整天甚至两天的时间去开经营分析会，但一旦大家走出会议室的门，还是该忙什么就去忙什么，会上敲定的策略也没有跟进。这样的会议可以直接判定是无效的。所以要有明确的闭环管理机制，如将清晰的会议纪要抄送给全员、拆分节点进行过程管理、在下次会议通报完成情况等。假如在经营分析会上做的决策最终没有结果，不一定是下属能力差，可能只是没有做好闭环管理。

四、战略升级

1. 为什么要做战略升级

产业发展周期与产品周期是一致的，存在导入期、成长期、成熟期、衰退期，我们要不断根据环境、产业、消费者等方面的变化趋势，对经营产业做出论证。当可做、能做、想做的交集部分发生了漂移时，赛道升级与转型就迫在眉睫了。

当原先经营的赛道进入成熟期时，企业就必须选择第二赛道，开辟第二增长曲线了，而这正是赛道升级与转型的产业发展的必然要求。

战略升级一般有被动和主动之分，根据大数据统计分析：只有30%的公司是主动进行战略升级的，70%的公司是被动升级的。无论是主动升级还是被动升级，一定基于以下原因。

（1）从内因主动升级来看

一是企业家精神的内在动因驱动：持续追求进步和变革。这通常属于主动升级战略。企业家主动发起的变革，如果早于外部环境变化，快于竞争对手，通常成功率相对更高一些。比如，美的2012年的战略升级是早于外部环境变化，快于竞争对手的，因此获得了非常好的结果。

二是目标驱动：企业实际发展结果达不到规划的战略目标，而主动寻求战略重构及战略升级，以确保升级后的战略能实现。通常这类战略升级成功率比较高。

三是自适应环境驱动：企业主动适应消费趋势、技术迭代、商业逻辑重构而进行的战略升级。通常情况下，这类升级的关键点在于业务战略升级，成功率同样也比较高。

四是能力及机制驱动：当能力、资源、组织、保障机制与战略不匹配时，企业主动强化战略实现能力、资源保障能力及战略保障机制。这类战略升级虽然是主动的，但属于变革层面的战略升级，如果变革能力低，成功率就偏低。

（2）从外因被动升级来看

一是因产品或技术逻辑变化而被迫升级：比如油动力向新能源动力升级的

汽车、摩托车；制造业务升级为自动化制造；传统管理走向数字化管理等。这类升级虽然属于行业大环境逼迫，但是企业跟随较快，用科学系统的方法论推动升级，通常成功率高于平均水平。

二是因竞争对手迫使被动升级：无论是现有竞争对手还是潜在竞争对手，主动发起竞争性挑战，从而迫使公司进行竞争战略升级。这类战略升级如果没有非常好的保障机制，成功率是偏低的，甚至公司会由主动转为被动，是一个非常危险的升级境遇。一般来说，所有的公司都要避免进入这类战略升级场景。

三是因商业模式和消费趋势迭代而被动升级：比如移动互联网、大数据、云计算、5G，再比如中产阶级崛起、"90后"新消费者的消费理念和行为方式发生巨变。企业对环境的洞察不敏锐而导致在商业模式上落后，通常达到一定量级以后，是不可逆转的，这类战略升级成功率是偏低的。

以上主动升级和被动升级的七种场景一旦出现一种，战略升级的窗口期开启，由内而外主动升级成功率高，被动由外向内升级成功率低。正如海明威所说："鸡蛋从外打破，是食物；从内打破，是生命。"

2. 如何做战略升级

大多数企业很重视战略升级，但是由于缺乏战略升级方向及策略管理系统，能力突破与商业模式创新系统，转型升级支撑系统，导致战略升级失败。我们通过分析大量中外企业成功的战略升级案例和失败的战略升级案例，用科学方法论和系统论简要概括了企业如何做战略升级，其模型如图3-9所示。战略转型与升级系统包括三个子系统，分解如下。

第一，战略升级方向及策略管理系统。

当我们意识到现在存量业务要进行战略升级时，我们必须付诸行动。如何行动？方向在哪里？目标在哪里？具体系统如何？最终如何决策？这往往是战略升级的第一个难点。借用美的战略转型升级的经验，企业可以用五看三定这个工具来开展工作，我们在前面的章节对五看三定做了介绍。有了五看三定后，战略转型的目标、关键举措、控制点将基本清晰。

```
                战略升级方向
              及策略管理系统
             1. 战略洞察系统
             2. 业务策略及决策系统
             3. 目标管理系统

                战略转型与
                 升级系统
             1. 方向及目标谋划系统
             2. 能力支撑系统
             3. 支撑系统

    能力突破与                        转型升级
  商业模式创新系统                    支撑系统
   1. 能力突破                      1. 组织力与机制能力
   2. 变革管理能力                   2. 卓越运营能力
   3. 商业模式创新                   3. 数字化能力
                                  4. 文化升级
```

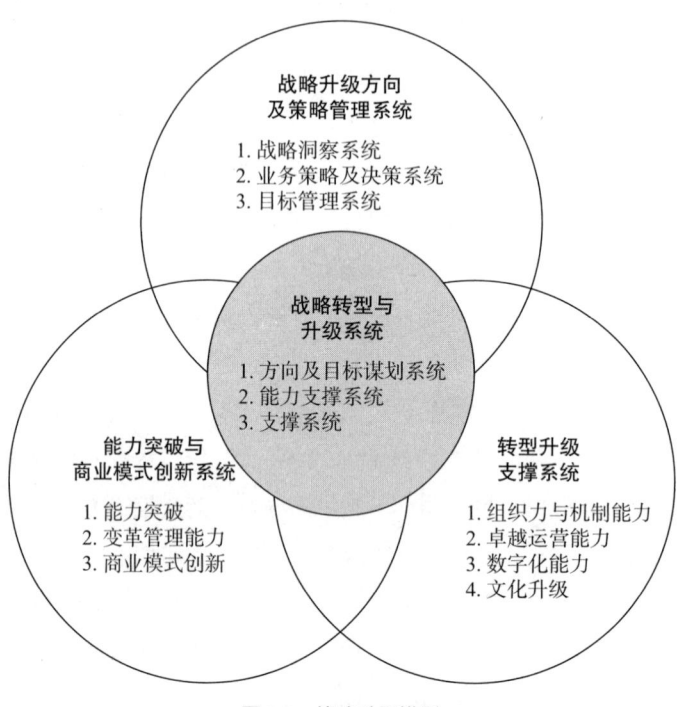

图 3-9　战略升级模型

第二，能力突破与商业模式创新系统。

一旦方向和策略清晰以后，就要做能力突破，核心包括变革管理能力等。与此同时，还要进行商业模式创新，通过先升维再降维打击，实现竞争力的突破。比如美的在空调领域逆袭老对手格力，就是强调产品领先的能力和"T+3"商业模式创新，同时升维产品和商业模式，超越格力的。

要想成功实现战略升级，必须具备变革管理能力，即改变现状的能力，这是战略升级取得成功的核心能力。比如美的在 2012 年的战略转型最终获得了成功，就是以拥有强大的变革管理能力为前提的。

第三，转型升级支撑系统。

战略升级成功，必须具备四个基础条件，一是组织力与机制能力；二是卓越运营能力，也就是比同行更有运营能力；三是数字化能力，数字化能力既能支撑卓越运营能力固化，又能通过先进的数字化与智能技术，实现企业运营能力的不断升维、突破；四是文化升级，战略升级对内来说是经营转型与管理升级，是一种变革，变革必须先拥有先进的文化，来推动全体员工升级心智，转变思想，并形成共识，文化升级往往是战略升级成功的最重要的支撑条件。

3. 如何确保战略升级成功

第一，坚持做正确的事，也就是说，战略方向一定要对。

第二，一把手亲自参与，从共识到理念，从理念到心智模式，从心智模式到行动，一把手比团队态度更坚决，行动更快。企业家永远是创新的主体，是变革转型的主导者、驱动者。

第三，高管达成共识并改变心智模式，理念才能变成行动，方法和工具才能落地。

第四，保持持久的定力和耐心，能忍受痛苦期，持续推进。

第五，小步快跑、先易后难，先点后面，先行动再优化，不设定不切实际的目标。

第六，用科学方法、艺术手段、菩萨心肠、雷霆手段，对变革阻碍者不留情面。

第七，不畏惧对变革、转型的异议和反对，坚信变革方向和信心。

第八，有系统支撑：责权利能匹配和"7+3"机制是战略转型成功的基石。

CASE 案例

美的各阶段发展战略及升级过程

美的的战略能力为什么如此强大？美的人始终站在改革的前沿，不断推动企业战略转型和经营变革，并把它视为一种常态。正因为美的文化中有着变革、转型、升级的基因，美的50多年来一直持续地进行战略转型、升级变革，每一次都迎来了长达10年以上的变革红利。美的的战略转型升级过程可以总结为4个阶段，每一次升级都堪称经典。本案例将按时间轴逐一分享，如图3-10所示。

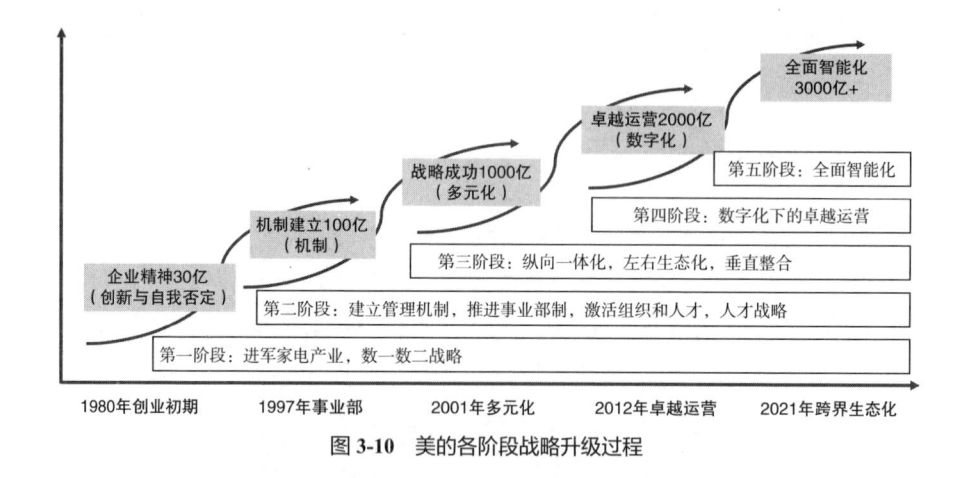

图 3-10 美的各阶段战略升级过程

第一次战略升级（1980—1997 年，经营战略升级）

进军家电产业，对过去是舍弃，对未来是创新，是"无中生有"的过程，这正如德鲁克对战略的经典解释："战略要胆量陪伴。"1980 年，中国刚刚拉开改革开放的序幕，8 亿中国人中绝大多数是农民，家电还是奢侈品和舶来品。何享健做出进军家电产业的决策，需要胆识，更需要魄力；对他自己来说是颠覆，一个做五金加工和酒瓶盖子的企业家要转型，无论从资源、组织、人才，还是从市场、技术上看，都是没有任何优势可言的。而何享健正是有了敢为天下先的精神和战略眼光，才做出了这样一个连国有企业都慎之又慎的惊人之举。

在随后的数十年发展中，美的坚持在家电产业深耕，从不动摇。从电风扇开始，美的又陆续进入电饭煲、压力锅、空调、冰箱、洗衣机等数十个小家电和白色家电领域。在这个阶段，美的发展有显而易见的特点：一是聚焦白色家电和小家电从不动摇。美的也曾想做黑电、3C 产品，但最终坚持了自己的方向，没有越雷池一步。保持定力是何享健最优异的企业家精神。二是坚持向标杆学习，尤其是亲自赴日本学习家电技术，体现出企业家的开放和进取精神。那时候，日本的小家电和空调已经是中国企业的对标学习对象。三是坚持为消费者提供质优价廉的产品。日立、松下、东芝、夏普、三洋在上海、北京、广州的先富人群中流行开来，一台 1P 定频空调需要 13 999 元，美的可以做到 5 999 元，为消费者省去了 8 000 元。只有进入消费者心智才能建立起自己的核心优势，美的深谙此道。

在这个阶段，美的不断进取。1992年，广东顺德区率先进行综合配套改革，其核心内容就是企业产权制度改革。在"靓女先嫁"的政策支持下，比美的规模大、牌子响的企业都在观望推辞，而何享健热情、积极，主动找政府领导要求试点，终于争取到顺德唯一的股份制试点名额。这一年，美的销售收入已经超过7亿元。何享健对股份制改造理解得并不深，也不太懂股票，但他敏锐地意识到"一个企业的进步、规范需要股份制改造这种代表未来方向的手段"，他说："看问题一定要超前，什么事都要看得远一点。"

作为中国第一家完成股份制改造的乡镇企业，捷足先登的美的在第二年成为中国第一家上市的乡镇企业。1993年11月12日，代码为"00527"的"粤美的A"在深交所上市，开盘价18元，收盘价19.85元，当年以每股收益1.36元排名深交所第一。登陆深交所之后，媒体开始将镜头和笔锋对准这位深藏于南粤小镇的大器晚成者，但批评多过鼓励，有评论形容：美的上市为"一架三轮车，驶上了高速公路"。从后来的状况来看，这并非尖刻嘲讽，更像善意提醒。

"1993年上市以后到1996年这几年非常痛苦，非常辛苦，企业发展到了最艰难的时候。"回忆起那段困顿岁月，何享健依然心情沉重。1994年，美的主营业务增长60%；1995年，最高可达20多万元的"年薪制"让职业经理人热情高涨，但危机悄然而至。1996年，美的空调从行业前三下滑到第七位；1997年，美的销售收入在上年突破25亿元之后大幅跌落到20亿元左右，经营性利润全靠一些投资收益。内外交困之际，"美的因效益不佳将被科龙收购"的传闻在顺德闹得满城风雨。

面对内忧外患，何享健决心大刀阔斧地推行事业部制。开大会时，反对事业部制之声不绝于耳，他斩钉截铁地说："美的只有搞事业部制才有出路，事业部制是美的必须要走的一条道路。"台下顿时鸦雀无声。美的由此进入第二个战略升级点。

第二次战略升级（1997—2001年，以事业部制为核心的机制升级）

进行经营体制与管理机制创新，美的著名的"7+3"机制就是在这一时期逐步形成的，标志性里程碑事件是实施产研销采一体化的事业部制，价值链垂直一体化整合，横向多元化，同时实施对标管理，坚持数一数二战略。从这个阶段起的

15 年是企业"由小到大"的过程。1997 年，何享健提出以"事业部制"治愈"大企业病"。决定着美的生死的、对美的发展起着至关重要作用的事业部制浮出水面。

1998 年，美的制定长达 70 多页的《分权手册》，这是一部清晰划分职业经理人权利和责任的"基本法"。事业部高度自治，总经理可自行组阁，但如果经营业绩不达标，整个团队就要集体引咎辞职。事业部制刚推行时，有位事业部总经理拿着一张千万元的项目审批单跑去找何享健请示，结果遭到冷遇："根据《分权手册》，这是你权限范围内的事，你自己拿主意。"

实施事业部制以后，美的迎来了高速发展期，2000 年销售收入达到 105 亿元，仅用 4 年就完成了从 30 亿元到 100 亿元的跨越。为了进一步完善权责利机制，建立合理的激励制度，何享健通过科学管理，进一步理顺产权关系、治理关系、经营关系和权力关系后，大力推进纵向垂直整合，以扩大产业链经营空间。这也是事业部制的魅力所在。

1998 年，美的收购了东芝万家乐制冷设备有限公司和东芝万家乐电机有限公司各 40% 的股份（原为广东万家乐集团持有），随后又受让东芝持有的 20% 的股份，成功进入空调压缩机行业。压缩机有空调"心脏"之说，对空调的性能、品质、耐用性都有重要影响；与此同时，压缩机成本占整体空调材料成本的 30% 以上。成功收购压缩机业务后，美的迅速构建起产业链核心优势和成本优势。

完成事业部制改造后，美的迅速整合价值链上下游，获得产业链优势后正式提出了数一数二战略，即每进入一个产业，必须进入前两强，美的把这一目标定为多元化经营的原则性目标。

2001 年前后，美的继续对标学习，在产业发展上全面学习同行业标杆三星；在战略和管理上学习异业标杆通用电气。一直以来，三星是全球白色家电的第一品牌，近 20 种产品市场占有率世界第一，在 68 个国家和地区的 429 个分支机构拥有超过 18 万的员工，更有"韩国人一生无法避免的三件事：死亡、税收、三星"之说。三星对美的而言，既是竞争标杆，又是学习标杆。三星是亚洲企业，其多元化、全球化及"东方式管控＋西方式变革"的管理模式给美的带来了非常大的启发和借鉴。

2001 年，通用电气的发展如日中天，"中子杰克"韦尔奇正在续写他的传奇。

这家公司诞生于发明大王爱迪生之手，100多年来，旗下涉及家电、航空、消费类电子产品、能源、医疗等多个业务，是世界上最大的提供技术和服务业务的跨国公司之一。

尽管今天的通用电气与往昔不可同日而语，但我们不得不承认这家公司曾经辉煌100多年，在战略管理、多元化、收并购、领导力、人才发展等方面显赫一世，全球500强企业的CEO有140多位来自通用电气，足以说明这是一家伟大的公司。美的从以下几个方向对标通用电气。

美的在人才管理上学习了通用电气的尊重有能力的人，并以高于行业的薪酬留用；对不合适的人则迅速淘汰，建立了适合自己的人才评价、使用标准。

美的在产业战略上学习了通用电气的数一数二战略，对不合适的产业坚决剥离，对新进入的产业进行数一数二目标管理。加上事业部制的优势，美的进入的新产业大部分都表现优异。

美的在营运上学习了通用电气的目标管理，并以量化结果作为经营评价的关键指标，并通过授权管理激活各事业部经营团队，让团队产生自驱力。

美的在绩效上学习了通用电气的卓越绩效管理。首先，积极面对变化，在此基础上执行富有挑战、但能够实现的稳健而不好高骛远的目标。其次，将员工学习结果与晋升挂钩，美的后备经理班、特训班、远航班、领海班都深受通用电气的影响。

除此之外，美的在六西格玛管理、创新、诚信守法、变革、顾客导向、规模化、全球化、文化自信上都有通用电气的影子，对标学习只是手段，不是目的，美的最终的学习目是"学习、吸收、实践、超越"。这也是美的"对标学习"的核心思想。

1997年到2011年，美的因构建事业部制，采取分权经营，大量起用职业经理人等一系列重大管理变革，享受了14年管理变革的红利，实现了高速增长，销售规模达到1100亿元，成为中国第二家进入千亿元俱乐部的家电企业。

除了事业部制创新，人才管理战略是这个阶段另一个非常重要的管理资产。美的从1998年开始进行大规模校招，形成自身的"721人才培养体系"。在校招的同时，美的通过高薪和事业平台，广招贤才，培养了一大批精英职业经理人，为美的发展创造了无可替代的作用。

第三次战略升级（2012—2020 年，数字化下的卓越运营）

这一阶段是基于"产品领先、效率驱动、全球化"三大战略主轴，由大向强，由量向质，由要素优势向能力优势、创新优势转型的过程。这个阶段的关键词是转型升级、剧烈重构、苦练内功、数字化。美的迎来了后千亿时代。面对纷至沓来的荣誉和光环，面对年均复合增长率 30% 的亮眼业绩，面对再造一个美的的新战略，面对全球 500 强的召唤，美的人似乎意识到了危机的到来，"千亿魔咒"降临美的。美的高层真正意识到：快速实现 1000 亿元，美的赢得了规模，却失去了盈利能力、消费者口碑和产品力。此时的美的，确实需要一场全方位战略升级来改变增长方式，剧烈重构迫在眉睫。

"山雨欲来风满楼"，面对危机，美的很敏锐地以壮士断腕的决心推动战略转型和经营变革。为此，美的大致做了六件大事。

第一，文化升级。集团上上下下，利用各种机会和场景，不断向团队传达战略转型升级的消息和重要精神。即将卸任的创始人何享健在面对过去"超速飞行"而今必须"软着陆"的形势时说："亡羊补牢，为时不晚！"方洪波强调："在美的，没有什么是不可以否定的，一切都在剧烈重构。"美的以"一个美的，一个体系，一个标准"统一全体员工的管理语言、经营语言、体系语言。

第二，指导思想和具体战略。美的的转型思路具体分为三个方面：从注重增长数量向注重增长质量转型；从低附加值向高附加值转型；从粗放管理向精细管理转型。转型的核心就是要告别之前的"野蛮生长"，并确定了"产品领先，效率驱动，全球经营"三大战略主轴。

第三，实施组织再造，以适应战略调整。基于战略，构建"敏捷型、学习型、去中心化的组织"，纵向上撤销二级产业集团，事业部直接向集团负责，强化战略管控力；横向上整合事业部，将 18 个事业部合并成 9 个事业部，加强横向业务协同，强化资源整合及配置效率。美的此次战略转型，真正实现了左右拉开，前后拉通，上下打通，为后来的跨产业经营提供了"复制自己，融合他人"的能力。

第四，完成创始人向职业经理交班。2012 年 8 月，美的创始人何享健宣布退休，以方洪波为代表的职业经理人正式接班，美的正式过渡到职业经理人治理企业的发展阶段，在全球范围内堪称经典，这为美的推动转型和战略升级提供了全方位的战略支持。

第五，调整绩效及考核导向。由大变强，由注重增长速度转向注重增长质量，提升产品及品质指标权重，效率指标优先于速度指标。

第六，数字化转型。基于三大战略主轴，在效率驱动战略上，美的正式启动"数字化转型"战略，以"632项目"打通数据与流程；以"T+3项目"重塑价值链运营模式，优化商业模式，以MBS精细运营系统强化精益制造与产品力，以"灯塔工厂"提升敏捷、高效、低成本交付能力。始于2012年的数字化转型，为美的带来了黄金数字化时代。也正是这个阶段，美的的营收、市值超越了主要竞争对手，美的空调战胜了多年以来不能战胜的老对手格力。

第四次战略升级（2021年至今，全面智能化）

这一阶段，战略主轴升级为"科技优先、客户直达、数智驱动、全球突破"。美的期待这次战略转型升级指引美的应对时代变革浪潮，在新起点上实现新的成长与突破。与此同时，美的重构了产业战略，确定了五大业务板块，即智能家居事业群、机电事业群、暖通与楼宇事业部、机器人与自动化事业部、数字化创新业务协同发力，推动C端和B端业务同时发力。

美的战略管理系统及以"7+3"机制为内核的战略落地保障系统，为美的的战略升级成功提供了管理标准范式和成功模型。当无数企业还在战略转型和升级的过程中面临着徘徊、争议、反复等问题的时候，美的用4次近乎完美的战略升级与转型，实现了华丽转身。美的系2022年已超过5000亿元营收，但这并不是终点，转型升级永远在路上。美的人还在披星戴月、乘风破浪，不断将战略升级和经营变革推向未来。建立持续的领先优势和增长能力，这就是管理机制和高质量发展管理系统的价值所在。

Chapter 4
第四章

"7+3"机制建设为高质量发展提供原动力

"7+3"机制是组织力建设的内核,是组织力建设的底层建筑,是人才发展的基石。组织力的本质在于激活人的潜能、善意、创造力,以及抑制人在组织中的破坏性,实现组织能力最大化,从而实现绩效结果最大化、价值创造最大化。

一、什么是企业组织力

1. 组织力的概念

组织力是指开展组织工作的能力,是指公司在与竞争对手投入相同的情况下,具有以更高的生产效率或更高质量,将其各种投入要素转化为产品或服务的能力。企业组织力包括企业所拥有的一切反映效率和效果的能力。这些能力可以体现在企业从产品开发到营销再到生产的任何活动过程中。精心培养的组织力可以成为企业的一个重要竞争优势。

1972年,受潘罗斯"企业内生增长理论"的启发,经济学家克里斯·理查森提出了"企业能力"的概念。1990年,普拉哈拉德和哈默尔超越了个体绩效领域而进入了组织绩效领域研究,提出了核心竞争力理论,他们是组织力的启蒙者。

1994年,科利斯通过系统总结组织力的已有定义,将组织力分为三类:第一类能力是组织结构能力;第二类能力是营运与执行能力;第三类能力是企业人才发展及机制建设的能力。

1990年,奎因、道赖和帕克特认为,组织的竞争优势靠的是核心竞争力的积累与企业的持续发展,特别是企业核心产品与核心技术的发展,这些都离不开组织的学习能力及进化能力。

1994年,戴维·尤里奇认为,组织力是竞争优势的第四种能力。另外三种能力是人才、领导力、人力资源效率上的能力。

另外,提到组织力,不得不提杨国安老师。杨国安老师认为,组织力指的不是个人能力,而是一个团队所发挥的整体战斗力,是一个团队竞争力的DNA,是一个团队在某些方面能够明显超越竞争对手,为客户创造价值的能力。也就是说,组织力不是个人能力的简单相加,替换掉组织当中任何一个人,其整体的能力并不会发生大的改变。一个企业的成功80%来自组织力,20%来自个人能力。

企业经营是一个复杂的过程,组织力是基于企业战略目标而形成的各种资源要素聚合并作用于经营管理的一种系统力，具体表现为以端到端广泛链接强化的资源整合控制能力和用自动化流程驱动激发的业务敏捷执行能力，简单来说就是基于动力的执行力和基于风险的控制力的统称。

对于一个经营的集体，企业建立一种能使员工为实现目标而在一起最佳工作并履行职责的正式体制，即组织结构，也叫组织架构，这是实现目标的重要保证。因此，如何建立组织体系，并规定体系中每个人的活动和相应的责任及各项活动的关联规则将直接影响集体的行动效率和效果。建立科学、高效、分工合理、职责明确、制度健全、治理科学的组织体系，是对领导能力的考验与挑战。

根据本书的企业持续成功方程式，企业持续成功力＝文化力 × 战略力 × 组织力。组织力是战略的保障，如果没有支撑战略的组织力，战略是没有意义的，所以组织因战略而生。战略决定组织，组织匹配战略。

综上所述，结合笔者 20 多年的研究，我们对组织力下一个定义：组织力是基于战略需要，以人为中心，通过个体潜能与善意的激发，产生以个体为核心的团队创造力、协同力、执行力、经营力的总和。

2. 组织力的基本要素

组织力包括以下要素：

- 组织结构，即组织的层次、上下级、左右协作关系及每个子组织的功能结构。
- 责权利能关系，在管理工作中进行分工协作，在职务范围、责任、权力、利益方面所形成的匹配关系。责权利能匹配得越好，通常组织力越强；反之，则组织力越弱。
- 人才的选育用留系统，这是形成组织力最重要的源泉。组织由团队组成，团队由个体组成，要能够识别最匹配的个体，让其进入组织，并通过责权利能匹配，提高优秀人才被识别、被选拔、被重用的能力。
- 价值分享，这是组织持续保持活力和创造力的关键。所谓价值分享，即员工除了正常获取收入、年终奖、项目奖、超额价值创造、股权溢价要与优秀的员工成线性正相关,即员工创造的价值越大,浮动薪酬和非物质回报就越大。

二、组织力与管理机制

1. 什么是管理机制

上文我们全面解析了组织力,接下来我们分析组织力的灵魂——管理机制及其与组织力的关系。

"机制"一词源于希腊文,原指机器的构造和工作原理。组织管理学中的机制,指一个工作系统的组织、人、资源、权利、责任、目标等要素之间的关系及动态连接方式,本质上是基于人性,通过责权利匹配,实现人的善意的最大化发挥及创造力的最大化提升,从而实现组织目标及价值。

机制也指自然界和社会组织中各要素之间的内在联系、功能结构和运行机理。机制强调系统要素对其他要素或系统整体的影响,包括机理、要素、条件、激发、限制、功能。

管理机制是一个系统,包含三个要素、三种关系、三个功能。三个要素指责、权、利;三种关系指责权利关系、组织与人才的关系及人财事的关系;三个功能指管理机制可以激发人性中的善意和潜能,抑制人性中的三原恶,实现最大化价值创造。因此,先进的管理机制就是通过激发人性,实现组织有活力、个人有动力的一系列动态性制度安排和文化建设。

管理机制在我们日常的管理当中表现为"一软两硬"。"一软"指企业文化,企业文化来自企业家精神。"两硬"指管理制度与流程,管理制度主要界定管理机制各要素的边界与限制条件,表现为体系文件;流程主要界定管理机制各要素的先后顺序和连接关系的问题,表现为权责手册。因此,一些公司优化管理机制一般从文化升级开始,甚至从企业领导人的一篇文章开始。比如华为 2001 年发表的《华为的冬天》,就要求大家要强化危机意识,强调自我批评和进化,强调创新和变革,这本质上是在强调治理机制和营运机制。再比如,万科 2018 年秋季例会上提出"活下去",本质上也是要强化抗风险能力,提升经营能力。

管理机制有五大特性：一是内在性，管理机制的形成和作用是自身决定的，是一种内在运动过程；二是系统性，完整的有机系统具有保证其功能实现的结构与作用；三是客观性，组织的内部结构、既定功能不以人的意志为转移；四是自动性，一经形成，就会自适应、自循环，对组织的所有个体的行为和意愿均有诱导性；五是可调性，只要改变组织中的各元素的连接关系，就会改变管理机制的作用及调节效果。

2. 组织能力与管理机制的关系

管理机制是组织力的引擎系统和原动力，是组织力的灵魂。组织力取决于管理机制，好的管理机制使组织有活力、员工有动力、组织运行效率最大化；反之，不好的管理机制会使组织失去活力、员工失去动力、团队失去战斗力。

组织力反过来也会影响管理机制。组织力强，会强化好的管理机制，形成良性循环；组织力弱，会导致机制退化，从而形成恶性循环。

先进企业毫无例外都会强化先进管理机制，以提升组织力。比如，华为通过不断进行熵减管理来实现组织力的不断强化；美的则通过"管理变革"来激活组织，强化机制。

组织力和管理机制相辅相成，管理机制决定组织力，组织力影响管理机制，二者相互关联，成正向线性关系。

三、"7+3"机制助力企业持续成功

1. 什么是"7+3"机制

"7+3"机制由笔者2019年根据美的管理经验与实践总结而成，一经发布，就引起广泛关注和热烈反响，目前在中国多家上市公司成功落地，并帮助它们成为头部企业或进一步巩固了头部企业地位，被誉为中国最佳组织力建设模型之一，也是企业打造持续增长型组织的最佳方案之一，被中国管理界称为"高质量增长管理机制"，如图4-1所示。

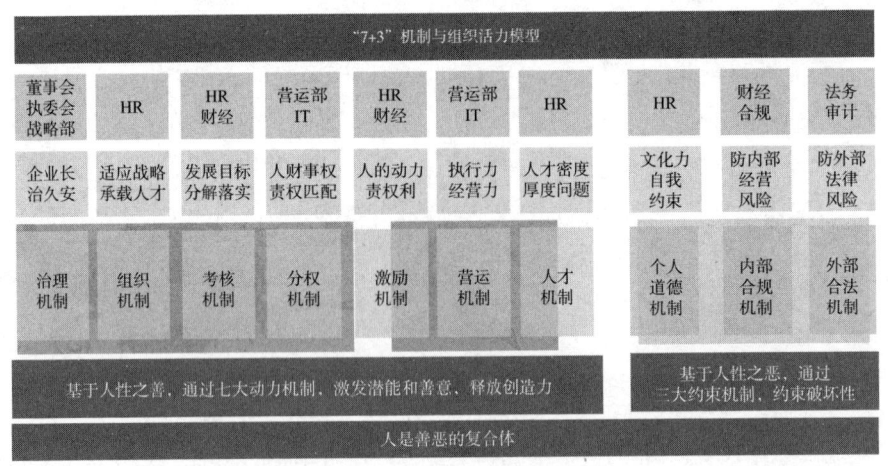

"7+3"机制与组织活力模型								
董事会 执委会 战略部	HR	HR 财经	营运部 IT	HR 财经	营运部 IT	HR	财经 合规	法务 审计
企业长 治久安	适应战略 承载人才	发展目标 分解落实	人财事权 责权匹配	人的动力 责权利	执行力 经营力	人才密度 厚度问题	文化力 自我 约束	防内部 经营 风险	防外部 法律 风险
治理 机制	组织 机制	考核 机制	分权 机制	激励 机制	营运 机制	人才 机制	个人 道德 机制	内部 合规 机制	外部 合法 机制
基于人性之善，通过七大动力机制，激发潜能和善意，释放创造力							基于人性之恶，通过 三大约束机制，约束破坏性	
人是善恶的复合体								

图 4-1 "7+3"机制与组织活力模型

"7+3"机制，即七大激发人性中的善意和创造力的动力机制和三大规避人性中三原恶的约束机制。其中，七大动力机制包括治理机制、组织机制、营运机制、人才机制、分权机制、考核机制及激励机制；三大约束机制包括个人道德机制、内部合规机制，以及外部合法机制。

通过七大动力机制和三大约束机制，全面系统地实现员工潜能与善意的最大化激发，创造力的最大化发挥，使每一个员工价值绽放，人均效能最大，从而实现组织激活，持续地保障企业战略实现和增长，从而完成企业从赛道成功到人才成功，最终迭代到长期主义的机制成功。

正是"7+3"机制，实现了组织有活力，员工有动力，企业有生命力，从而为企业持续增长，经营质量持续优化，产业不断多元化、跨界化、全球化提供了支撑，同时也为企业构建了一道预防系统性风险的护城河，保证企业基业长青，实现高质量增长。

2."7+3"机制的理论来源

"7+3"机制源于三个理论研究。

（1）王阳明心学

王阳明，即王守仁（1472—1529），字伯安，号阳明，浙江余姚人，明朝杰出的思想家、文学家、军事家、教育家。王阳明是宋明心学的集大成者，其思想对后世影响深远。

王阳明心学主要包括三个部分：心即理、知行合一、致良知。

心即理：王阳明年少时程朱理学盛行，理学主张格物穷理，认为理是通过格物求来的。王阳明早年也学习程朱理学，但未能从中得到启发，后转而与陆九渊学习心学，并发展了心学。据说王阳明被贬龙场，一天夜里忽然悟道：万事万物都在自己心里，所有的道理不必外求，世界的意义也是由你的内心赋予的，向自己内心求索就可以。这就是他所指的"心即理"。从企业管理的角度来看，"心即理"明示了一个道理：企业要强化员工职业道德观教育，强化内在动力源，只有内心强大了，才有可能创造企业价值。

知行合一："知行工夫，本不可离"，知道的理一定要与现实发生联系才有意义。知行不能分家，只知而不行动，其实还是不知。知行合一对企业机制建设而言具有实践价值，尤其是当机制表现为文化、制度、流程时，这些就要在日常管理中得到遵守和贯彻。如果知行不合一，机制难立，制度建设和文化再造就失去了意义。

致良知：求得内心之理，然后去行动、去体悟。致良知本质上是要去恶存善，抑恶扬善，这与好的管理机制背后的机理如出一辙。

（2）XY理论

XY理论是由道格拉斯·麦格雷戈提出的有关人性的XY假设。

X理论的基本内容：

▶ 多数人都没有雄心大志，不愿负任何责任，而心甘情愿接受别人的指导；

▶ 多数人的个人目标都是与组织的目标相矛盾的，必须用强制、惩罚的办法，才能迫使他们为组织目标的实现而工作；

▶ 多数人工作都是为了满足基本的生理需要和安全需要，因此，金钱和地位能鼓励他们努力工作；

▶ 多数人天生是懒惰的，他们会尽可能逃避工作。

Y 理论的基本内容：

- 一般人都是勤奋的，如果环境条件有利，工作就如同游戏或休息一样自然；
- 控制和惩罚不是实现组织目标的唯一方法，人们在执行任务中能够自我指导和自我控制；
- 在正常情况下，一般人不仅会接受责任，而且会主动寻求责任；
- 在人群中广泛存在着高度的想象力、智谋和解决组织中问题的创造性；
- 在现代工业条件下，一般人的潜力只利用了一部分。

Y 理论是与 X 理论根本对立的。X 理论更适合人们低层次需求不能得到满足的情况，Y 理论更适合人们低层次需求已经得到满足的情况。从机制建设的角度上讲，"7+3" 机制正是基于这一理论，对不同追求、特质的员工采取了侧重点不一样的管理办法，从而达到激活善意、抑制恶意的效果。

（3）马斯洛需求层次理论

美国心理学家马斯洛从人类动机的角度提出了需求层次理论，他强调人的动机由人的需求决定，人在不同时期不同的需求占据主导地位，而其他需求则居于从属地位。人的需求从低到高分为 5 个层次，分别为：生理的需求、安全的需求、归属与爱的需求、尊重的需求和自我实现的需求，如图 4-2 所示。

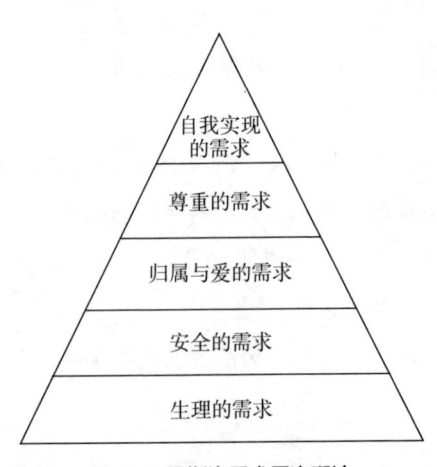

图 4-2 马斯洛需求层次理论

生理的需求是指人类为了维持最基本的生存所需要满足的需求。比如吃饭、喝水、穿衣、睡眠、健康等方面的需求。生理的需求是推动人类行为的最大动力，也是最基本、最根本的需求。如果无法满足生理的需求，那么人类唯一考虑的问题就是如何活下去，而对于其他方面，如道德问题，根本不做考虑。最简单的例子就是，当一个人没有食物，渴望活下去的时候，其本能会驱动他不择手段去抢夺食物，而不会考虑法律或者道德底线等其他因素。

安全的需求是指人类对于安全、秩序、稳定及免除恐惧、威胁与痛苦的需求。当人类解决了生理的需求之后，就产生了安全的需求，比如人身安全、财产安全、健康保障等。在这个阶段，人类开始有了更高层次的追求，如房子、车子、工作、存款等。这些成为这个需求层次的人类的动力。

归属与爱的需求，从字面就可以理解，是指对于社会、社交联系的需求，如需要感情联系、被认可乃至于有社会地位等。归属是指人类需要在某个组织或者群体中获得认可，并且有归属感，希望成为群体的一员，大家相互关心和照顾。爱是指人类都希望获得友情和爱情，人是群居动物，需要和其他人关系融洽，收获友情和爱情。这个需求已经是比较高层次的需求。个人在解决了生理的需求之后，就需要满足归属与爱的需求，而且在这个阶段人类满足需求的动力将会超过其他需求。对于一个刚刚解决温饱问题的人来说，群体归属和爱是他最大的动力。

尊重的需求，主要指成就、名声、地位、升职等方面的需求，包括自我价值的个人体现，他人的尊重和认可。比如为了获得更高的社会地位，绅士名流或者一些慈善人士追求的目标是希望进一步被社会、被他人尊重、认可，所以为了实现这个需求他们的动力也是巨大的。

自我实现的需求，这是最高层次的需求，比如实现理想、改变社会、改变时代等高端的需求。比如很多知名企业家、世界首富等，为了实现自己的理想和抱负，仍然在不断努力奋斗，从而满足自己更高层次的需求。

马斯洛需求层次理论对企业管理机制建设具有重要的理论意义，它是社会学知识的统一，更是心理学与哲学智慧的升华，为企业在不同的发展阶段对不同级别的员工采取多元化立体激励，提供了理论支撑。

3. "7+3" 机制的作用

第一，激发人的善意和潜能，从机理上激活组织，实现最大价值创造能力

作为个体员工，从自然属性看，均有三大欲望，即食欲、知欲、色欲，机制的作用在于激发人性中的善意和控制人性中的恶意，通过员工价值最大化，实现组织价值最大化。

第二，"7+3"机制从人治走向机制治，完成公司管理的脱胎换骨，实现基业长青与高质量增长

所有的企业治理都可以分为三种类型：人治、团队治、机制治。

所谓人治，简单来说就是企业领导人说了算，整个企业只有一个人在思考，其他人唯上不唯客户。没有责权利的匹配，使其他人失去了价值创造能力，这类企业是巨婴型的企业。

所谓团队治，是指企业有一批优秀的职业经理人或高管，通过分权分层的逻辑来推动组织的发展，这个阶段的企业也是我们通常所说的人力资源型组织。

所谓机制治，是指企业有非常完整、系统的管理机制，组织力非常强，人能在组织机制下创造最大价值。在欧洲，超过百年的企业基本上都属于这一类。"7+3"机制正是能不断激发人的创造力，真正实现企业持续成功、基业长青的管理机制。

企业要想成为百年企业，必须进化到机制治。

第三，"7+3"机制能培养顶级人才

由于机制本身具有诱导性，一旦企业有了好的机制，有潜力的人才在好的机制下会自我学习、自我成长、更加卓越。反过来说，如果一个企业拥有坏的机制，则会使好人变坏人，坏人变恶人，也具有飞轮效应。

比如，美的、华为等企业人才的密度、厚度非常好，这些企业盛产职业经理人，其为各行各业培养了大量的优秀职业经理人，这些都依赖于好的机制。其他企业可复制美的等企业的成功经验，真正实现企业的多元化、规模化、跨界生态化。

第四，"7+3"机制复制成功，能实现企业多元化、生态化发展

好的机制一旦形成，企业发展基本上实现了平台化，自然也能成就优秀人才。优秀人才在一个平台化的组织上发展新事业，出错率低，风险小。一旦形成了机制，这类企业就可以向上实现价值链一体化发展，也可以基于场景实现多元化发展，甚至跨界多元化。比如，华为已进入汽车领域，这显然是机制的成功。

第五，"7+3"机制建立了企业发展护城河，最大限度抗风险

好的机制一定有系统的约束机制，正是这种系统的约束机制使企业经营者遵纪守法，尊重客观规律，敬畏规则和制度，对风险具有自动隔离能力。

"7+3"机制中的三大约束机制具有内在性、客观性和自适应性，在企业中表现为要遵守国家及行业法规，要重视员工自我修炼和约束，要重视制度、流程等规矩的建设，并为制度、流程、规则得到有效贯彻和执行做出努力。比如，美的、华为、万科等企业在员工道德与职业价值观治理、审计、检查等风险管理上，体现了强有力的管理能力。

机制有好坏之分。一个企业的机制好不好，可以从多个方面判断。好的机制一般会产生以下8种现象中的大多数情况。

现象一：好的机制会使坏人变好人，好人变卓越；

现象二：好的机制会使外部不确定性变成内部确定性，实现业绩和管理持续优化；

现象三：好的机制使坏人人人喊打，无法恣意妄为；

现象四：好的机制会使优秀人才如潮，批量产生自家经理人，人才密度不断增加；

现象五：好的机制使"人尽其才，物尽其用，货尽其流"；

现象六：好的机制使"老板什么都不管，什么都清楚（受控），什么都放权，什么都有序"；

现象七：好的机制使"组织有活力，经营有效益，管理有效率；好人不吃亏，坏人不得志"；

现象八：好的机制使优秀人才不断上浮，人人追求上进，事事有人负责。

不好的机制一般会产生以下10种现象中的一种或多种情况。

现象一：好人变坏人，坏人变恶人；

现象二：企业生态复杂化，"办公室政治"严重，员工关系复杂；

现象三：企业不断熵增，亚文化泛滥；

现象四：人人唯上，不唯市场；

现象五：人浮于事、阿谀奉承、欺上瞒下、溜须拍马之风盛行；

现象六：员工流失率高，内部员工成长不起来，空降人才留不下来；

现象七：人人自保，推卸责任蔚然成风；

现象八：员工以资历、信任和功劳簿，凌驾于组织和规则之上，践踏规则和法治；

现象九：一言堂，专制严重；

现象十：朝令夕改，缺乏定力。

在企业里，出现"干多干少一个样"的现象，显然是配置激励机制和考核机制没有跟上。在美的，机制的重要程度可以用创始人何享健的名言来概括："美的持续成功得益于机制建设。"美的历史博物馆内墙上挂了一幅图，上面写着："宁可容忍1个亿的投资失误，也绝不容忍机制弱化和退化。"美的现任董事长兼总裁方洪波对于机制助力美的成功是这样总结的："美的的核心竞争力是内部经营管理机制。"

不仅如此，美的员工认为：先进机制是他们在美的工作和奋斗的价值观与保障，能让他们真正地体会到责权利能的职业尊重和享受，从而实现善意的激发与创造力的释放。

四、七大动力机制

1. 治理机制

治理机制是最根本的一大机制，属于顶层设计的机制。治理机制包括六大内容。

（1）清晰的产权关系

产权关系是指产权主体之间，在财产的占有、支配、使用、收益、处置中发生的各种关系的总和。表现在现代公司制企业中，产权关系主要是公司的所有者与公司的管理者及公司各利益相关者的关系等，它构成了现代公司法理理论的重要内容。

（2）科学的角色层级分工与定位

这是指股东会、董事会、经营管理层、中基层员工要角色清晰，定位精准，分工科学。

首先，角色不能错位。比如，股东会要按公司章程做好分内之事，定位要精准，不能越位到董事会、经营层的工作中乱指挥、乱发言、乱决策。同样，董事会、经营层、中基层都要定位清晰，分工科学。另外，多重角色者要分清场景，不分场景做决策的问题在现代企业治理中非常突出。比如有些人既是股东，又是董事长兼总裁，这三个角色是有明确分工的，但是有些人往往在场景切换时始终以同一角色在说话做事，这给企业管理带来了巨大伤害。就像一个人如果以董事长、总裁的角色来面对家人，而忽视或忘却了丈夫、父亲的角色，给家人的感觉一定是糟糕的。

其次，社会角色与家庭角色不能互窜。建议走职业化路线的企业最好不要将亲人引入公司，尤其是夫妻、子女等。如果是家族企业，则要严格界定家庭各成员在企业中的角色，而不可将各种角色混杂，否则会严重影响公司正常的分工和日常运营，长此以往会导致组织没有活力、员工没有动力。

再次，高层分工要清晰，既不能重叠，又不要有疏漏之处。重叠会导致多头管理，疏漏会导致没有人决策，这些都会影响组织力。

最后，上下分工和定位要清晰。不成熟的企业经常会出现高层做中层的工作，中层做基层的工作，基层在操心公司的战略和文化的问题，这种死循环一旦形成，很难破解。

（3）战略及竞争力升级能力

战略最终会转化成企业的竞争力，是否能强化竞争力，是问题的关键。优秀的企业一定会有一套科学的战略洞察、战略规划、战略解码、战略计划及战略控制系统，以确保一直走在正确的路上，并强化其竞争优势。比如，华为坚持方向大致正确就开始行动,这就是一种战略思维。美的坚持做三到五年的滚动战略,不断优化战略管理,在产业上聚焦主航道,保持稳健扩张。

企业家也好,高管也好,不可头脑发热,在战略上盲目冒进。一是不适合自己做的产业一律不做;二是保持稳健经营,不可"大跃进"。在执行战略的过程中,如果环境发生逆转,企业一定要有调整战略的机制,这是确保企业始终保持做正确的事的能力。

以美的为例,美的是一个自我纠偏能力极强的公司,这源于何享健建立的开放、务实和创新的企业文化。美的发展50多年以来,一直确保走在正确的道路上。自我否定和创新是美的持续领先和进步的核心能力。美的认为,不管市场和需求如何变化,底层逻辑永远是"技术+创新"。正如方洪波所说:"美的必须做跟得上时代的企业。"这就意味着美的要持续顺应环境,顺应消费者变革,不断优化和调整自己的企业战略,以实现企业竞争力的持续进化。

战略与升级能力有一个简单的模型(见第三章第四节),该模型来自中梁地产,该地产公司有"小碧桂园"之称,其通过8年时间一跃成为中国地产前30强,营收达千亿级。该模型为企业战略、升级转型提供了整套解决方案,以判断企业是否在正确的方向上、正确的道路上,以及战略是否与能力、资源相匹配。

如果战略系统出了问题,企业可能陷入万劫不复的境地,20年前的太阳神、10年前的乐视、今天的恒大,都在战略系统上出现过问题。

(4)完善的风险管理系统

风险管理系统就是以管理制度和流程为基础,以防范风险、有效监管、规范经营为目的,通过全方位建立过程控制制度和流程、描述关键控制点和以流程形式直观表达生产经营业务过程而形成的管理规范的总称。

从企业治理的角度看,风险管理系统有广义和狭义之分。广义上的风险管理系统除了包括企业的审计、法务、合规等管理系统,还包括文化治理、流程制度建设。因此,风险管理是一个系统思维,贯穿企业管理的各个组织和经营过程。关于此方面的内容,我们将在后文讲述"三大约束机制"时详解。

与其他企业不同的是,美的的自我纠偏能力和自我否定能力非常强。这是美的在治理机制上的撒手锏。这种能力源于企业家的开放和实务精神。用何享健的话说："我们只要发现自己做错了，就马上改。"这一点，与华为任正非所说的"持续开展批评和自我批评"的观点有异曲同工之妙。

（5）决策系统

决策是指决定的策略或办法，是指企业为各种经营及管理事项出主意、做决定的过程。它是一个复杂的思维操作过程，是信息收集、加工，最后做出判断、得出结论的过程。决策是人们思维过程和意志行动过程相结合的产物。

作为企业内普遍存在的活动，决策是基于特定的对象系统（决策系统）而言的。这个决策系统一般包括决策者、决策对象、决策信息、决策理论和方法、决策结果等基本要素，它是现代企业科学决策体制的核心。

决策系统是指企业内各级决策机构和决策人员组成的管理功能系统。现代企业应建立谋、断相对分离，先谋后断的决策程序，把个人决策建立在集体智慧的基础上，保证决策的民主性、科学性。企业的决策系统应包括以下要素：

一是决策主体问题。决策主体是建立在一把手个人决策基础上的组织决策，而非"一言堂"决策。比如，美的有执委会，是集团的最高决策机构；事业部有管委会，是事业部的最高决策机构，二者都是非常重要的决策组织。华为的决策主体叫 EMT，是华为重大事项的集体决策机构。

二是分层分级决策。对于现代大型组织，建立分层分级决策体系非常重要，否则就会重心太高，离市场太远，决策效率和质量下降。大型企业均会建立在分权分责基础上，实施分层分级决策。比如，美的建立了事业部制下的分权经营模式，集团、事业部、业务单位都会在分权框架下进行相对独立的决策。

三是决策方法。决策方法有综合评分法、比较分析法、集体决策法、特尔菲法、头脑风暴法（共创法）、少数服从多数法，以及最高领导者一人决策等。参与决策是培养管理人员的重要方法，年轻的管理人员通过参与决策可以逐渐熟悉公司所面临的关键问题。

不同的决策方法，其决策速度、质量、场景均有差别，对于企业来说，关键是决策的质量、效率、成本之间的平衡。现实中，很多企业会出现两种极端的情况：一是最高领导者一人决策，其他高管及成员不参与决策并保持沉默，这类决策法也叫专制型决策，其优势是效率高、速度快，劣势是企业容易陷入风险当中。现代企业制度从根本上是反对这种决策模式的。二是绝对民主，征求每个人的意见。一项待决策的事项迟迟得不到决策，美其名曰共创，其实是拖延决策，牺牲了效率和成本，这也是不可取的。

无论采用哪种决策方法，关键是在决策质量、效率、成本中找到平衡点。这非常考验顶层设计者和决策者的智慧。

（6）变革创新能力

变革创新是企业的灵魂，也是企业保持持续进步的标志。变革创新是推动人类社会向前发展的根本动力，早在2000多年前，西汉刘安在《淮南子》中就提出："苟利于民，不必法古；苟周于事，不必循俗。"这句话的大意是，如果百姓能够获益，不必效法古代规定；如果能把事做得体，也不必遵循俗法。

在疫情的冲击下，很多企业面临着超乎寻常的考验，承受着巨大的压力。但也有一些人认为，巨大的压力背后蕴藏着巨大的机会，具有创新意识的企业得以从中破茧而出。企业变革与创新的着力点非常多，比如产品、市场、商业模式、数字化转型等。

优秀的企业一直强调变革创新能力。华为将变革创新写入基本法，《华为基本法》第四章提道："爱祖国、爱人民、爱事业和爱生活是我们凝聚力的源泉。责任意识、创新精神、敬业精神与团结合作精神是我们企业文化的精髓。实事求是是我们行为的准则。"华为用熵增来不断对抗组织和团队的"躺平"和"躺赢"。

美的更是一家变革创新能力非常强的企业，美的强调："唯一不变的就是变。"2019年1月16日，美的现任董事长兼总裁方洪波说："敢于改变，是美的50年发展史上最重要的资产。"美的之所以能够成为家电行业的领先品牌，一个重要的原因就是具备非常强的变革创新能力。美的通过组织架构、管理模式、产品系列等方面的变革创新，不断适应内外环境的变化，从而保持行业领先地位。

变革创新如果成为一家企业的文化基因和中高管的共识，可以肯定的是，这家企业基本不会被时代和竞争对手淘汰。

那么，如何提高变革创新能力呢？

首先，构建变革创新能力比获得创新成果更为重要，因此，应将变革创新上升到机制和文化的高度，使之成为全体员工的共同职业标准。

其次，要培训企业的变革创新能力，有一个重要的机制安排，就是文化上要鼓励变革创新，对创新者要进行激励和机制牵引。美的出台的创新机制就是：允许员工因为创新导致的失败，不追责，不责难。

最后，关于变革创新能力建设，还有一点就是要将危机意识写入公司文化当中，使之成为全体员工的共识。无论任正非、马化腾，还是方洪波，都是危机感强的企业家，他们经常不约而同地对内部说："我对成功视而不见，每天没有什么荣誉感自豪感，而是有危机感。"拥有危机感，才会催生变革，才会有伟大的创新。

2. 组织机制

（1）组织的概念

组织就是在一定的环境中，为实现某种共同的目标，按照一定的结构形式、活动规律结合起来的，具有特定功能的开放系统。简单来说，组织是两个以上的人、目标和特定的人际关系构成的群体。根据上述定义，组织有四个关键要素及功能。

一是人——组织由两个或两个以上的人组成，这些人为了共同的目标走到了一起。人是组织的最基本要素，也是唯一具有主观能动性的要素。

二是共同目标——这是组织存在的理由和前提要素。组织至少拥有一个（经常是更多的）目的或目标。比如，美的的愿景是为人类创造美好生活，2012年前的目标是做白色家电产业的前三强；2021年10月14日发布的绿色战略的目标是：2030年前实现碳达峰，2060年前实现碳中和。

三是组织结构——这是组织的载体要素。组织机构有互相协调的手段，保证人们可以进行沟通、互动。组织要有清晰的责权利边界及分工协作，否则组织的功能和价值是不能实现的。比如，美的用事业部制作为核心组织战略，通过事业部制，将事业部的目标、责任、权利、利益进行了清晰的界定。

四是组织的目标管理——为了实现组织目标，组织必须拥有一套计划、控制、组织和协调的流程，以计划、执行、监督、控制等手段来保证目标的实现。

组织基于战略目标而进行承接式的安排，有什么样的战略，就要匹配什么样的组织。

（2）组织机制的特点

组织机制就是基于组织目标，以人为中心，确保组织目标实现而将各要素进行制度化安排，实现人的价值和创造力的最大发挥。组织的制度化安排，就是组织机制。要形成良好的组织机制，必须考虑到以下关键点。

第一，组织结构一定要责权利匹配，确保人的活力。

第二，横向要能拉开，确保企业在进行多元化、收购兼并业务时能迅速组织团队，推进战略落地。这种横向复制能力是组织机制的核心内容之一。比如，美的从1997年推进事业部制以来，最多高达18个事业部，而后来拉开的事业部的主要领导班子、管理模式、制度体系、经营方法都是从最初的家用空调事业部和生活电器事业部复制出来的。横向拉开要真正实现融合他人、复制自己，主要还是靠机制、人才等组织力的支撑。

第三，纵向要能打通，确保组织的有效性和一致性。纵向拉通是组织机制中又一个重要关键点，很多企业发展到一定规模后推进事业部，容易出现两个极端：一个极端是虽推行事业部，但责权体系、流程、制度、经营责任主体、经营重心等几乎没有发生变化，换汤不换药，这样推进事业部是无效的；另一个极端是推进事业部后，完全放养，导致风险放大或管理失控，事业部与集团老死不相往来，谁都管不了谁，谁也不敢管、不想管，整个公司四分五裂。这两种极端都是没有掌握组织设计的基本原理和方法导致的。纵向打通主要靠战略、文化、目标及责权利匹配来支撑。

第四，前后要能拉通。价值链前后端只有拉通对齐，才能实现价值链一体化运营，实现高效、低成本经营，比竞争对手更快地服务市场与客户，更高效、低成本地实现价值。前后端拉通主要靠流程管理来实现。

第五，组织的战略层、经营层、业务层定位要清晰，以确保组织的效率和功能的实现。比如，集团要定位为顶层设计层、战略规划层；事业部要定位为核心的经营层，负责经营事业；子公司、业务层主要负责执行，并从事专业性的工作。三个层级相互协同，彼此分工清晰。

第六，组织的结构要保持开放性和迭代性，以确保组织能始终服务于目标，匹配于战略。

美的组织机制特点如下：

▶ 事业部产研销一体化；

▶ 客户型组织；

▶ 去中心化、去科层化、去权威化；

▶ 扁平化、敏捷化；

▶ 学习型、赋能型组织；

▶ 流程化、标准化组织（美的所有事业部组织结构基本一致）；

▶ 业务组织与管理组织两位一体，融合于经营单位；

▶ 经营指挥权与管理赋能权分离。

华为组织机制特点如下：

▶ 平台式组织而非烟囱式组织；

▶ 项目铁三角组织而非产品、营销、服务各自为政的组织；

▶ 业务主导+IT赋能式的数字化转型组织；

▶ 流程化的组织；

▶ 事业集群式的经营组织。

（3）组织结构及管理模式

企业组织结构有多种模式，包括直线制、职能制、直线—职能制、矩阵制、事业部制、模拟分权制、项目制、阿米巴、网格化式等组织。一个企业采取哪种组织，是由企业本身战略及经营需要决定的。

接下来，我们对主要的组织结构及管理模式进行分析。

模式一：直线制

直线制是最早也是最简单的一种组织形式。它的特点是企业各级行政单位从上到下实行垂直领导，下属部门只接受一个上级的指令，各级主管负责人对所属单位的一切问题负责。厂部不另设职能机构（可设职能人员协助主管工作），一切管理职能基本上都由行政主管自己执行。直线制组织结构的优点是：结构比较简单，责任分明，命令统一；缺点是：要求经营负责人通晓多种知识和技能，亲自处理各种业务。在业务比较复杂、企业规模比较大的情况下，把所有管理职能都集中到最高主管一人身上，显然是不现实的。因此，直线制只适用于规模较小、生产技术比较简单的企业，对于生产技术和经营管理比较复杂的企业来说并不适用。

模式二：职能制

职能制是指各级行政单位除了主管负责人，还相应地设立一些职能机构，如在厂长下面设立职能机构和人员，协助厂长从事职能管理工作。这种结构要求行政主管把相应的管理职责和权利交给相关的职能机构，各职能机构有权在自己的业务范围内向下级行政单位发号施令。因此，下级行政负责人除了接受上级行政主管指挥，还必须接受上级各职能机构的领导。

职能制的优点是：能适应现代化工业企业生产技术比较复杂、管理工作比较精细的特点；能充分发挥职能机构的专业管理作用，减轻直线领导人员的工作负担。职能制的缺点是：它妨碍了必要的集中领导和统一指挥，形成了多头领导；不利于建立和健全各级行政负责人和职能科室的责任制，中间管理层往往会出现"有功大家抢，有过大家推"的现象；在上级行政领导和职能机构的指导和命令发生矛盾时，下级无所适从，容易造成纪律松弛、生产管理秩序混乱，从而影响工作的正常进行。由于这种组织结构存在明显的缺陷，现代企业一般不采用职能制。

模式三：直线—职能制

直线—职能制的优点是：既保证了企业管理体系的集中统一，又可以在各级行政负责人的领导下，充分发挥各专业管理机构的作用。其缺点是：职能部门之间的协作和配合较差，职能部门的许多工作要直接向上层领导报告请示才能处理，这一方面加重了上层领导的工作负担，另一方面也造成办事效率低下。为了克服这些缺点，可以设立各种综合委员会或建立各种会议制度，以协调各方面的工作，起到沟通作用，帮助高层领导出谋划策。

模式四：事业部制

事业部制最早由美国通用汽车总裁斯隆于1924年提出，故有"斯隆模型"之称，也叫"联邦分权化"，是一种高度（层）集权下的分权管理体制。

它适用于规模庞大、品种繁多、技术复杂的大型企业，是国外较大的联合公司所采用的一种组织结构形式。近年来，我国一些大型企业集团或公司也引进了这种组织结构形式。

事业部制是分级管理、分级核算、自负盈亏的一种形式，即一个公司按地区或按产品类别分成若干个事业部，从产品的设计、原料采购、成本核算、产品制造，一直到产品销售，均由事业部及所属工厂负责，实行单独核算、独立经营，公司总部只保留人事决策、预算控制和监督大权，并通过利润等指标对事业部进行控制。有的事业部只负责指挥和组织生产，不负责采购和销售，实行生产和供销分离，但这种事业部正在被产品事业部所取代。还有的事业部按区域来划分。事业部制在后面的章节中有专门讨论，这里不再赘述。

模式五：模拟分权制

这是一种介于直线—职能制和事业部制之间的结构形式。

模拟分权制的优点是：可调动各生产单位的积极性；解决企业规模过大、不易管理的问题。高层管理人员将部分权利分给生产单位，减少了自己的行政事务，从而可以将精力集中到战略问题上来。其缺点是：不易为模拟的生产单位明确任务，造成考核上的困难；各生产单位领导人不易了解企业的全貌，在信息沟通和决策权方面也存在着明显的缺陷。

模式六：矩阵制

在组织结构上，把既有按职能划分的垂直领导系统，又有按产品（项目）划分的横向领导关系的结构，称为矩阵制。

矩阵制的优点是：机动、灵活，可随项目的开发与结束进行组织或解散；由于这种结构是根据项目组织的，任务清楚，目的明确，各方面有专长的人都是有备而来的，因此在新的工作小组里能够实现沟通、融合，把自己的工作同整体工作联系在一起，为攻克难关，解决问题而献计献策；从各方面抽调来的人员有信任感、荣誉感、责任感，有助于激发工作热情，促进项目的实现；加强不同部门之间的配合和信息交流，减少直线—职能制中各部门脱节的现象。

模式七：项目制

项目制是指一切工作都围绕项目进行、通过项目创造价值并达成自身战略目标的方式。采取这种组织模式的主要是地产行业，一些成熟的企业在组建新团队、新业务时通常也会用项目制进行运作。

项目制是几乎所有项目工作人员都向项目经理汇报的组织形式。这类组织从母系统的其余部分中分离出来，拥有自己的技术人员和行政管理机构，依靠阶段性项目进度报告同母系统保持简单联系，成为独立自主的单位。

项目制的优点是：每个成员始终了解团队的工作并为之负责；团队有很强的适应性，能接受新的思想和新的工作方法；在大型组织中，团队结构一般作为官僚结构的补充，既能得到官僚结构标准化的好处、提高运行效率，又能因团队的存在而增强灵活性。其缺点是：小组的领导人如果不提出明确要求，团队就缺乏明确性；稳定性不好，经济性差；团队必须持续不断地注意管理；小组成员虽然了解共同任务，但不一定对自己的具体任务非常了解，甚至可能因为对别人的工作过于感兴趣而忽略了自己的工作。

模式八：阿米巴

在企业经营管理模式中，阿米巴又称作"阿米巴经营模式"，即以各个阿米巴的领导为核心，让其自行制订各自的计划，并依靠全体成员的智慧和努力来完成目标。

阿米巴的本质是一种量化的赋权管理模式。阿米巴与"经营哲学""经营会计"相互支撑，是一种完整的经营管理模式，是企业系统竞争力的体现。阿米巴要求"量化分权"，推行时应该遵循基本的规律，由上到下，由大到小，分层逐步推进，其在人才培养、全员参与经营等方面有着重要的意义。但是阿米巴在中国落地的结果非常不理想，这与中国企业将阿米巴转化成承包制及小利益集团有关，导致阿米巴沦为少数人短期分钱的方法和工具。另外，阿米巴要求IT系统、财经成本系统、人力资源绩效管理，以及文化的共识能力都非常强大，如果缺乏这些基本支撑能力，阿米巴的优势就难以得到有效发挥。

各种组织结构有各自不同的特点和优劣势，适应企业不同的发展阶段和企业自身的特点。严格来说，各种组织结构没有好与不好之分，但有适用与不适用之分。有的企业可能存在以一种模式为主，另一种模式为辅的情况。比如，在客户界面采用铁三角项目制，在价值链运营上采用事业部制，这非常适合产研销一体化的非标型公司管理。

（4）组织效能

评价组织有一个非常重要的指标，那就是组织效能。组织效能是指组织实现目标的程度和能力水平。组织效能主要体现在能力、效率、质量和效益四个方面，其模型如图4-3所示。其中，能力是组织运作的基础和发展潜力，包括土地、资本、资源、工具、技术、人才和组织力等，最终表现为组织的价值创造能力；效率是任何一个组织的天然要求，组织的存在就需要不断提升效率，

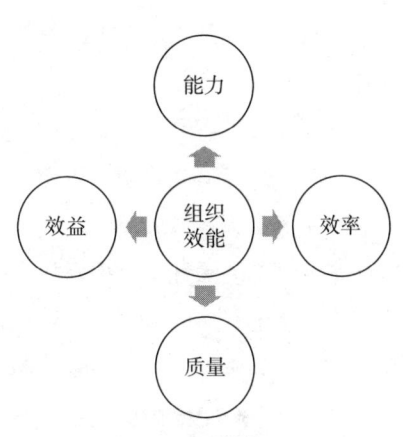

图 4-3　组织效能模型

效率包括管理效率和运营效率；质量是指组织所提供的产品（服务）的品质或功能满足目标客户需求的程度，以及给客户带来的体验感，真正体现了组织存在的价值；效益是指增加值或附加价值，是组织运行的产出，也是组织存在的基础，包括利润、员工报酬、税收、利息和折旧等。

华为非常重视组织效能指标，组织效能聚焦于组织存在的价值创造能力。华为每一个部门的存在都必须有价值，无价值创造能力的"僵尸"组织将很快被撤销。同时，组织中也不允许存在假高管、不是AB角的副手，原则上不允许一个组织中存在多个不管具体业务、不挂部门主职的副职。效率是美的组织效能最重要的指标，这也是美的2012年三大战略主轴之一。

华为关注组织效率的主要指标有人均产值、人才销售收入、资产周转率、库存周转率、人工成本率等。效益是组织存在的短期价值，包含社会价值，如税收；企业价值，如盈利能力；员工价值，如薪酬竞争力；市场价值，如市场份额等。在通用电气，如果一个组织持续达不到公司预算目标，超过3年没有达到战略目标，这个组织可能会解散。

针对事业部制中纵向能力强，而横向协同力不足的体制弊端，可以在集团层面设立横向协同部门，履行市场管理、营运管理或商务管理等职能，来强化事业部之间的组织、资源、策略、能力的协同。

为了确保战略、文化、价值、核心干部管理等关键事项能上下打通，集团

一般在战略管理、文化、人力、营运、财经职能上采取管理权和指挥权分离的原则。也就说，各事业部财经职能、人力职能、营运管理职能等要听从上级组织指挥。

在研发上，可采取二元结构，集团负责关键技术、核心技术、前沿技术研究和管理；事业部在集团的研究成果上做应用及开发。这样既确保了整个公司在技术上集中力量办大事的能力，也能确保技术标准和语言的一致性，还能确保各事业部的灵活性，以提升技术在产品上的差异化应用能力。

在制造上，集团主要负责精益制造技术、自动化、少人化技术整体统筹、引领和标准制定；事业部主要负责工艺、少人化、标准化、自动化技术的应用和落地。二元分工既确保了制造技术及效率不断迭代，又能保证事业部根据本事业部经营需要，做差异化安排。

在营销上，集团主要负责品牌、商誉管理、市场规则管理、消费者服务标准及事业部横向之间的资源、能力、策略协同。各事业部负责营销的 4P/4C 管理，并确保客户满意度、渠道满意度及市场占有率目标达成。

除此之外，组织机制还涉及岗位价值、岗位说明书、职位胜任力模型、职级职序系统、薪酬带宽等工具，这些工具也是承载组织机制的重要方法。企业切不可盲目套用工具，如果责权利匹配的理念得不到贯彻，工具的价值就会大打折扣。

3. 营运机制

营运机制是指企业经营活动中人、财、物等各要素之间的结构、功能及其相互之间的协调、有序、高效有机运行的方法和原则，以实现组织活力的提升和对外应变能力的增强，并更好地实现企业目标。通俗地讲，营运机制就是产品及服务在质量、成本、交期上的实现能力和竞争能力。

营运机制本质上是要解决快速、高效、低成本实现结果的能力，甚至可以理解为 PDCA 循环的闭环结果实现能力。美的自 2000 年后，整体上采用的是大规模制造、高效分销的模式，以驱动企业低成本实现卓越营运。这种管理思维借鉴于欧洲的摩托罗拉和美国的通用电气，在整个行业具有系统优势，并建立了领先地位。

营运机制一般包括以下几个关键点。

关键点一：产研销价值链一体化

基于事业部组织体制下的产研销一体化，其优势在于聚焦产业，能快速了解市场需求和消费变化趋势，开发出适销对路的产品，并快速交付。加上有责权利匹配的机制加持，其价值链一体化的优势能得到淋漓尽致的发挥。这也正是外界普遍感受到美的事业部响应速度快、跟进市场变化快、执行力强的原因。

很多企业在产研销之间的一体化水平非常低，导致系统效率、成本、交付能力跟不上，甚至带病工作。制造业大多数情况下属于同质化竞争，如果产研销一体化运营能力低下，是会影响企业及其产品的竞争力的。

关键点二：纵向上下拉通

美的营运机制的一个显著特点是上下拉通能力强。它基于两个原因：一是产研销一体化后，事业部负责人对整个价值链的管理权大、资源调度能力强，客户的需求得以反馈到价值链各个环节。二是美的在战略、文化、机制、组织结构上，集团与事业部是上下拉通、一脉相承的。

关键点三：以客户为尊，以市场为导向

华为以客户为尊，美的重市场导向，目的都是为顾客创造价值。比如，美的内部的文化、制度、流程等都把满足客户需求放在第一位，具体表现在以下几个方面：一是以客户的需求为工作导向；二是以客户满意100分为工作标准；三是权利优先配置市场一线的员工。尤其是在内部工作中，营销总部要听营销一线的，供应链要听营销的，研发要听供应链的。在工作过程中，如果出现争议或分歧，但内部又没有判断标准，离市场近的一方有更大的话语权，而不管沟通双方的级别如何。这种遵从客户而非权威的营运导向，保证了美的服务客户的有效性、及时性、专业性。

关键点四：首问负责制

美的首问负责制源于政务系统的窗口服务及群众接待部门工作原则，美的首问负责人主要服务于客户和渠道商，以为客户提供及时有效的服务为目标。

关键点五：以销定产

在营运机制中，几乎所有的企业都会遇到一个非常大的困难，即采产销的主计划系统的营运，大多数企业为此苦不堪言，采购、生产、营销、客户之间日复一日的争论，也没能换来顺畅的计划系统、快速的交付系统、高周转的库存系统及柔性化的生产系统。美的早在2013年就通过"T+3"机制解决了这一问题，实现了最快9天将产品从下单到交付的闭环管理，库存周转率提高了80%以上，各类仓库面积和成本减少了50%以上。最重要的是，"T+3"机制有效地解决了内部各组织之间的服务承诺问题，通过制度固化了对客户的承诺。

关键点六："五化"营运

"五化"是数字化转型的前提条件，也是企业实现高效低成本营运的关键。"五化"指的是五个指标，即通用化、平台化、模组化、结构化、标准化。比如，美的坚持产品设计标准化、模组化、通用化，生产就可以做平台化及自动升级。因此，产品从设计端输入时，美的就坚持产品模组化、标准化方向，坚持爆款经营，不断减少最小存货单位（SKU），以确保采购、生产、库存管理的卓越。

关键点七：持续改善，精益营运

持续改善方法源于日本企业管理中的一个概念，指逐渐、连续地增加改善，是日本"持续改进之父"今井正明在《改善：日本企业成功的奥秘》一书中提出的。持续改善意味着改进，涉及每个人、每一环节的连续不断的改进：从最高的管理部门、管理人员到工人。持续改善被作为系统层面的一部分来加以应用并进行改进。通过流动和拉式系统改进交货时间、流程的灵活性和对客户的响应速度，改善活动从头到尾改进了公司的进程。

比如，美的在产品开发、技术创新、顾客服务、品质控制等领域采取了持续改善的管理哲学，不断优化自己的产品及服务，并配套相应的营运机制，以确保这一管理思想得以落地。2015年以后，美的的产品在市场的表现具有脱胎换骨的变化。

精益运营是由企业最高层主导的，为了实现业绩目标有意识开展的、持久的运营变革。它通过对员工能力、观念、制度和流程的持续改善来实现业绩提升和管理优化。毫不夸张地说，精益运营一定是"一把手工程"，强调通过统一部署、系统方法、机制建设、能力培养、成果固化，以获得更持续、更大范围的改善。比如，美的在精益工具、组织支撑、理念共振上三管齐下，推动精益运营。在总部有精益制造部，在事业部制造中心有精益管理职能，强化在生产及经营管理中的持续改善的价值。

最近几年，美国丹纳赫成为精益运营管理的新锐，其结合丰田的精益生产理念，进行了归纳、创新，形成了 DBS 精益管理方法，并运用于投并购产业整合中，取得了令人瞩目的经营成果。美的在推进"效率驱动"战略时，结合了丰田精益生产及丹纳赫的 DBS，形成了 MBS 精益管理，对降本增效、开源节流产生了深远的影响，使美的在料工费、销管财费用上大幅度下降，效率获得持续提升。本部分的内容在后面的章节中会详细展开，这里不做深入探讨。

关键点八：外部竞争内部化，内部竞争市场化

这是美的营运管理的精髓。美的所有的产业均处于完全市场化之下，竞争不可避免；美的根据外部竞争态势，确定企业内部的经营目标。为了调动内部各事业部、各团队的活力和积极性，美的采用以物质激励为主、精神激励为辅的方法，将各事业部及同一层级团队目标做全方位的对比和排名，在月度、季度、年度会议或重要的场域中进行通报和对比。这使每一个团队阶段性工作成果在内部都有明显的优劣之分。持续在内部排名倒数的团队，将会有降职、降级乃至丢掉饭碗的危险。因此，为了确保每个月、每个季度内部排名能靠前，每个团队都会竭尽全力。这种以先进文化作为保障，以业绩排名作为手段，驱动外部竞争内部化，内部竞争市场化的做法，正面效应非常明显。

关键点九：数字化运营

企业的领导者深知，数字化将成为未来中国企业必须实现的基础设施建设，数字化转型是延续成功的关键。然而，传统技术、过时的流程和单独的 IT 计划，可能尚未取得实际的业务优势，耽误甚至中止了转型进程。

领导者所选择的转型方法，决定了企业未来的成败。奠定良好的基础，确保未来能够持续转型，是成功的关键。协作共赢的文化、开放透明的流程及业界认可的开放式工具，提供了当下和未来转型所需的敏捷性和安全性。

当企业同时在三个关键业务领域（文化、流程和技术）采用开放式方法时，运用现代 IT 技术、DT 技术及大数据、云计算、人工智能、5G，就意味着转型开始。

美的数字化转型是从 2012 年开始的，这比绝大多数企业提前了 10 年。美的用了 10 年的时间、150 亿元（相当于销售额的 2%），经历了信息化、数字化、工业互联网多次迭代，换来了凤凰涅槃般的变化。本书将在后面相关章节详细介绍美的数字化转型的全过程。

效率驱动、卓越运营是美的运营机制的关键，这既是目标，又是手段，也成为美的在行业从蓝海转到红海后，利润不降反升的关键。

4. 人才机制

人是企业所有要素中唯一的有主观能动性的要素，具有决定性作用。人如何选进来、培育起来、用起来、把创造性激发起来，以及流动起来，用什么样的机制使人能干、想干、会干、敢干，这是所有企业想得到的答案。

以华为、美的、京东为代表的企业人才战略，获得了极大的成功，这些企业的人才密度和厚度在中国乃至全球 500 强企业中都是首屈一指的。这里，我们将结合华为、美的这两家企业在人才机制上的理念、方法、工具展开。

（1）人力理念

华为的人才理念以奋斗者为本，对人才进行有效的管理，并坚持三位一体：精准匹配、极速成长、科学分钱。华为坚持在全球范围内吸引人才，并在一定范围内尊重人的个性，用人之长，实现集体奋斗管理，主张人才资本优先于财务资本增值，坚持从一线培养、选拔干部。美的在人才机制上最核心的关键词是开放，开放用人，能者上、平者让、庸者下，坚持赛马机制，绩效为王。美的创始人曾经总结美的成功的两个关键，其中一个就是开放用人，坚持投资人、培养人、发展人。

第一个理念：开放

开放是美的用人机制的最根本特点。美的用人有一句名言：美的 20 世纪 60 年代用北滘人，20 世纪 70 年代用顺德人，20 世纪 80 年代用广东人，20 世纪 90 年代用全国人，21 世纪用全世界人。2019 年 10 月，美的聘用奥地利籍人士 Helmut Zodl 任集团首席财务官，显示了美的坚定执行全球化的、开放的用人机制。

首先，开放体现在美的不搞家族企业，由职业经理人治理企业上。2012 年 8 月 24 日，美的创始人、大股东何享健退休，接任者不是其儿子何剑锋，尽管何剑锋在经营管理上取得了显著成功。接任美的董事长的是职业经理人方洪波。这一举动开创了中国全球500强企业治理的典范，也是对美的开放的用人机制最有力的证明。作为第一代粤商，何享健敢于破旧立新早已为众人熟知，但此番走得如此彻底，还是出乎了多数人的意料。让很多民营企业家费解和担忧的是：一旦将企业日常经营、决策权都交给了职业经理人，"老板"不就成了空架子？不就失控了？对于外界的众说纷纭，何享健表示："有些人觉得这个事情很突然，其实这个事情如果没有系统的安排是不行的。两年前我就提出不当美的电器董事局主席了，现在的条件成熟了，就是水到渠成的事。"

"从20世纪80年代开始，我一直遵循一个方向，就是不搞家族企业。"何享健在接受采访时称，在美的是没有家族接班人概念的，处理好家庭关系，可以使自己集中精力投入管理。"现代企业决策不可搞枕边风、家庭ац。我太太是创办美的的23位元老之一，退休之前当仓库报关员。她并非没有资历进管理层，但我说不行！她也自觉不妥。我们20世纪80年代中期就有个协定：回家不谈公事。"美的创始人也谈到了子女接班问题："我的儿子也大了，别人说他可以接班了，但我的想法是在公司绝对不让他进入高级决策层，他努力也不行，干脆自己到外面闯。我这样做好多人不理解，但是我想，美的是上市公司，不是我个人的，不能搞这一套。"

事实上，何享健此前在接受《羊城晚报》记者专访时也明确表示，接班人不一定要找自己人，只要企业在制度建设、治理结构和管理机制上有良好的保证，家族就可以只成为一个控股股东，CEO都是职业经理人；甚至到一定时候，大股东可以不参加董事会，董事会职业化，完全实现股东、董事会和经营者三权分立。从2021年1月美的董事会构成来看：董事会里，只有何剑锋为董事，也就是说，大股东只有一个人在董事会，其他大多数是职业经理人，美的已经实现了标准的职业经理人治理企业，并由一整套机制来保障各方利益最大化。

其次，开放体现在美的不谈资论辈，大胆起用年轻人上。美的现任董事长兼总裁方洪波是30岁不到被提拔为高管的，这在美的被传为佳话。美的每年从各大高校招聘数以千计的年轻人作为坚实的人才后备队，经业务一线锻炼后，一旦业绩优秀，他们很快会得到提拔。

再次，开放体现在用人的成长性、动态性上。美的从来都不会用一成不变的眼光用人，更不会用完美主义者的眼光看待新人的成长，对人才的成长性有深刻的洞察。这与绝大多数企业截然不同。很多企业家总是会用一成不变的眼光甚至带着有色眼光看企业内部的人。比如，有的企业家或人力资源部发现某个员工在个别技能上存在缺陷，5年后对这个员工的看法还是没有变，且一想到这个员工，就认为该员工某方面有问题，这样员工永远得不到提拔。有些企业用人甚至过分要求完美。现实中，人是不可能没有缺点的。而美的在用人上只要有七分把握通常就会大胆启用；同时，对于过往工作中存在不足的员工或被降职的员工，美的会优先重新评估此类员工，以确保他们得到同样的机会。

最后，开放体现在横向跨职群、跨系统用人和培养人上。美的为了培养干部，通常将研发系统轮岗到制造，将制造干部轮岗到营销，将营销干部轮岗到研发，将总部干部调往一线，将一线业务干部调往总部工作。这种跨职群、跨系统的干部轮岗，在很多不开放的企业家眼里，简直无法理解。但是，正是这样跨系统的用人、培养人机制，造就了美的综合型干部大量涌现，为美的全面拉开组织、发展新业务、跨界发展提供了可能。

第二个理念：公平、公正、公开

公平、公正、公开是人类最基本的价值观底线。大至国家，小至个人，一旦失去公平、公正、公开的原则，将带来毁灭性的危害。公平、公正、公开也是华为、美的等企业人才管理的核心理念。

华为是一家很注重公平文化的公司，公平主要体现在四个方面：遵循价值规律，按外部人才市场的竞争规律决定公司的价值分配方式；引入内部公平竞争机制，确保机会均等，在分配上充分拉开差距；树立共同的价值观，使员工认同公司的价值评价标准；以公司的成就和员工的贡献作为衡量价值分配合理性的最终标准。

美的人才机制的公平理念体现在用人标准上和尺度上，美的在用人上制定了清晰的用人标准，比如"五用""五不用"标准，可以让每一个员工用清晰的标准来发展自己。公正理念体现为美的不偏不倚，遵循结果导向、德才兼备、绩效为王等基本的普世价值观。每个员工在美的都能得到最基本的尊重，这是最重要的公正。公开理念则体现在美的用人的透明性上，即任命、晋升、淘汰人都有透明的决策过程和公开的公示及任命期。

第三个理念：洞察与理解人性

在任正非心里，华为的成功靠的不是能人，不是英雄，而是体系平台的支撑。任正非与华为诸多高管对外界提及频次最多的词语，是人才体系、商业本质及对人性的洞察等。一家企业的成与败、好与坏，其背后所展示的逻辑，都是人性的逻辑、欲望的逻辑。上下同，欲者胜。在任正非看来，"管理就是洞察人性，激发人的欲望。"从这个角度来看，人力资源管理承担了两方面的责任：一方面激励人天使的一面，另一方面约束人魔鬼的一面。

洞察与理解人性是美的用人机制的底层理念。理解人性就是要尊重人性，既承认人的善意和创造力，也承认人的任性、懒惰、嫉妒等三原恶。所以在用人时，美的充分尊重人性的本质，通过责权利能的匹配和价值分享机制的设立，最大化激发人性；同时，对于人性中不利于组织和经营的部分，通过机制的设立来削弱人性恶的影响，实现扬善抑恶，为企业所用。

西方学者马斯洛对人的五个层次需求做了全面解读，如图4-4所示。但具体到组织或者团队中的员工，他们的需求是什么呢？换言之，用人时，可以用哪些要素来激发员工的人性呢？笔者将年轻职业者人性需求总结为责权利爽，模型如图4-5所示。

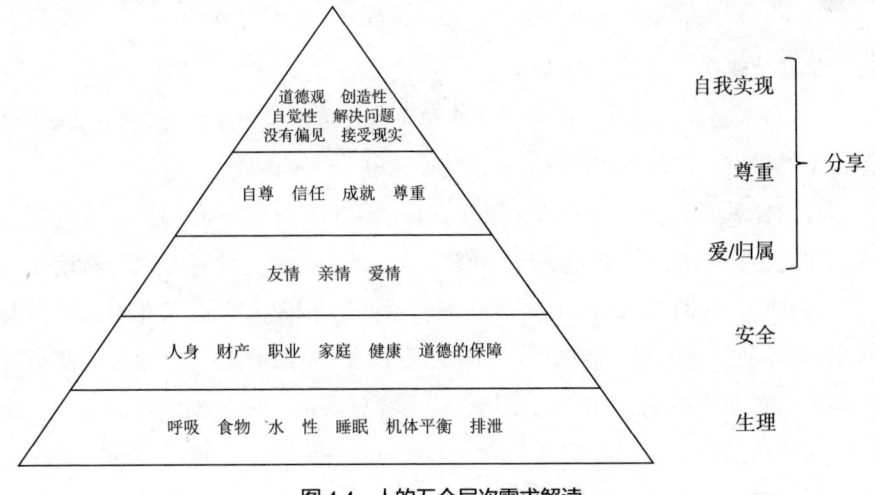

图4-4 人的五个层次需求解读

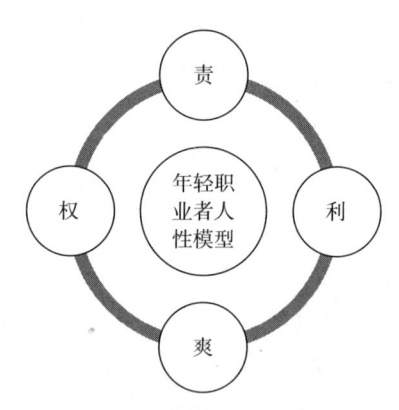

图 4-5　年轻职业者人性模型

责权利匹配比较好理解，这里不做赘述，这里主要简要解读一下"爽"的内涵。出生在 1995—2009 年的青年群体的时代需求，可以理解为 Z 世代职业者的需求。Z 世代为网络流行词，英文是 Generation Z，也常被简称为 Gen Z，也被称为"95 后"。他们谙熟数字科技，受互联网、即时通信、社交媒体的影响极大，是第一代自小就同时生活在虚拟世界与现实世界的原生世代。Z 世代职业者聪明、情商高，有极强的个性，追求自我幸福感和快乐感，对职业环境的要求是：公司文化要开放包容，要有灰度，不拘一格，能给予个体自由空间，让个体能够自由发挥价值；对老板和领导的要求是：你看得上我固然很重要，但是我看得上你更重要，否则，我会把你和公司炒了。

第四个理念：赛马不相马

"赛马不相马"这一理论源于稻盛和夫，它是中国很多优秀公司的人才理念，比如华为、京东等。在美的，这一理念也发挥到极致。

我们先看看华为，华为认为只有合适的机制，才能够激起员工的奋斗意识，实现为自己奋斗。为此，华为内部推行赛马机制：让有意愿的马跑起来（易岗易薪），让跑起来的马跑得快（目标激励），让跑得快的马跑得远（长期激励）。但是在使用赛马制的时候，机制设计者一定要明白一个道理：赛马机制的重点在于"机制"，而不是"赛马"，赛马只是一种途径，如果为了"赛马"而"赛马"不仅会影响员工的心态，而且还会对工作进度造成巨大的损害。华为把相同业务或相同工作方式的部门和个人放到一起，把大家的目标完成情况放在一起晾晒，让你一眼就清楚你所在的位置；而考评时又把大家放在一起排名，来确定顺序。这样就形成了赛马机制，大家不但要努力完成目标，还要争取比别人完成得更好。

我们再来看看美的，"赛马不相马"包括三个重要原则。

一是公平竞争，看事实与数据。美的同样坚持以事实与数据为衡量标准，减少了评价中"走后门"与"拍脑袋"的现象。

人们对报酬的分配是否感到公平对工作积极性起着更为重要的作用。员工将自己的投入和产出与其他人的投入和产出进行比较，并对公平与否做出自己的判断。如果员工感觉不公平，通常会出现改变自己的投入、改变自己的产出、离开该领域等行为。这可能会造成员工浑水摸鱼、工作效率低下。长此以往，对员工的积极性、工作的环境、企业的效率都有着极为不利的影响。赛马机制通过量化的方式来选拔干部，可以公平公正地保障全员的环境一致。

二是以岗定级，以级定薪，薪酬拉开差距。不同的岗位为公司创造不同的价值，因此要为不同的岗位提供差异化的工资。同时，企业应该将合适的人放在合适的岗位上，使人的能力素质与岗位要求相匹配。对于超过岗位任职要求的能力，不给予额外报酬，岗位价值越大，级别越高，收入翻倍。这样，可以让"马儿"奋勇向前，争创一流。

三是合理流动，能上能下。现代管理大师彼得·德鲁克说："企业只有一项真正的资源——人。"管理就是充分开发人力资源以做好工作。一方面，人是企业文化中唯一具有能动性、创造性的因素，企业的管理需要由人来执行与运作。另一方面，资源的稀缺是客观存在的，企业所拥有的各种资源受到各种条件的限制，如何用最少的资源获得最大的经济效益，人力资本的开发起着至关重要的作用。这就要求人力资本开发中的选育留用都要适当，让最能够带兵打仗的人去带兵打仗，不能带兵打仗的人就从岗位上下来，做到人才能上能下，并且形成常态。也只有做到人才能上能下，才能保障人力资本开发的最大化，激发每一个人的潜能，保障公平。

具体而言，如何"赛马"呢？美的使用了以下六个步骤。

第一步：建立以事业部为核心的经营组织，实现分权经营、独立核算、自负盈亏及价值分享的机制。

第二步：建立考核及激励方案，使考核目标、指标、结构及激励方案清晰。

第三步：确定核算责任制机制，尤其是第三方监督和审计制度。也就是说，经营结果的核算必须由第三方核准，并经过责任制审计，才能最终作为价值评价的依据。

第四步：目标管理和过程赛马。对于过程中各单位的经营结果要在外部竞争内部化、内部竞争市场化的营运管理中得到竞争性评价，业绩和过程有问题的事业部将被纠偏。

第五步：业绩评价和核定。

第六步：结果成为能者上、平者让、庸者下的依据。

大多数读者可能有一个疑问：大多数企业没有华为、美的这些企业规模大，招人都很困难，怎么还能主动裁员呢？的确如此，我们一直强调向标杆学习时，一定要注意本企业的发展阶段和文化氛围。对于赛马机制的应用，要先进行文化再造，统一中高层心智与认知，然后重新优化设计人才管理机制。

第五个理念：优胜劣汰——能者上，平者让，庸者下

"能者上，平者让，庸者下"出自柳宗元《梓人传》，意思是说，有能力的人自然就会被提升为领导，平凡的人只能做别人的下属，而庸碌的人只能被淘汰。这也印证了物竞天择，适者生存的自然法则。

这个原则被大多数企业写入企业文化和用人理念中，但实际上并没有有效执行。很多企业家认为做人总得讲情面，大家没有功劳也有苦劳。其实，这深深地伤害了企业里那些业绩突出而没有被提拔的人，也从根本上破坏了企业的用人机制。正如德鲁克所说，不淘汰业绩不好的员工，是对那些业绩优秀的员工最大的不尊重。

华为不迁就有功的员工，任正非也不迁就任何"有功之臣"，其倡导能上能下的用人理念，管理干部工作做得好可以晋升，干不好也可以降级。《华为基本法》中提到，华为的干部机制就是能上能下，任人唯贤，能者上，庸者下，用人不拘泥于资历与级别。华为强调奋斗者为本，强调的是一种持续的艰苦奋斗精神，谁行谁上，谁不行谁下来。

"能者上，平者让，庸者下"也是美的用人铁律，甚至在执行这一铁律时非常刚性。美的坚持用量化业绩评价人和用人，每年考核责任制是评价一把手和干部的主要准绳，有业绩是干部的尊严，没有业绩则是干部的痛点。同样，人力资源部坚持以量化的结果作为人才考评、晋升、淘汰、加薪最核心的标尺。美的的干部非常深刻地理解业绩意味着什么，大家不遗余力地付出全部精力为业绩而战，为结果而战，而不是去和上级搞关系，也不用太在乎同事的评价。

如果你的业绩不达标，且排名连续处在公司内部靠后位置，那就意味着被降职，这个时候没有人能帮到你，唯一能帮到你的就是提升业绩。如果你的业绩持续向好，且排名连续靠前，你的晋升通道或者加薪通道将会打开。所以在美的，业绩为王，业绩就是尊严，业绩就是前途。

（2）用人原则

解析完人才机制的几个基本理念，接下来我们探讨几个重要的用人原则。

第一，业绩导向原则

公司用人一定要看导向，是唯亲导向还是业绩导向，是关系导向还是信任导向，这一点非常重要。成熟的世界500强公司，它们大多数是按业绩导向来选拔人才的。业绩导向解决了人才识别及评价标准的问题。业绩导向明确了有业绩、有量化结果的人会被重用、破格用；反之，则很难得到提拔和起用。比如美的，业绩与结果是评价人才最核心的指标，无论是创始人何享健，还是现任董事长兼总裁方洪波，都有一个非常好的管理理念和习惯，他们评价人才和干部时从来不带主观色彩和个人情感，而是按业绩论功行赏。

第二，客观性原则

客观用人是人才机制中看似比较容易实则比较难处理的一条管理标准。有些企业管理者在实际经营过程中会犯一个错误，即如果信任某人便会大胆起用，而忽视其某方面的致命缺点；如果不太信任某人，尤其是新人，往往暂时不会给予其发展机会。这种带着浓重个人情感因素的用人策略，缺乏客观性，从而导致用人失去了公平公正。所以，建立客观选育用留人才体系与机制是极为重要的。

第三，开放性原则

开放性原则是实现人才如潮、人才辈出最核心的原则，前文讲述人才机制理念时已做了具体分析，此处不再赘述。

（3）人才机制的方法和工具

有了理念，有了原则，具体如何来做呢？

方法一：内部选拔与人才培养方法

企业的人才要靠自己培养！根据一项权威数据统计：全球500强企业自我发展的经理人占比高达80%。企业要想成为人才的"黄埔军校"，必须具备以下三个条件：一是雇主形象与声誉；二是有潜质的人才输入；三是有培养人、成就人的机制。

以美的为例，美的非常重视雇主建设。福布斯发布的2021全球最佳雇主榜显示：美的位列全球雇主第352名、中国雇主第22名。雇主排名是由十几项关键人才指标加入权重后得出的，在一定程度上反映了企业对人才的吸引力。正因如此，美的能在中国及全球高校中吸引最优秀的高校毕业生。美的将优秀毕业生招募来以后，有一套"721"人才培养系统，使美的在行业内拥有"黄埔军校"的美誉。在美的看来，人才的成长70%靠实践，20%靠带教，10%靠培训。这就是美的著名的毕业生"721"人才培养系统（见图4-6）。

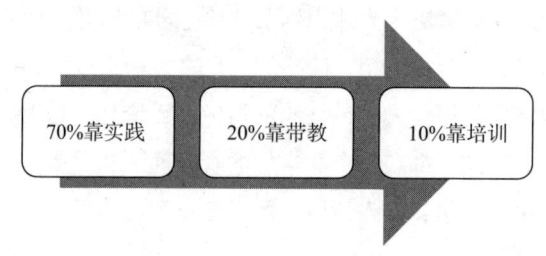

图4-6 "721"人才培养系统

除了毕业生有一套独特的培养系统，美的还为高层干部、中层干部、专业干部、领军型合伙人打造了相应的培养体系，如美的起航、领航、远航系列的人才打造方案。美的在用人上体现出了充分的自信，这一点与大多数企业不同。很多企业领导倾向于对外招聘优秀人才，主要原因是没有好的机制来培养内部人才，另一方面也体现出用人的不自信。

人才梯队建设能够引导企业从企业内部和市场中发现优秀人才，在实践中培养大批人才，同时激发人才的创造精神，积累继任者的人才资源，为实现企业的战略目标提供坚实的人才保障。

人才梯队建设将帮助企业实现四个方面的转变，从而更好地造就大批企业所需的人才：从被动地依据工作岗位需要选拔人才，向主动地依据战略发展需要选拔人才转变；从出现缺口再来应急的低层次人才运作，向重视内部选拔关键人才，外部引进储备战略型人才、管理型人力资源转变；从满足企业当前生产经营需要，向满足企业获取未来竞争优势的前瞻性培养人才转变；从几个部门、少数人才的培养，向各个层次、各个序列的人才培养转变。

更为重要的是，人才梯队建设是一个长期过程，必须与企业的人力资源战略密切结合，与企业发展战略和人才规划保持一致；人才梯队建设是一个长期的工作，需要几年、十几年甚至几十年的坚持；人才梯队建设需要根据人才的稀缺性和岗位的重要性采取分级培养体系；人才梯队建设还需要定期进行人才更新管理，保证人才库动态发展。

从底层逻辑上看，人才梯队建设就是要建立一套动态、例行化的人才经营机制，实现人才盘点、选拔、培养、淘汰的人才价值链闭环管理。完整的人才梯队建设管理体系包括人才梯队资源池、人才区分机制、人才培养机制、人才选拔机制和人才发展激励机制五个部分。这五个部分以人才梯队资源池为中心，其他四个组成部分围绕人才梯队资源池运作。

人才梯队资源池就像一个鱼塘，人才区分机制就是选鱼苗入池，人才培养机制就像日常喂鱼，人才选拔机制就像从鱼塘中捞鱼，而人才发展激励机制主要是对鱼塘负责人的激励。

在美的工作的16年里，笔者经历了从早期主要被人带教，参加各类后备经理班、特训班、领航班，到后期成为带教人，陪伴他人成长的过程。可以说，美的对人才的重视已成为所有职业经理人的思想共识与行为准则，整个过程可以被形容为"要么在学习，要么在教人成长"。

人才梯队建设的步骤如下。

首先，人力资源部在员工内部建立人才梯队建设制度。由人力资源部专业人员及公司相关管理人员组成专家小组，针对公司现在各岗位的岗位职责说明书和岗位要求，明确各岗位的发展方向，可以以图文或图表的方式制定出来。职位发展可以是横向的，也可以是纵向的。人力资源部制定人才梯队建设制度后，经过专家小组讨论，通过后则可实施。

其次，召集公司管理人员开会，一号位一定要参加，HR宣讲公司人才梯队建设制度，让部门负责人充分理解并支持和配合。一方面，人力资源部可以在公司里将人才建设计划充分宣贯；另一方面，部门负责人及时将计划贯彻落实到部门中去，为全公司形成人才培养氛围造势。

再次，直线经理对符合梯队成员条件的员工进行考察，计划好培养人数量及时间，并将其纳入对部门负责人的考核。一个季度或半年做相应的盘点，发现有符合梯队建设的人员，则上报人力资源部备案。高层次后备人才需要经HR及最高领导审批，其后备名单才会生效。后备人才选择过程要客观、公平、公正、透明，并采取差额法。

最后，根据制度实行人才培养和选拔，对梯队成员进行工作跟踪及考核，开展一系列培养、带教、游学、实践计划，完成阶段性培养。

在美的一期后备经理班的人员通常要经历多个学习周期、多个考察周期，并进行差额淘汰，完成后备人才的入池工作。通常有些学员还没有完成培养，就已被任命或晋升，而这正是人才选择、培养的魅力所在，能使其他潜在学员及即将进入后备人才池的员工更有动力。

关于如何找到内部的高潜人才，很多企业家感叹"人到用时方恨少"。大多数企业创业初期以"事"为纲，抓到人就去干活，至于这些人是否合适，是否有系统的培养，是否进行胜任力盘点，都没有人关注。事实上，每一个组织中都有一些高潜人才没有被发掘。如何让高潜人才浮现出来呢？这里分享几招：一是赛马，通过业绩让高潜人才脱颖而出；二是提供赛马的场域，要给予有潜质的年轻人独当一面的岗位，使他们有机会脱颖而出；三是文化自信，要相信内部有优秀人才，只是你没有发现而已。

方法二：外部人才管理法

① 外部选拔的四种情况

企业在快速发展过程中，由于内部人才成长速度不能满足自身发展需求，则需要在外部"空降"一些人才。哪些类型的人才需要依靠外部选拔呢？在企业中，人才一般分为两类：第一类是第一性人才，即技术、业务、专业性人才；第二类是第一因人才，即财经、人力、战略运营等管理性人才。整体来说，大多数企业一般可以在外部选拔、挖猎第一性人才，尽可能规避从外部挖猎第一因人才。外部选拔具体来说可以分为四种情况。

第一种情况，专业、技术等方面的第一性人才。这类人才一是因为内部培养需要时间，二是企业有可能在发展过程中采取了跨界多元化发展方式，在这种情况下，依靠自身能力很难培养出专业人才，所以采取定向挖猎是最佳方式——速度快、效率高，招来即用。

第二种情况，跨界性的第一性人才。比如数字化、跨境电商等新型业务人才，由于过往这类人才在企业内部没有应用场景，无法自我培养，但企业对这类新型人才又有急用，这时也可以从外部快速挖猎。

第三种情况，领军性的经营人才，比如新业务的一号位人才。当公司进行跨界多元化发展缺乏全新领域的经营人才，而企业内部人才又难以胜任时，可以采取外部招聘。

第四种情况，标杆企业的管理人才，如财经、人力、战略运营等第一因人才。比如，有些公司在创业初期以业务为大，弱化管理，但随着公司营收突破10亿元、20亿元，管理的短板严重制约了业务和人才的发展，这时候，就要从外部引进优秀管理型人才作为种子选手，构建规范化的管理体系。

除了上述四种情况，企业没有必要从外部"空降"高管人才。

② 外部人才选拔程序

接下来，我们谈谈外部选拔人才的程序问题。人才甄别是世界难题。外部人才选拔更为困难，很多企业家希望能有一个简单的工具帮助企业甄选人才，但是迄今为止，没有一套工具能精准地进行人才评价、人才识别。正因如此，美的提出了"与其相马，不如赛马"的人才选拔策略。究其原因，就是人具有复杂性，用一个固定标准去识别高度复杂、多元化的人，无异于刻舟求剑。即便如此，我们还是要不断完善人才选拔和识别工作。为了提高人才选拔成功率，我们可以甄选以下选人方法和程序。首先，高端人才可以通过第三方机构，比如猎头顾问，先进行甄选和比对。其次，面试时采取分层级面试，一般先由 HR 统一面试，再由业务直线领导面试，最后由决策层面试，每一层面试都可以从不同视角识别人才。再次，关键人才可采取群面的形式，凡是对同一个候选人有截然相反的结论，则该候选人一律不通过。最后，进行人才背调，这个环节可以排除更深层次的用人风险与失误，不可省去。

③ 空降高管定薪法则

外部空降高管定薪可以说是企业管理中最难处理的事件之一。为什么呢？一是外部空降高管收入高，对内部形成压力；二是无法识别候选人的薪酬要求是否过高；三是固浮结构比不好定，候选人的要求与企业现状有明显差异。

根据实践经验，定薪应遵循以下几个原则：一是低固薪高浮薪，高浮薪与考核结果关联；二是候选人提供薪酬流水，以保证客观性。经过流水证实的薪酬，彼此都心安理得；三是以不同形式、周期支付，但前提是必须合法合规。

④ 空降成功四步法

空降高管成功率低是不争的客观事实。有没有方法可以提高空降成功率呢？这里总结出四步法，遵循这四步法，成功率要高出 50% 以上。

第一步，报到欢迎会。候选人报到第一天要安排正式的欢迎会，HR、直线领导，甚至董事长、总裁都要亲自参与欢迎会，并由 HR 提供全程 VIP 入职服务。

第二步，正式任命通知。开完欢迎会，接着就要发布任命通知书，通知书中职责、抬头等如何表述最好与被任命人进行事前确认。

第三步，部门见面会。任命通知书一旦发布，要尽快安排被任命人进入本部门见面和交接，完成正式官方对接，并走马上任。

第四步，团建。一般安排在当天晚上，可以分为两种：一是报到欢迎会原班人马参加，二是安排部门全体员工参加。如果有可能，后一种方式更好。

方法三：人才快速培养法

华为、美的等企业之所以人才厚度、密度不断增强，是因为这些企业有一套先进的人才培养机制，强化人才建设。这里分享三个重要的人才培养法。

第一个人才培养法——"721"人才培养法。这是一套非常简单的人才培养方法，但是在实际执行过程中却各有各的问题。首先，70% 的人才成长源于实践，这与美的强调的"实践出真知"及"赛马不相马"的人才理念是吻合的。美的善于给年轻人、校招生成长机会。比如，美的校园招聘会中的校招生经过 3 个月的实习与集中培养，就会定岗定编，80% 以上的"学生兵"会进入独当一面的工作岗位，这也是人才培养最关键的一步。第二年，部分毕业生就能在独立工作岗位上干出成绩，成为晋升对象。

第二个人才培养法——三导师法。什么是三导师法呢？就是企业为每一个新进员工配备三个导师带领其成长。第一个导师是职业成长导师，他相当于大学里的导师，协助新人完成职业规划；第二个导师是人力资源导师，主要完成新员工的适应引导；第三个导师是业务带教人，即专业上的师傅，帮助新员工快速完成专业技能的学习。三个导师从不同角度、不同领域带领新员工以最快的速度完成适应、学习与进步。

美的 90% 的人才均为自己培养，在其培养机制中，"721"人才培养法和三导师法是非常重要的支撑点。当然，这些方法背后也有一系列的支撑机制，以确保将人才培养效果最大化。比如，美的内部的讲师队伍非常庞大，并形成了体系化管理，日常有一整套选拔、培养、考核、奖励配套方案确保运行质量。在企业文化上，所有的高管都有责任与义务带下属成长，在关键绩效指标中有相应的考核指标；企业定期有内部学习、活动沙龙；每年教师节，内部讲师有一系列活动，并且讲师能收到物质、精神奖励。

第三个人才培养方法——人才流入流出法则。人才流入流出法则强调的是流入的人才要高标准严要求，流出的人才一定要通过末位淘汰机制淘汰。持续坚持末位淘汰后，企业的人才密度、厚度就会增强。比如，美的每季度或每半年对各级人才根据绩效表现，都要进行末位淘汰管理。

方法四：人才任用法

除了选拔，人才管理最重要的就是任用，任用人才是人才机制成功的关键步骤。根据美的等企业的成功实践，人才任用可参考以下关键操作要领。

第一条：铁打的营盘流水的兵。干部的任用并不是终身制的。很多企业用人机制的失误就在于干部作用的长期性或终身制。这造成了核心岗位被"个别干部"绑架的现象，严重影响了企业发展。要克服这一点，最佳的方法就是一年一任命，一季度一考核，考核不合格要下岗或降职。只有形成这种能上能下的任用机制，企业的经营工作和业务发展才能更健康、更安全。企业切不可通过终身制或长期任命"捆绑"员工，这样做其实是捆绑了企业自身的发展。

第二条：业绩为王。企业里不能有铁饭碗，也不能有除了业绩的评价标准。在企业里，保证员工有位置、有尊严的唯有业绩。企业内部要形成这样的文化，而不是营造"家"的氛围。家是讲温暖、非竞争的、给予安全感的地方；但企业主要强调的是经营、竞争、业绩、结果，与家的文化是冲突的、格格不入的。

第三条：必要轮岗。轮岗的价值在于对冲熵增，减少局部的小利益团体对集团管理的冲击。通常来说，品质管理、采购人员、财经人员等领域的专业高管要每三年进行一次轮岗，以确保组织的健康度和风险可控。

方法五：打造高绩效干部管理四法

干部管理是组织管理的核心，如华为、美的等优秀企业都把干部管理作为组织建设中的重要工作。华为有著名的干部管理七部曲，包括干部的使命职责、干部选拔标准、干部的任用、干部的能力发展、干部的评价与激励、干部的培养及干部的监察这七个方面。美的则有著名的职业经理人管理规范、职业经理人六条红线等管理法则。可以说，干部管理是人力资源管理的核心，也是组织管理的重中之重。接下来，我们主要分享干部管理的四个方法。

第一个方法：从严治吏。"政治路线确定之后，干部就是决定性因素。"华为认为：华为的成功基于战略的成功及基于组织力的成功。其中，战略是基于干部规划出来的，组织力的承载主体是干部，因此，华为针对干部管理制定了一系列的管理程序。

第二个方法：干部的述职与评价。对干部采取严格的述职制度，述职评价不合格的干部可能被调整职位或免职。同时，述职也是对干部的业绩进行全面评估的过程。述职过程中干部的心态、业绩、成长潜能、格局得到充分表现，组织管理者可以系统地、近距离地对干部进行评价，并决定后续的任用、培养方案。

第三个方法：末位淘汰与监察管理。末位淘汰机制是保证组织充满活力的重要方法，干部管理更是如此。干部应该以奋斗为本，以客户为中心，积极创造业绩。干部一旦出问题，整个队伍将会出问题，正所谓"兵熊熊一个，将熊熊一窝"。中国传统文化总结得入木三分："上梁不正下梁歪。"

干部更应该有危机意识，要始终保持战斗力、高度责任心和使命感。只有充分激活干部才能保证整个组织的动力、活力。干部一旦因业绩或职业道德等被免职、降职，一定要被检查与审计，这正是从严治干部的重要一环。比如，华为的地区负责人、一号位、高级干部因犯错卸任时，均要被问责、被审计；在美的，事业部总经理、副总经理离任，均要被审计、稽查。

第四个方法：三高管理。何谓"三高"？就是指干部要集高素养、高压力、高激励于一身。高素养就是指干部在能力、格局、知识、技能、领导力上要有更高的素养，以确保其在整个队伍中的先进性。高压力是指干部要承载更大的发展目标、更强的经营压力、更综合的考核指标；干部要以内部企业家的定位承载经营与发展任务，因此，其压力比普通员工要大。高激励是指干部秉承"精英"管理，当组织对其素质要求更高，对其承载的压力的要求更高时，必须给予其更大的激励，以保证其潜能、创造力被激发。所有优秀的企业都会有相应的"刺激计划"来保证干部的活力、动力、创造力。这正是干部管理的真谛。

方法六：高校毕业生培养方法

高校毕业生是华为、美的等优秀企业的人才摇篮。正是一代又一代优秀的年轻人加入到这些企业中并脱颖而出，才使企业人才辈出。毕业生如何招聘？如何培养？如何任用？如何晋升？这条人才链路如何搭建？笔者根据在美的从事人力资源工作的7年实践经验，在此分享毕业生的成长计划。

美的坚持从毕业生队伍中培养、提拔干部，全体干部、各级HR部门都有清晰的选人、用人导向。这也使毕业生招聘工作形成良性循环，每年都有大量优秀毕业生前赴后继加入美的。美的毕业生培养有以下几个重要的步骤。

步骤一：毕业生需求来源。各用人部门根据人力资源部按5%~7%补员毕业生的要求，确定院校、专业、人数，完成毕业生招聘。毕业生需求来自用人部门，而非人力资源部拍脑袋决定。

步骤二：毕业生招聘。毕业生招聘由集团统一部署、指引、培训，各事业部共同参与，形成统一的校园招聘项目组，并分成5~10条线，每条线由线路经理统一计划、统一实施、统一行动。同时，毕业生的招聘措施、薪酬福利、宣传口径均按集团统一要求执行。笔试、面试、无领导小组讨论、答疑录用、签约会均由集团统一规划。

步骤三：毕业生培训。毕业生培训工作于每年7月初开始，分以下阶段进行。

第一阶段由集团做战略、文化、历史等培训，对毕业生而言是破冰之旅,一般持续 3~5 天。第二阶段由事业部主导,主要做事业部战略、经营策略、组织架构、业务策略、通用管理技能等培训,持续 5~7 天。第三阶段由业务单位或部门主导,主要做专业技能培训,包括实习计划、带教安排,进一步对毕业生的培训计划进行系统、全方位的安排,持续 2 到 3 个月。第四阶段是转正答辩。毕业生完成 3 个月的实习后,正式迎来转正答辩,由 HR、直线领导、带教老师形成评价小组,统一就毕业生转正答辩做出指导与评价。第五阶段是正式入编部门,并安排独立工作岗位,正式完成毕业生向职业者的转变。以上五个阶段,各级组织之间相互协同,积极补位。毕业生在长达 3 个月内的实习期内均享受 VIP 级的保护,三位导师将从人生规划、职业心态、专业技能三个维度帮助毕业生成长,引导毕业生进入职场,并实现快速成长。

在长达一年的时间里,原则上,毕业生不会被裁员,不会被业绩考核,不会被边缘化,不计入业务部门人员编制,费用和薪酬统一由人力资源部出。而这一系列的机制设计,能确保毕业生作为新生代员工,拥有更宽松、更积极的成长环境。

方法七:人才留用法

选、育、用、留是人才价值链管理的四大环节。从实践角度来看,那些人才价值链管理做得好的公司,其人才选育用留的核心职责均是由用人单位承担的,用人单位对优秀人才的留用产生了重大影响。因此,人才的选、育、用、留的核心权利和核心职责均要匹配给经营单位。

我们发现,优秀公司的优秀人才大多是不会离开公司的,除非公司主动淘汰他。优秀的人才为什么愿意长期奉献,坚持在公司持续奋斗?我们根据对全球 500 强公司的大数据统计发现,人才密度、厚度均表现优秀的公司都有以下共同的成功秘诀。

第一个秘诀:投资人才。要想良将如潮,最好的方式就是用投资思维看待人才成长。的确如此,如果用成本思维看,人就是成本因素;但是如果用投资思维看,人就是企业生产经营要素中唯一高度富有弹性的要素。简单来说,企业用对了一个人,其产生的价值将超过 10 个普通人;反过来,用错了一个人,其产生的破坏性也不可估量。因此,企业一定要用投资眼光去看每一个员工的招聘、选拔和任用。比如,华为、美的等企业对高校毕业生均采取投资思维，因为从短期看，高校毕业生对企业而言只有成本没有收益，但即便如此，这类企业仍乐此不疲，很显然，它们是在投资人才。

第二个秘诀：文化机制留人。管理大师德鲁克曾经说过：一个企业的战略再好，如果没有好的文化机制去匹配也是有问题的。文化会吃掉战略，要短期的利润就去种花，要长期的利润就去种树，要追求永续的利润就要去经营文化。这也是笔者一直强调的企业家精神。很多企业家认为文化机制留人就是人性化管理，用企业使命、愿景留人，这一观点并不完全正确。企业文化的本质就是员工赖以生存的环境和各种机制的组合，也是企业生态，而这些生态形成了责权利匹配的员工成长、发展场域，这就是文化机制的价值。文化是机制的外衣，机制是文化的基石。因此，文化的本质是机制，有没有一套先进的管理机制，决定了公司文化的健康度。比如，美的"7+3"机制就是一套先进的机制，它引领了美的文化，留住了一代又一代有才华的热血青年。

第三个秘诀：责权利匹配的平台留人。华为在人力资源管理上有著名的"三板斧"原则：用好人、分好钱、授好权。美的则是著名的"责权利匹配"原则，即给责任、给权利、给利益三者之间精准匹配，实现人才激活。高手型人才其实非常看重平台对于个人发展和成就梦想的价值。如果责权不匹配，流程不清晰，付出与收获不成正比，这种平台是无法让人才驻足的。因此，企业要想留住优秀人才，最好的方式就是"筑巢"实现引凤。这里的"筑巢"不仅仅是指创造良好的硬件环境，更重要的是构建责权清晰、价值分享、能上能下、公平公正的管理机制。这会给企业带来巨大的平台优势和留人威力。给钱、给权、授责是美的管理机制的精髓，也是美的用人、留人的制胜法宝。2020年10月17日，界面新闻发布了"中国上市公司优秀职业经理人"榜单，在中国顶尖级职业经理人前100名中，美的系职业经理人占了4席。

第四个秘诀：发展机会留人。每一个职业者都会心怀梦想，而梦想必须有平台才能实现。平台既是职业者赚钱的平台，又是他发展自己、成就梦想的平台，只有这样平台才能留住人。因此，成就人的梦想和机会是留人的有效手段，而这就需要企业不断地发展壮大，不断裂变新的发展机会。小平台撑不起大梦想，要想留住高手，公司就要把规模做大，把业务做强，通过不断地发展裂变机会，成就人的梦想。

第五个秘诀：多元化激励留人。华为员工激励的精髓可以概括为：以战略为导向、基于价值贡献、以奋斗者为本的多元化激励机制。而美的于2012年推进事业合伙人激励方案，将多年以来坚持的多元化激励机制推向了全新的高度。随着"90后""00后"进入职场，他们的需求呈现出更丰富、更多元化的特点。根据马斯洛需求层次理论，不同层次的职业者具有不同需求，这正是多元化激励的底层逻辑。

方法八：内部企业家培养法

1978年，吉福德和伊丽莎白·品乔首次提出"内部企业家"的概念。他们认为："今天的大企业常常因规模而饱受折磨。由于企业变得如此庞大，经理人在做决策时，常常不具备全面解决问题的个人知识。而传统上应对这一情形的办法是分权。不幸的是，单单依靠分权是不够的。在一个等级制组织中，晋升可能来自对老板的忠诚和政治技巧。但心态、视野、道德、能力、特质被忽视，如果这样用人，不一定能成功。"在此情况下，大企业所需要的是和企业家本人有同样的心智、高度、视野的全局性经营人才，而这类人才就叫内部企业家，内部企业家的概念由此脱颖而出。

美的内部将职业经理人分为三类：内部企业家、职业经营管理者、专业经营管理者，并分别对其组织角色、组织责任、能力素质标准、培养路径等进行了严格定义。在美的，内部企业家一般指事业部总经理、经营单位一把手。内部企业家与真正的企业家的精神内核是一致的，即十大心智模式：诚信、开放与科学、持续学习、自我否定与变革、创新与冒险、长期主义、利他与合作、价值分享、追求卓越、知行合一。而这十大心智模式是企业走向持续成功的重要企业文化。

内部企业家是一种要求，本质上也是一种管理模式和机制，只有塑造先进的管理机制，才能滋生出内部企业家。企业创始人、老板核心的任务就是塑造先进的管理机制，以成就内部企业家。

方法九：领导力建设法

日新月异的技术革新，日益增加的全球化现象，日趋复杂的人口多样性，都要求企业领导者和高管重新审视经营与管理。重塑领导力是企业面临的重要课题。

领导力就是把目标转化为结果的能力。提升领导力的最佳方法是：先引发领导者心智改变，能做到这一点的人几乎无往而不胜。领导力是一种统领人心、引领文化、实现目标的综合能力。

古往今来，著名领导者身上都有出众的品格和非凡的才干，如刘邦的老道、李世民的英明、康熙的机智、毛泽东的远见、华盛顿的无私、林肯的仁厚、罗斯福的坚毅、尼克松的卓识、列宁的冷静、斯大林的强硬、拿破仑的韬略、戴高乐的无畏、玛格丽特的自信、李光耀的廉洁、周恩来的忘我、李嘉诚的深谋远虑、比尔·盖茨的出类拔萃等。这些不同时代、不同国度、不同地位、不同行业的领导者，在他们各自的领导活动中，都充分显示了他们非凡的领导力。他们借助这种非凡的领导力，领导着伟大的组织，成就了伟大的基业。他们身上都有与众不同的特点，但他们有一个共同点就是获得了众多追随者，属于典型的愿景型领导者。

领导力不是领导权力。权力是一种组织形式，而能力则是无形的，从心理上影响他人；权力是一定组织所赋予的外在力量，而能力则是因领导者自我修养而形成的内在品质；权力只是领导力量的暂时行为，而能力则是领导力量的长远保证。

一个管理者想要真正拥有卓越的领导力，必须从以下八个方面来打造。

第一力：战略力

什么是战略力呢？从企业的角度来看，战略力就是能看准方向，明确路径，以实现结果的能力，即战略选择、战略经营、战略升级的能力。作为企业高层，首先要有全局思维，能看透企业发展与经营谋略；其次要将企业可做、能做、想做三者之间的交集最大化，而这个过程就是整合资源、能力的过程。

第二力：变革力

康毅仁在《变革力：铸就 IBM 的百年传奇》一书中通过对 IBM 公司 100 年历史的回顾，剖析了企业在竞争如此激烈的环境下做强、做大、做久的八大核心变革，探讨了一个企业如何在激烈的市场竞争中持续高增长、如何在变化的世界中华丽转型保持遥遥领先的地位、如何持续创新为企业发展创造源源不断的动力。而要做到这些，最重要的就是变革领导力。

变革型领导是继领导特质论、领导行为论、领导权变论之后，在 20 世纪 80 年代由美国政治社会学家詹姆斯·麦格雷戈·伯恩斯在他的经典著作《领袖论》中提出的一种领导类型。伯恩斯认为，传统的领导可以称为一种契约式领导，即在一定的体制和制度框架内，领导者和被领导者总是进行着不断的交换，在交换的过程中领导者的资源奖励（包括有形资源奖励和无形资源奖励）和被领导者对领导者的服从作为交换的条件，双方在一种"默契契约"的约束下完成获得满足的过程。整个过程类似于一场交易，所以传统的领导也被称为交易型领导。交易型领导鼓励追随者诉诸他们的自我利益，但是交换的过程以追随者对领导者的顺从为前提，追随者内心并没有产生一股积极的热情，其工作的内在动力也是有限的，因此，交易型领导不能使组织获得更大程度上的进步。

变革领导力可以说是领导力中最重要的力量。疫情的来临使全球经济陷入危机，存量市场博弈，竞争白热化，竞争周期大幅度缩短，对企业更快地适应环境提出了更高的要求。美的现任董事长兼总裁方洪波在 2012 年发动的美的历史上非常重要的一次战略转型——基于三大战略主轴的数字化转型，获得了极大的成功，这正是企业领导人方洪波变革领导力发挥作用的体现。

第三力：决策力

决策力是指领导者或经营管理者对某件事拿主意、做决断、定方向的领导管理效绩的综合性能力，包括经营决策能力、经营管理能力、业务决策能力、人事决策能力、战术与战略决策能力等。在明确的战略引领下，要夯实组织力，各级管理者特别是高层管理者需要持续修炼，系统提升自我决策力，面对不确定性的环境条件敢于果断决策，拥有决不拖延的成功者的作风。决策力决定着管理者的素质与核心竞争力。优秀的管理者行使组织赋予的决策权，要在关键时刻抓住时机，善于学习与进修，掌握各项核心工作的主导权，充分发挥成员的能力，向着更高的目标前行。

决策力是每位领导者必备的能力，正是一个个正确的决策才让企业一路高歌猛进。在如今这个快节奏的时代中，机会稍纵即逝，能抓住机会并快速做出决策的人往往能一飞冲天；而那些犹豫不决、患得患失的人，却只能望洋兴叹、错失良机。能快速抓住机会并做出正确决策是现代企业需要的能力。

要提升决策力，必须多学习，独立思考，洞察本质，并从全局的高度做出决策与判断。另外，高层管理者在决策过程中，还要摒弃小我及个人立场，站在公司的角度做决断和决策，这正是决策质量及能力提升的关键。现实中总有一部分决策者，站在个人立场或小我角度做决策，这时候做出的决策和判断通常有失偏颇，从而影响结果。

第四力：执行力

执行力指的是贯彻战略意图，完成预定目标的操作能力，是把企业战略、规划转化成效益、成果的关键。执行力包括完成任务的意愿、完成任务的能力和完成任务的程度。对团队而言，执行力就是战斗力；对企业而言，执行力就是经营力。衡量执行力的标准，对个人而言是指按时、按质、按量完成自己的工作任务；对企业而言是指在预定的时间内完成企业的战略目标。

执行力是美的营运机制的内核，美的50多年来一直强调执行力，在行业内有"高效执行"的美誉。高效执行的背后，其实是企业先进的营运机制，比如以终为始的管理文化，以结果为导向的绩效文化等。

第五力：影响力

影响力是用一种别人乐于接受的方式，改变他人的思想和行动的能力。影响力又被解释为战略影响、印象管理、善于表现的能力、目标的说服力及合作促成的影响力等。构成影响力（或说服力）的基础有两大方面：一是权力性影响力；二是非权力性影响力。权力性影响力又称为强制性影响力，它主要源于法律、职位、习惯和暴力等。权力性影响力对人的影响带有强迫性、不可抗拒性，它通过外推力的方式发挥作用。在这种方式的作用下，权力性影响力对人的心智和行为的激励是有限的。与权力性影响力相反的另一种影响力是非权力性影响力，非权力性影响力也称非强制性影响力，它主要源于领导者个人的人格魅力，领导者与被领导者之间的相互感召和相互信赖。构成非权力性影响力的因素主要有品格因素、才能因素、知识因素、情感因素。

企业管理主要强调非权力性影响力，尤其是世界经济扁平化以后，去科层化、去中心化组织兴起，管理者更应发挥非权力性影响力，提升个人影响力。管理者个人影响力主要从领导者的人格魅力、知识体系、认知能力、利他等角度修炼。

第六力：培养下属力

一个普通的高层管理者和一个世界级的领导者之间最大的区别在于培养他人的能力。领导者不能只具备个人的内在知识、智慧，还要有让他人理解并促进他人成长的能力。能否带领下属成长是判断领导者是否成功的最终标准。笔者在美的工作 16 年，培养了十几名 M5 及以上高管，他们均成为美的非常重要的领导人才。

通用电气前 CEO 杰克·韦尔奇说："我们是人才工厂！之所以能够在全球的很多市场获得成功，我们真正的核心竞争力并不是制造业或服务业，而是制造人才的能力。"韦尔奇每隔一周都会去克罗顿维尔培训中心，和接受培训的员工进行交流，而每年该中心都会培养数千名员工。而且，他每年的日程包括几百次的视频会议、工厂走访或研讨会。对于韦尔奇来说，每一个组织的程序会议都是教导和学习的场所。

▶ **培育下属是领导者的良心**。下属跟着领导，不管钱挣得多或少，但个人的知识、技能和工作能力一定要得到不断提升，否则这个领导就是没有良心的。领导者的任务之一就是培养下属，把下属培养成才了，绩效提升了，团队的绩效也就提升了。另外，自己的下属要自己去培养，这样员工才有感恩的心，才懂得忠诚，才更愿意自动自发地去工作，才能真正成为领导的左膀右臂。

▶ **提高下属的素质是领导者的责任**。下属的素质就是领导的素质，下属素质低虽然不是领导的责任，但不能提高下属的素质则是领导的责任。领导的任务之一就是培养下属，对于可造之材必须精心培养。只有通过在各种岗位上的磨砺，人才才能逐渐成熟，其素质才能逐渐提高，才能实现社会价值。

▶ **人才培育是企业竞争力不断提升的保障**。培育人才已经不仅仅是一种员工福利，而是企业参与市场竞争所必需的、最重要的手段！松下幸之助在人才培养上尤为独特，不苛求 100 分的人才，他相信有时候 70 分的人才更好，他进一步强调："在做产品之前先育人。"

有些企业中，有一类高管，把自己武装到牙齿，但非常吝啬于培养下属，甚至害怕下属成长并超越了自己，从而无法确保自己的地位。因此，这类高管可能会打压下属的成长。对于此类高管，企业家和人力资源部门要清晰识别和监督，以免其担任要职时打压下属。

第七力：经营力

经营力是一个系统的概念，是指高管或领导者所具备的实现结果的能力，它是企业对包括本身的内外部条件及其发展在内的经营战略与计划的决策能力，以及企业各种活动的组织管理能力的总和。因此，仅用某一方面的指标是不能全面评价经营力的，必须建立一个能够综合评价企业经营力的指标体系。经营力与管理力有非常大的区别，经营力强调的是结果的实现能力，是通过多种手段、策略、方法驾驭复杂现象并完成结果交付的能力。经营力远高于管理力，是领导力中更高级别的能力。

第八力：学习力

一个人的学习力越强，意味着这个人主动更新知识体系的能力越强。社会是在不断往前发展的，人脑储备知识的空间是有限的，如果不能主动更新已经拥有的知识内容，人脑就会因缺乏新的知识储备而跟不上时代的发展变化。作为企业管理中的高层领导者，一旦出现这种情况，很可能会导致团队跟不上时代、市场变化。只有不断提升学习力，才可以始终跟上社会的步伐，才能带领自己的团队不断坚持正确的方向，并不断创造价值，最终走向成功。中国第一代企业家，比如美的创始人何享健、海尔创始人张瑞敏、华为创始人任正非，他们可谓"活到老学到老"；也正因如此，他们成就了中国三家伟大的企业。

在某种程度上，商业发展史反映了自然进化史，许多最具标志性的公司都是在困难时期锻造和塑造的。达尔文认为，能够生存下来的人，不是最强大或最聪明的人，而是最能适应变化的人。

学习力是坚韧领导者的核心能力，提高了领导者在危机中的适应能力和权变能力。西南航空在创业第三年遭遇了"价格绞杀"，这是一场与布兰尼夫航空的"肉搏大战"。布兰尼夫航空将其从休斯敦到达拉斯的单程机票从26美元打对折降至13美元，即西南航空的成本价，显然，布兰尼夫航空试图将西南航空扫出市场。当时的西南航空 CEO 拉玛尔·缪斯想出了一个绝招跟布兰尼夫航空对着干。西南航空让顾客进行选择：可以只付 13 美元，也可以支付 26 美元，选择后者将免费获得一瓶威士忌。这一招果然很有效果，最终西南航空打败了布兰尼夫航空，在价格战的几个月内成为得克萨斯州最大的威士忌批发商之一。

从这场价格战中，布兰尼夫航空的管理团队学习到了一条重要的经验：让顾客拥有选择权。这条原则至今仍然很有价值，是西南航空商业模式的基本原则。

学习力对于领导者固然重要，但要避免短视行为。组织理论的奠基者詹姆斯·马奇教授指出有三种学习的短视行为：第一种形式的短视是倾向于忽略长期。组织学习如果偏袒短期，长期生存有时会受到威胁；第二种形式的短视是倾向于忽略全局。组织学习偏袒局部，就会导致整体生存有时受到威胁；第三种形式的短视是倾向于忽略失败。组织学习偏袒从成功当中汲取经验，失败的风险有时会被低估。

世界总是在不断地变化，不确定性永远无法消失，领导者优秀的学习力有助于提升其对危机的适应能力和应变能力，进而塑造整个组织的领导力韧性。无数个战胜危机的案例表明，越是在危机的时候，越需要领导者的坚强韧性。

美的非常重员工持续学习能力的提升，美的每年都会投入过亿学习费用预算，鼓励员工进行学历教育、技能教育及领导力教育。美的还与南京大学、中山大学、中欧名校等采取合作或定向补贴的方式，鼓励中高管持续学习。

人才机制涉及的原理、方法、工具涵盖了现代企业人力资源管理的大多数场景和人才价值链各环节，比如组织发展、人才配置、培养与人才发展、领导力、员工关系等。至于部分通用工具，如胜任力模型、人才盘点、人岗匹配等工具比较简单，这里不再一一列举。

人才机制由一系列子机制构成，如美的"7+3"机制构筑了美的的人才优势。2008 年，美的创始人何享健在接受《南方日报》采访时说："其实我心里很清楚，企业要持续稳健经营，要实现现代化、国际化，靠老板、靠感情、靠物质激励是不可能的，迟早会出问题。美的依靠的是一套行之有效的选拔机制，通过完善的分权机制、培养机制、激励机制、约束机制等，培养大批职业经理人。只要符合美的需要的人才，不分国籍，不论出身，不论是否为'空降兵'，我都会顶住压力给他机会、平台。"何享健还强调，用人是种艺术，要用一个好的机制约束人、激励人，否则组织就是死水一潭，没有活力……特别是高层管理人员，要能吸纳人、管好人、发动人、尊重人。

5. 考核机制

考核机制也叫绩效考核机制，顾名思义，是指对照工作目标或绩效标准，采用一定的考评方法，评定员工的工作任务完成情况、工作职责履行程度和发展情况，将上述评定结果反馈给员工并作为绩效结果的参考依据。考核机制的作用是实现企业战略目标，通过为客户创造更好的价值来提高企业价值。考核机制也是组织力建设非常重要的因素。它决定了组织目标是否能实现，员工活力是否能激发，组织潜能是否能被有效激活。

考核机制与责权利能匹配机制相关度非常高，是责任的代名词。考核对公司和职业经理人影响重大，考核机制做得好，团队充满斗志，个人充满活力，高绩效可期；相反，考核机制做得不科学、不合理，将严重影响公司业绩的实现和职业经理人的价值创造能力和积极性。所以，对公司来说，不能为了考核而考核，考核应基于公司发展战略及目标来推进；对个人和组织来说，考核机制是绩效的依据，更是个人成长、晋升、加薪的重要衡量标准。

正是基于以上原因，美的的考核机制有三个关键点：一是目标的设定既不是自上而下的，也不是自下而上的，而是上下相互沟通并达成共识；二是各个指标的高低及权重取决于公司战略，结合中长短期目标而定，重要指标一般不超过3个，战略性成长指标不超过3个，以确保战略聚焦。美的经营哲学认为：同一时间内，一个组织或一个团队不可能同时抓好三件及以上的事，所以在阶段性时间内通常只做一件事，集中火力实现目标，这叫"搞定文化"；三是责任制考核与价值分配进行开放性关联，也就是说，考核结果越好，责任制完成越高，其绩效奖金越高。有些组织和职群能拿到其浮动薪酬基数的2到3倍，如美的高层干部的浮动薪酬占总收入的比例超过了70%，业绩越好，拿得越多，但企业的整体人工成本反而下降。这就是通过考核机制激活团队创造性以提高效率的表现。

所以设定考核机制，要注重实效，要注重人性的善意和创造力的激发，要将人性纳入考核方案中。尤其是考核的开放性是非常重要的，一旦采取开放性的考核机制，制定了科学合理的目标和职群绩效，考核就成了正激励；如果考核机制不是开放性的，而是不切实际的、没有和团队达成共识的，考核就成了负激励。一旦考核成为负激励，团队的战斗力、执行力、成就感及对公司的忠诚度将会急剧下降。

比如，美的尽管年均复合增长率非常高，但在定责任制时却非常稳健，坚定而又不好高骛远，执着而又不浮夸。这样定目标，考核成了激励，目标成了牵引，结果成了财富。在这一点上，很多公司老板制定了一个宏伟的战略目标，只是感动了自己，却害了团队，伤了组织。制定不切实际的目标，导致团队 80% 的人完不成考核目标，年终奖要么打折，要么归零，最终得不偿失，团队士气萎靡不振。

（1）考核机制的设计特点

考核与价值创造、价值评价、价值分配是有关系的，也与个人岗位、绩效、薪酬强关联。在设计考核机制时，要系统思考，整体布局，全局设计。考核机制具体特点包括以下几个方面。

一是公平、公正、开放性。这一点主要体现在：量化指标、权重及与绩效关联上体现出公平公正性，不鞭打快牛；在确定考核方案时，开放性地讨论，并与团队达成共识；最关键的是，考核结果在应用于绩效时，应是开放性的。这体现了美的充分地进行价值分享。

二是承接战略和经营预算，坚持目标渐进原则。美的的考核目标、指标结构、权重来自经营计划书和战略，并按全面预算往下深化，所以考核前端的输入非常重要，美的每年的滚动发展战略和年度预算的重要程度不亚于国家的五年规划。一旦预算不准确，将会严重影响年度经营方向、经营目标、经营计划的实施，从而影响企业的发展。所以经营计划、全面预算是全年资源匹配、能力提升、目标实现的指导性、原则性文件。一旦预算脱离经营计划或考核，就会形成两张皮，预算对经营、运营失去了指导性，只能靠人治；一旦实行人治，企业经营就易陷入无限的开会决议、争吵和部门博弈中。

三是基于个体责任和组织目标。考核目标、结构、权重要与战略目标相关，但也要与组织定位、团队责任与能力匹配。也就是说，考核输入是战略目标、经营计划、全面预算，输出是考核责任制与绩效书，在中间决策时要充分地考虑组织定位，团队责任、能力，制定出科学合理的考核方案。不切实际的考核方案只会打击团队士气，挫败员工创造性和战斗力，得不偿失。有些企业家抓赛道能力强，对外部发展机会也捕捉得好，但由于好大喜功、急功近利，不顾团队能力和企业资源的匹配性，也不和团队充分沟通，制定了好高骛远的目标和激励方案，结果导致团队"躺平"。还有些企业家对于考核过于放松，管理灰度过大，既没有战略管理，也没有系统性的、明确的考核目标，只能依靠团队自下而上报方案，甚至生怕得罪团队，不敢贸然制定一个与团队上报目标更高的考核值，只能按团队方案进行考核，结果导致考核目标缺乏挑战性，使团队整个年度"躺赢"。所以，目标的设定要做到不偏不倚、恰到好处、科学系统，这是非常关键的。比如，美的创始人何享健非常重视考核目标的科学性，有一次坐飞机途中，何享健在餐巾纸上写满了文字，随行一看，竟是他演算的每个经营单位目标考核值与激励包大小。

四是正向激励，负向问责。考核机制的目的向来是激发人性，激活善意和创造力，所以考核方案和目标是对未来有 80%~90% 的胜算的预判。也就是说，考核方案要能预计全年有 80% 的团队能完成任务，有 50% 的团队可能超额完成任务，并能拿到比浮动薪酬标准更高的收入。显然，这对大多数人是正向激励。与此同时，一把手不仅对核心经营指标承担责任，也要对经营风险、重大经营事故承担责任，这些关系到整个事业部乃至整个集团的重大风险则采取一票否决，如批量质量事故、被国家监管部门披露或曝光的事件，事业部一把手要对此承担完全责任。否则，业绩完成得再好，责任事故也会导致年终奖大幅度减少，甚至颗粒无收。

五是分层、分级、分结构考核。美的的考核系统非常强调角色和岗位定位。在责任制签订时，上级与下级签订考核责任制，一级考核一级，不跨级考核，不滥用考核工具，这样能确保压力传导的效果。在向下设定指标时，对不同产业、不同组织，采取差异化的方案；对于新组织、新孵化的产业，可能会采取战略性支持，如采取负利润考核或大量分摊费用免考核管理，为新团队、新产业赢得空间和机会。分层、分级、分结构考核体系在对集团与事业部的考核上侧重点不一样：对集团更侧重于战略、文化、中长期能力指标；对事业部更侧重于经营指标、关键指标及经营质量指标。

六是聚焦关键点。聚焦的关键点源于战略，既确保中短期经营关键点，又保证未来核心能力培养。从这个意义上讲，考核也是支撑公司战略推进的重要工具。

七是以结果为导向。美的在对一把手的考核上，基本上是考核结果，不考核过程指标，也不考核主指标下的子指标，这与美的的分权管理与营运模式相关。美的强调结果，不考核过程，即使管过程，也不会对下级组织产生干预性影响，只会做过程评估性牵引。比如，月度经营分析会可能会通报基于主指标下的经营效率和风险指标，如人均产出、人均成本率、库存周转率等指标。这些指标有些可能在责任制里不体现，但对经营结果会产生重要影响。

八是应用于绩效资金和人才评价。考核结果一定要强应用，与被考核的组织、团队的绩效、发展机会、收入进行强关联。不与个人收入、发展机会、分享价值相关联的考核是没有任何意义的，不如不考核。

九是规则、口径清晰。考核规则和口径一定要有标准，有计算规则，有统一口径及第三方核准。这是确保考核公平、公正和权威的关键。美的一直强调考核规则和口径的确定性，以避免考核时扯皮。美的在2011年后开始全面进行基础数据信息化工作，通过数字化转型，将经营数据、管理数据、业绩数据、生产数据、财务数据进行统一，并实现了IT化，这样就确保了考核数据能动态、准确、及时地抓取和应用。

十是尊重契约。契约精神是西方社会的一种主流精神，也是管理学中非常重要的概念，契约精神不是单方面强加或胁迫的霸王条款，而是各方在自由平等基础上的守信精神，是一种自由、平等、守信、救济的精神。尊重契约，确保目标的刚性是美的契约机制的精髓，在这一点上，美的抓住了管理学的本质，其实践结果非常成功。比如，美的年度责任制强调刚性兑现，无论外部竞争环境糟糕或友好，美的均不会调低或调高目标。这样做的好处是：经营团队会有攻坚克难的意识和决心，而不是随行就市地努力。这一点与系统管理大师梅多斯的理论是不谋而合的。

系统之父梅多斯认为，系统中的要素在维持系统稳定时，都有一个期望值，如果系统的实际状态和期望值相比存在一定差距，就会采取行动努力修正。但在现实中，感知到的状态和系统实际状态未必是相同的，并且人们更容易关注坏的状态而不是好的状态。当实际状态坏时，期望值就会自动降低。也就是说，感知到的系统状态越差，期望值就越低；期望值越低，与现状的差距就越小，继而就可以采取更少的修正行为；而修正行为越少，系统的状态也就越差。如此恶性循环下去，系统功能将不断降低。著名的"温水煮青蛙"现象，就是明显的例子。

美的认为，用"温水煮青蛙"式的方式调整考核目标，会让团队失去坚强的意志和战斗力，会使团队试图通过与上级单位不断博弈来减少任务，从而导致企业不能有效地对抗外部环境的负面影响，还可能导致内部不断地博弈，陷入"会哭的孩子有奶吃"的恶性循环，使管理失去公平、公正性。

经营的本质是通过系统的能力使外部的不确定性变为内部的确定性，而刚性的契约机制确保组织遵循经营的本质，确保系统更具有竞争性。为了确保契约得到刚性执行，必须保证以下三点：第一，注重契约目标体系化和科学性，以确保考核富有可实现性；第二，注重建立"摸高"机制，保证考核富有弹性；第三，注重阶段性指标和中长期规律的有效衔接，以确保考核富有系统性。

（2）考核机制的执行

在实际执行过程中，考核机制最重要的是年度责任制，可以说，这是整个考核机制的载体，会影响全局，这个全局指全体员工士气、全年工作结果的实现。为了方便操作，这里和大家分享年度责任制五步法。

第一步，确定指标。 哪些指标要纳入考核，取决于公司经营策略方向和重点。一般来说，经营单位有三个必考核的指标：营收、利润（率）、现金流。到底考核利润率还是利润呢？一般来说，企业要冲规模就考核利润绝对额，如果要盈利就考核利润率。这取决于企业的经营导向，没有绝对的对或者错。比如，华为的考核指标是平衡计分卡；美的则更聚焦经营指标、效率指标与风险指标。

第二步，定目标值。 即确定每个考核指标，目标值的确定可以说是重中之重，关键中的关键。目标值一般来自全面预算，全面预算来自年度经营计划，年度经营计划又来自战略计划，一环扣一环，每个环节，被考核的主体、领导班子要全程参与，深度交流，共创共识。这个目标值就是在共创共识、磨合、博弈中确定的。

有些公司由于规模比较小，且没有形成战略规划、经营计划、全面预算的经营习惯，这是个不争的事实，怎么办呢？通常取以下两组数据，赋予权重：一是过往三年实际平均增幅，二是竞争标杆，二者引入权重确定。如果仍然不能对标，可以引入联合基数确定法，即上级领导确定一个数，被考核单位申报一个数，平均求和后作为考核基数，下级单位少报则年终奖扣罚奖金，多报不予奖励，通过利益机制来实现考核数据的合理性。

第三步，引入权重。每个指标的权重，取决于公司的经营导向、工作重点、发展阶段及痛点，没有绝对的正确和错误之说。

第四步，制定计分规则及上下限得分规则。主要内容为单项得分与目标值之间的关联关系，以及低于及格分不得分，高于目标值得分多少封顶的问题。这就是华为人力资源管理中正确评价价值的部分。这里特别要说明的是，在责任制制定时，一定要清晰确定取数规则、取数口径，以及数据核准机制，数据核准机制要规避考核人自己提供数据自己核准，否则会导致数据失真或无法证明其有效性，从而失去考核的公平性。

这里还要特别提示的是，各项指标赋予权重后，谨防高权重捞分、低权重指标被忽视，即避免通过高权重的指标捞分，其他权重低的完全被忽略，否则就失去了考核的科学性。要解决这一问题，最佳方法是采取"大权重封顶合理，小权重丢分大权重补不回"的策略。此外，还要规避另一种钻空法，即以顾此失彼的方法导致责任制得分很高，但绩效结果糟糕，这就导致了"责任制陷阱"。比如营收权重占40%，利润占40%，如果两个指标得分都不封顶，被考核者可能利用规则漏洞，让规模超过100%，而对利润指标忽略不计，这样得分也能轻松达到80分。要克服这一陷阱，就要设定每年指标的最高得分，且规定关键指标不可由其他指标弥补。

第五步，采用得分与绩效关联方法。这既是数学题，又是人性博弈题，更体现出了人力资源管理的专业性。我们举个例子，A团队得分105分，其年终奖金基数是 100 万元，那么，如果只按计分规则来算，其最终的奖金是 100 万元乘以 105%。如果 B 团队得分也是 105 分，年终奖金基数是 10 万元，那么最终奖金即用 10 万元乘以 105%。这样一来，B 团队一定会质疑：辛苦努力一年，年终奖只涨了 5000 元左右吗？这类责任制是在浪费组织资源，而不是在激发员工狼性。因此，应采用得分与绩效关联方法来完善考核机制。

6. 激励机制

激励机制是指通过特定的方法与管理制度，将员工对组织的价值最大化的过程。在企业里，激励机制是为了激励企业员工而采取的一系列方针、规章制度、行为准则、道德规范、文化理念等的总和。企业激励机制所形成的推动力和吸引力，能激发组织活力，形成实现目标的动力，引起并维持实现组织目标的行为；再通过绩效评价，使员工得到自豪感和相应的报酬。激励机制是企业将远大战略目标转化为组织和团队任务的最佳杠杆。

激励与绩效既有区别，又有联系。二者都为了激励团队，但是激励是"事前引导"，绩效是"事后奖励"，其关系见图 4-7。激励更多的是价值分享，是共同创造价值然后分享额外价值；绩效更多的是事后兑现，事先要确定人力成本和预算。

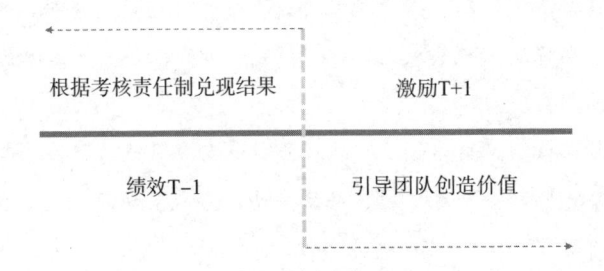

图 4-7 绩效—激励关系图

激励机制一旦形成，一双无形的手就会作用于组织本身，使组织机能处于一定的状态，并进一步影响着组织的生存和发展。激励机制具有两种性质，即助长性和致弱性，也就是说，激励机制对组织具有助长作用和致弱作用。激励机制对员工的某种符合组织期望的行为具有反复强化、不断增强的作用，在这样的激励机制作用下，组织不断发展壮大，不断成长。正所谓"好的机制使坏人变好人，好人变卓越"。同样，激励机制也存在致弱作用。尽管激励机制设计者的初衷是希望通过激励机制的运行有效地调动员工的积极性，实现组织的目标；但由于激励机制本身不健全或不具有可行性，它会对一部分员工的工作积极性起抑制作用和削弱作用。这就是激励机制的致弱作用。在一个组织当中，当对员工工作积极性起致弱作用的因素长期占主导地位时，组织的发展就会受到限制，直到走向衰败，正所谓"不好的机制使好人变坏人，坏人变恶人"。

我们简要看看华为的激励机制。华为的激励机制的底层原理是知识资本化，通过多元化的激励，激发人天使的一面，并强调以奋斗者为本。华为的激励机制包括九大子机制。

- ▶ 虚拟股票发行机制，确保奋斗者的知识和贡献及时资本化。
- ▶ 员工配股机制，向高贡献者、高绩效者倾斜，给"火车头"加满油。
- ▶ 虚拟股票定价机制，照顾新股东，牺牲老股东。
- ▶ 资金解决机制，不让员工因为缺钱而无法实现资本化。
- ▶ 年度分红机制，通过高分红实现奋斗者利益共享。
- ▶ 虚拟股票退出机制，保障股东都是员工，杜绝没有贡献的资本。
- ▶ 虚拟股票保留机制，45岁可保留股票、申请退休，兼顾新老员工和公司长远利益。
- ▶ 公司治理机制，集体领导、决策下放，与奋斗者分享权利。
- ▶ 股权文化机制，共筑梦想、共创共享，形成梦想与命运合伙人。

美的的激励机制表述为最大化激发人的原动力、潜能与善意。美的的激励机制表现出以下特点。

一是充分地尊重人性。员工在一个组织中是否能被激励，取决于人的需求，满足了需求的机制，就对员工具有激发性。美的在设计激励方案时，充分地从人性出发，深刻洞察不同背景、不同学历、不同职群员工的差异化需求，来设计员工的激励方法。在这一点上，美的遵循的是马斯洛需求层次理论，以确保各级员工的需求得到识别和满足。

二是坚持差异性，不同职级员工采用不同的激励方法。 正是因为人性及需求的差异性，美的采取差异化的激励机制来满足需求，激活团队。针对高管，主要采取股权激励＋浮动薪酬激励＋事业平台激励；针对中层管理人员，主要采取浮动薪酬＋成长机会激励；针对基层员工，主要采取富有竞争力的固薪＋学习机会激励；针对专业人才，主要采取项目激励＋机会激励。

三是保持开放性，充分地进行价值分享。 开放性是激励机制的关键。"90后""00后"年轻人逐步进入职场，他们生活在物质丰富的年代，他们更看重平台的开放性和成长性，他们不甘心拿一份缺乏弹性的工资，而希望价值创造更多、收益更大。所以，当今企业激励机制的开放性比以往任何时代都重要。对于员工需求的新变化，人力资源主管和企业家要有清晰的洞察，要用新的思维去适应这种变化。其实，开放性的激励措施并不损害股东和公司的利益，反而更有利于团队把"蛋糕"做大，而开放性激励的精髓也在于此——员工分享的不是股东的既得利益，而是从创造更大的价值中分享超额的一部分利益。

美的在营销系统、制造系统、采购系统、研发系统方面已经有了非常好的长效机制。比如，研发降本项目，组织与团队之间达成一个目标值，超过这个目标值10%~30%的部分，由员工进行分享。在营销系统，美的将每个省公司进行实体化，以总经理为代表的管理团队参股，共同经营区域市场，形成了营销收益，并按股权比例分享经营价值。

四是多元化激励。 这一点上美的与华为的机制不谋而合，多元化激励主要包括文化、物质、精神、事业、平台等方面的激励。

五是确保竞争性，鼓励合理地拉开差距。 竞争性体现在三个方面：一是对标外部，美的在家电领域的激励机制更具有竞争性；二是对标平行事业部，创造价值大的事业部，激励机制更开放、收益更大，从而确保各个团队做大规模、做强事业，并争取更大的职业平台和发展机会；三是拉开收入差距，职级不同，激励系数差异非常大，越往高层，激励越开放，收入越高。美的员工职级每相差一级，收入相差一倍以上，比如事业部总经理的收入比总监收入高2~5倍；总监收入比经理高2~5倍，以此类推。值得一提的是，美的采取的是低固薪+高浮薪结构，更偏向激励性，基层固浮比约8∶2，中层为6∶4，高层则为2∶8。

六是正负激励与优胜劣汰。 对绩效优异的团队和个人一定要给予正向激励；绩效表现不佳的，不仅没有正向激励，还要进行降级降职，甚至按末位淘汰机制淘汰出局。

最后，我们来总结一下激励机制成功的三要素：达成概率、兑现概率和匹配概率。激励效果可以用以下公式予以概括：

$$激励效果 = 达成概率 \times 兑现概率 \times 匹配概率$$

这里着重解释一下匹配概率，也就是用什么来激励员工，如金钱、发展机会、权利、学习机会等。不同员工有不同需求，但是从大数据来看，需求还是有规律的。

我们在这里引入非常重要的一个管理学概念——期望理论。

期望理论，又称"效价—手段—期望理论"，是由美国心理学家弗鲁姆在20世纪60年代中期提出的。期望理论认为，当人们预期某种行为能带给个体某种特定的结果，而且这种结果对个体具有吸引力时，个体就倾向于采取这种行为；反之，则不采取这种行动。

相比较而言，期望理论是对员工激励最全面的解释。虽然业界对它也有一些批评意见，但大量研究结果都支持这一理论。我们用简化模式来说明期望理论是激励机制的理论支撑。从个体员工来说，通过个人努力将会实现个人绩效，个人绩效结果会带来组织的奖赏，组织奖赏满足了个人的目标、追求，这就形成了一个自我闭环管理逻辑。

作为员工，个人有一种预期，通过一定的努力，就可以实现一定的绩效结果。比如责任制得分，达到一定程度，上级领导或人力资源部就会设置一定的奖励，且该奖励对员工本人是有较大刺激作用的，即奖金力度的大小对员工需求的满足有较大效应。员工在工作中的积极性或努力程度（激励力）是效价和期望值的乘积，即：

$$M = V \times E$$

公式中：M 表示激励力，V 表示效价（目标价值），E 表示期望值。效价和期望值的不同结合，会产生不同的激发力量，一般存在以下几种情况：

▶ 高 E × 高 V = 高 M
▶ 中 E × 中 V = 中 M
▶ 低 E × 低 V = 低 M
▶ 高 E × 低 V = 低 M
▶ 低 E × 高 V = 低 M

这表明，组织管理要达到预期的激励效果，要以激励手段的效价（能使激励对象带来的满足）和激励对象获得这种满足的期望值都同时足够高为前提。只要效价和期望值中有一项的值较低，都难以使激励对象在工作岗位上表现出足够的积极性。

期望理论的基础是自我利益，它认为每一位员工都在寻求获得最大的自我满足。期望理论的核心是双向期望，管理者期望员工的行为，员工期望管理者的奖赏。期望理论的假说是管理者知道什么对员工最有吸引力。而员工的判断依据是员工个人的知觉，而与实际情况关系不大。不管实际情况如何，只要员工以自己的知觉确认自己经过努力工作就能达到所要求的绩效，达到绩效后就能得到具有吸引力的奖赏，他就会努力工作。因此，期望理论的关键是，正确识别个人目标和判断的三种联系，即努力与绩效的联系、绩效与奖励的联系、奖励与个人目标的联系。

期望理论可以说是绩效管理与激励管理的基本指导原理。在运用该理论对企业进行管理时，有以下四个重要启示：

▶ 第一，期望理论强调报酬或奖赏，我们需要确信组织给个体提供的奖赏正是他们所需要的。

- 第二，期望理论认为没有一种普遍适用的原理能解释员工的激励问题，因此，管理者面对的压力是，他们必须知道为什么员工会对某种结果感兴趣，而对另一种结果毫无兴趣。总之，我们希望给员工的奖励是他们认为很有价值的东西。
- 第三，期望理论注重被期望的行为。因此，要了解员工是否知道他们的期望是什么，如何评估这些期望行为。
- 第四，期望理论关心的是人们的知觉，而与客观实际情况无关，个体对工作绩效、奖赏、目标满足的感知（而不是客观情况本身），决定了他们的动机水平（努力程度）。

因此，简单地理解，期望理论从员工个体人性的角度来解读绩效考核与激励。我能完成任务吗？完成任务你给我什么奖励？这个奖励对我有用吗？这正是关于激励机制的三大"灵魂拷问"，所有关于对组织和人的激励，都基于这三个问题的科学、权变设计。

7. 分权机制

分权机制也叫责权机制，责权和权力是一对孪生兄弟，谁审批谁负责，谁负责谁审批，这是管理学最基本的常识。权力如何配置，哪些权力一定要下放，哪些权力一定要集中，权力下放的前置条件是什么，权力下放之后哪些管理手段要跟上，为什么会出现权力一放就乱的现象，为什么会出现"忙死领导，闲死员工"的现象，权力下放对团队有哪些要求，等等，我们接下来就此展开。

（1）四个专业术语——集权、分权、授权、用权

在企业管理术语中，权力包括事权、人权、财权，上至顶层设计权，如战略、机制、体制权，下至一项出差报销款的报销审批权。这里的事权包括价值链营运中各环节的权力；这里的人权一般指的是人事权与组织权；这里的财权指的是资源、费用、资产管理、使用权。

在分析分权机制前，首先要了解四个专业术语：集权、分权、授权、用权。集权，顾名思义，就是将权力集中在自己手里，一般而言，权力集中，责

任也集中了。分权，就是将权力向下分配，通常责任也同时下放。授权，指的是一种临时阶段性的权力配置法，通常指的是权力本属于上级领导，但出于经营需要临时授权给下级，但一般来说，授权不授责，分权即分责。因此，授权并不意味着责任下承。用权，指的是权利拥有者以合适的方式使用权力并承担相应责任的过程。

权力配置是现代组织管理中的核心，也是激活组织和员工的关键性顶层设计。权力与责任、利益三者形成著名的责权利体系，这是组织管理最重要的部分。责权利匹配是组织管理中最理想也是最高的管理哲学。

分权的底层逻辑来自现代组织的分工，在传统的自给自足自然经济下，没有现代化组织，一条龙式经营模式不存在分权问题。但是随着企业规模化，团队产生，团队产生后必须要有合适的组织结构使团队效应最大化，分权的问题也就浮出水面。

分权经营可以说是美的的管理优势。美的是中国第一家按"斯隆模型"设计并贯彻《分权手册》的企业，分权机制是美的机制的根基，也是责权利能匹配的核心，更是事业部分权经营的底层支撑，是美的管理中的"标签化"机制。也就是说，分权经营是美的的核心优势，也是美的重要的管理资产，这为美的后来20多年的跨越式发展及批量职业经理人的成长，提供了最坚实的基础。

（2）分权原则与方针

分权的目的是通过责权利能匹配，激活人性，激发组织活力，以实现经营目标最大化。美的的分权机制又称"金鱼缸法则"，具有以下特点：集权有道，分权有序，授权有章，用权有度，我们称之为"十六字方针"。

"集权有道"中的"道"，从字面上理解，是指"道理"。集权有道是指收权要有秩序，要按规则办事，集权不能乱收权，不能想收就收，但是对于应该集中的权力，一定要集中。

"分权有序"中的"序"，从字面上理解，是指"顺序"。分权有序是指放权要按次序，要循序渐进，先小后大，慢慢放，而不是盲目分权，也不是一视同仁。比如，美的现在的事业部拥有巨大的经营权力，但并非一开始进行事业部改革时就是这样的，而是在不断的发展过程中慢慢下放权力。一些经营单位，其经营能力可能强弱不均，对其分配的权力也会有所区别。

"授权有章"中的"章"，从字面上理解，是指"规章"。授权有章是指授权要按组织规定，在一定的原则下进行。在美的，这个"章"主要就是指《分权手册》。正如美的创始人何享健所说："对于授权给什么人、这个人具体拥有什么权力、操作范围有多大、流程是什么样的，都应该有章可循。"这种对于权力的制衡既能防止权力过度集中，又杜绝放权后的权力滥用和失控。

"用权有度"中的"度"，从字面上理解，是指"程度、合适"。用权有度就是指用权要有范围，经理人应在集团赋予的权力范围内进行经营，不能越"线"，不能滥用权力。

在分权过程中，经常采用"12345法则"：

- ▶ 1个匹配：责权利能匹配。
- ▶ 2个对等：责权对等、分权与监督对等。
- ▶ 3个管住：管住战略与目标；管住资金及效率；管住副总及财务HR负责人。
- ▶ 4个强化：强化预算及考核；强化经营审计及职业道德管理；强化流程制度建设；强化营运数字化。
- ▶ 5个放开：除了副总、财务HR负责人的人事权、预算内的费用审批权、经营管理权、业务决策权、过程资源匹配权。

美的要求各级干部要向下分权，不要把权力攥在自己手里，要层层分权、分权到位。方洪波在内部会议上说过："我们要把内部的事情简单化，以市场导向简化内部的流程，真正为市场为消费者设计内部组织。在这个原则之上，我们把权力下放，把权力放到最需要权力的地方，核心就是'简政放权，责任清晰'八个关键字。"

从大数据统计来看，以审批类分权为例，美的集团与事业部的分权比大致为1∶9。从中高层权力配置来看，一把手占整体流程的5%，副总裁占20%，部门总负责人占20%，中基层占55%，分权非常彻底。所以，美的高管都是时间的主人，他们更专注于做思考性工作、系统性工作。在有些企业中，高管文山会海，等着谈话和签批文件的下属排着长龙在会见董事长、总裁，这种权力"堰塞湖现象"不会出现在美的。

美的各级组织内部有清晰的《分权手册》，上下级组织之间也有《分权手册》，对责权边界进行了清晰的定义和界定。管理边界一旦清晰界定，各组织、各部门就有了统一的管理语言、默契的管理边界，各负其责，各司其职，分工不分家，分职不分责，补位不越位。

分权一旦彻底，流程将会更加快捷，真正实现了流程简洁、快速、高效。美的在审批流程再造时，还提出了"1311原则"：一个接口，三个接点，一个工作日完成，一个工作日反馈。

（3）分权的必要条件

美的将分权经营形象地比喻成"金鱼缸法则"，即金鱼在透明的鱼缸里自由自在地游动，正如职业经理人在自由自在地经营，但权力是有边界的，边界就是《分权手册》。权力分给你的同时，你得向上做到信息透明，不得以任何名义拒绝上级组织的监管和监督。美的有一整套信息透明管理的规定，同时有一套严密的监督管理体系，我们将在后续章节中介绍。

很多人不理解美的为什么没有出现"一放就乱，一收就死"的现象。这是因为美的的分权、授权在做得非常彻底的同时，还有非常系统的配套机制，这也是分权机制取得成功的必要条件。这些配套机制主要体现在以下五个方面。

第一个配套机制是信息透明。"金鱼缸法则"已经将分权与信息透明的问题阐明得非常清楚，美的的信息报送机制与分权机制同等重要，外面的研究机构一般只看得到美的的《分权手册》和大规模分权，却很难看到美的的信息报送管理规范。美的的信息报送规范主要是权力下放以后，权力主体部门一定要将各类信息主动上浮给上级主管单位，如经营信息、经营活动、财务信息、经营进度、费用执行情况等，以确保信息对称。监管单位一旦进行了信息上浮，就可以对所有信息进行分析，以得出相关结论，从而判断放权后是否受控、是否出现方向性问题、是否出现系统性风险。

第二个配套机制是职业经理人培养。权力的科学配置有赖于一批又一批合格的职业经理人的培养和使用。美的通过"721"培养系统，产生批量的职业经理人，来支撑事业部制及分权经营。有了人才这一关键支撑点，团队才能正确对待权力的使用。

第三个配套机制体现在上下打通、前后拉通能力上。权力一旦下放，最怕的是不受控，不受控一般是两个方面造成的：一是没有完善的制度体系；二是有制度但得不到执行。美的为了规避权力下放后不受控的风险，主要通过"1+3"人才配置法，确保左右打通，上下拉通，从而避免了政令不通的现象。"1+3"人才配置法是指一个事业部的总裁、财务负责人、人力资源部负责人、营运负责人垂直指挥，由上级主管单位任免，这些干部主要负责管理能力的提升、管理系统制度的完善，以及监督制度的执行情况。这是美的大规模分权而又不乱的关键点。这一点与华为的财务 BP、HRBP 指标权和管理权相分离原则是一致的。

第四个配套机制体现在审计与问责上，这一部分内容将在三大约束机制中具体展开。

第五个配套机制体现在数字化运营上。美的各级组织、各业务单位、上级监管机构随时能抓取各类信息，通过信息打通实现透明化，确保监管无死角。

（4）分权与信任的问题

很多企业在这个方面出了大问题，要么对下级不信任，权力上收，职业经理人的创造性不能发挥；要么对下级无条件信任，然而当机制不配套时，信任可能就会成为风险的保护伞，导致难以监控，"一放就乱"的魔咒随之出现。美的用系统性方案，通过分权机制、信息报送机制、责权机制、利益分权机制完美地解决了这一困境。

美的经营的核心是事业部，事业部的核心标签是"分权"。事业部管理的核心要素是"责、权、利、能"匹配。所谓"责"，指组织体系，分配责任要明确；所谓"权"，指权力体系，分配权力要明确；所谓"利"，指激励体系，分配利益要明确；所谓"能"，就是团队的能力要与责、权、利匹配，如果责、权、利不能有效地匹配给有能力的人，事业部制就失去了立业之本。

比如，美的自1997年事业部制改革后，美的集团总裁办制定了第一版《分权手册》，在进行了详细修改后最终以"广美集（1998）062号"文下发执行。美的集团《分权手册》以 14 大类共 217 小类，对涉及经营管理的各项工作决策权限进行了详细的规定。随着美的集团事业的迅猛发展，美的集团又派生出了二级集团，包括制冷集团、日电集团、机电集团及房产集团等，美的集团的分权规范随着集团组织的发展不断修订、扩展、细化。在这样的分权体系下，以方洪波为首的职业经理人团队拥有更大、更广泛的决策权力，这在中国民营企业的发展史上可圈可点。

最后我们强调一个观点：越分权越监督，越信任越被审计。权力的配置应该上升到组织行为，而不是某一个企业家的个人行为，尽管这个过程中掺杂了个人感情因素，但是企业最终必须坚持"体系与法治"思想，强调组织思维，否则就会造成内部高层之间亲疏冷热不均的问题，从而影响团队的公平性和透明性。企业家在配置权力时应尽可能做到"一碗水端平"，对于这个过程中出现的信任危机和不安全感，可以通过制度、流程及监管系统解决。

总之，企业要有效实施分权管理体系，实现责权利匹配，必须先做好顶层设计，基于企业发展阶段、经营战略及组织架构策略，做出相应的权力配置；在实施分权经营时，必须考虑到人才梯队、制度体系、信息系统、监督体系、财务体系、人力资源体系等管理体系健康有序。只有机制配套齐全，分权经营才能既发挥组织活力，又实现风险可控。

五、三大约束机制

三大约束机制的理论依据主要来源于麦格雷戈的 XY 理论及我国心学大师王阳明的心学理论。

X 理论和 Y 理论，是管理学中关于人们工作原动力的理论，由美国心理学家麦格雷戈于 1957 年在其所著的《企业中人的方面》一书中提出。这是一对基于两种完全相反的假设的理论，X 理论认为人们有消极的工作原动力，而 Y 理论则认为人们有积极的工作原动力。

中国明代心学大师王阳明主张"致良知"，他认为只有疗救人心，才可以拯救社会；每个人只有去除内心世界的恶欲和私欲，才能解决现实社会问题。所谓"致良知"即扬善抑恶。

无论是西方组织行为学中的善恶之争，还是中国思想大师孟子的人性本善论,抑或是荀子的人性本恶论,都有一个关于人性的共识,即每个人内心都有善和恶的两面。华为创始人任正非认为,人性同时具有两面性,有天使的一面,也有魔鬼的一面。那怎样抑制人性中的恶呢?

人性本善与本恶是一个复合体,这也是西方管理界实施"胡萝卜+大棒"的理论依据。这一理论源于俾斯麦。俾斯麦可谓无人不知无人不晓,他有一句经典名言:"当今年代的重大事件不是靠演说和讨论能够解决的,必须靠铁血才能解决",铁血政策广为人知。

美的"7+3"机制中的"3"指三大约束机制,旨在抑制人性中的恶,即通过一系列的制度与管理手段,来约束人性中的任性、嫉妒、懒惰等三恶。比如,用制度对抗人的懒惰,如迟到早退等;用审计和监察约束人性中任性,如职业腐败的行为;以及从价值观上约束人性中的嫉妒,如不患寡而不患不均、损人利己。这与"胡萝卜+大棒"的原理不谋而合。

1. 个人道德机制

企业在选择员工时,通常会强调德才兼备,先做人再做事,即强调职业者的三观——人生观、世界观、价值观要正,符合企业对人才的需求,此所谓三观不合不足以谋。企业也一直强调用企业文化,即使命、愿景、价值观等洗礼、同化员工,让员工与企业之间形成共识,避免员工的"三恶"在职业过程中释放,从而减少、规避员工对组织的经济、文化及经营活动的破坏。

企业对员工个人道德的约束只是一种软性的约束,但是其影响是深远的。比如《华为基本法》对员工的心灵洗礼和职业观同化,上升到了哲学高度。任正非曾公开阐明自己的观点:"其他权力都可以放,但是文化与思想控制权我要掌控。"美的开放、务实、创新、利益为尊、价值共享、绩效为王的企业文化同样深入人心。这些优秀的企业文化对来自不同地区、国家的员工均有扬善抑恶作用。

员工手册是将个人三观与企业文化相统一的一个非常重要的工具。比如,美的非常重视干部的约束管理,于2007年发布了《职业经理人行为准则》,包括以下八条。

▶ 第一条　提倡诚信廉洁，反对徇私舞弊。
▶ 第二条　提倡业绩导向，反对纸上谈兵。
▶ 第三条　提倡勇担责任，反对敷衍推诿。
▶ 第四条　提倡务实稳健，反对浮躁冒进。
▶ 第五条　提倡持续经营，反对短期行为。
▶ 第六条　提倡开拓创新，反对故步自封。
▶ 第七条　提倡团队协作，反对个人主义。
▶ 第八条　提倡谦虚学习，反对妄自尊大。

我们再看看华为关于个人道德机制的相关规定：在华为核心价值观中，有一条对员工进行思想约束——坚持开展批评与自我批评。另外，华为也有类似于美的的干部管理准则，称为《华为干部管理八条》，具体如下。

第一条　绝不搞迎来送往，不给上级送礼，不当面赞扬上级，把精力放在为客户服务上。

第二条　绝不动用公司资源，也不能占用工作时间为上级或其家属办私事。遇非办不可的特殊情况，应申报并由受益人支付相关费用。

第三条　绝不说假话，不捂盖子，不评价不了解的情况，不传播不实之词，有意见直接与当事人沟通或报告上级，更不能侵犯他人隐私。

第四条　认真阅读文件、理解指令。主管的责任是胜利，不是简单服从。主管尽职尽责的标准是通过激发部属的积极性、主动性、创造性去获取胜利。

第五条　反对官僚主义，反对不作为，反对发牢骚、讲怪话。对矛盾不回避，对困难不躲闪，积极探索，努力作为，勇于担当。

第六条　反对文山会海，反对繁文缛节。学会复杂问题简单化，六百字以内说清一个重大问题。

第七条　绝不偷窃，绝不私费公报，绝不贪污受贿，绝不造假，也绝不允许任何人这样做，要爱护自身人格。

第八条　绝不允许跟人、站队的不良行为在华为形成风气。个人应通过努力工作、创造价值去争取机会。

2. 内部合规机制

如果说个人道德机制是软性的，那么内部合规机制就偏向于硬性约束。职业经理人享受激励红利的同时，也必须接受约束机制的管理。结合华为、美的这类优秀企业在约束机制上的建设成果，我们可以从下面几个维度来分析现代企业建立约束机制的重要性及方法论。

第一个内部合规机制是制度约束。 制度是企业生产经营过程中规范人行为的基本准则。管理学中有一个俗语叫"制度管人，流程管事"，这里的"管人"即约束。职业经理人在履行经营与管理职责时，必须严格遵循公司的各项规章制度。如果经常凌驾于制度之上就是有组织无纪律，这是企业管理的致命伤，其破坏性非常强，危害性非常大。因此，企业对破坏制度和管理规则的职业行为一定要"小题大做"，要"刨根问底"，要"从重追责"。机制的退化往往是从制度被侵蚀开始的。美的创始人何享健有一句经典名言："可以容忍1亿元的投资失败，但绝不允许机制退化。"他提到的机制退化，就是指制度被破坏，文化被颠覆，导向被反转。

第二个内部合规机制是资源约束。 资源永远是稀缺的，职业经理人所有的经营行为是受资源约束的。这些资源包括组织资源、人力资源、销售费用、制造费用、产能、投资力度等。职业经理人在经营过程中必须学会当家，学会精打细算，以最小的投入实现最佳产出。

第三个内部合规机制是权力约束。 权力分割既是组织结构设计的需要，也是防止绝对权力产生绝对腐败的顶层设计。分权思想，可追溯到古希腊的柏拉图和亚里士多德，但真正创立这一学说的是17至18世纪的资产阶级启蒙思想家及后来的政治家、理论家，其代表人物是英国的洛克、法国的孟德斯鸠、美国的杰斐逊和汉密尔顿。分权制衡论主导下的以权力制约权力的权力制约模式虽然能有效制约权力，但不可能解决所有的权力滥用问题。比如，美的就使用了非常翔实的《分权手册》来约定各级职业者的权力大小。如果权力不受控，或《分权手册》被破坏，管理体系就会失衡，监督体系也随之崩塌，企业随时会陷入万劫不复的深渊。因此，职业经理人必须用权有度，并受审计、合规及营运部门管理稽查。

第四个内部合规机制是责任约束。责任约束是指企业的上级主管部门和综合管理部门对企业，以及企业内部对职工，通过建立一定形式的责任制或制定一系列的规章制度，明确规定企业和职工的职责、任务、权限和完成任务的工作程序等，具体表现为责任制、关键绩效指标、目标与关键成果法。承担责任是职业经理人的天职，他们享受权力的同时，要将权力赋予他们的责任一起扛下，这些责任包括经营责任、管理责任、人才发展责任、客户满意度责任、市场占有率责任等。

第五个内部合规机制是预算约束。预算约束是指职业经理人在经营过程中要受全面预算在资源、费用、成本及管理指标上的约束，在指定的计划下完成相应的责任指标，如营收、利润、现金等。在现实中，预算经常被职业经理人打破。他们惯用的理由是：市场变化太快了，年初的预算准确率低，没有意义，如果不打破预算，将会错失市场机会。一旦全面预算被这样扣帽子，基本上会沦陷，从而导致管理失控、计划失效，公司陷入日复一日的博弈当中。因此，职业经理人必须学会遵循科学，既用先进的全面预算工具做好计划，又要遵循全面预算对经营的牵引。尤其要以经营努力和科学管理，将外部的不确定性转化为内部经营结果的确定性。

第六个内部合规机制是审计约束。审计是企业管理的最后一道底线，审计职能对制度执行、经营结果实现、责任落实等都会产生深远的影响。尤其是在充分分权、放权经营的大型企业集团，审计在经营管理中的地位和影响力不亚于其他职能。职业经理人的年度责任制、重大投资等经营行为、履职情况都会被审计部门例行与专项审计。比如，美的重大投资项目必被审计，高管责任制必被审计，离职一定会被审计。

内部合规机制强调的是有组织、有纪律、有边界，不可恣意妄为，不可天不怕地不怕。有组织无纪律的行为是对企业机制与经营管理最大的破坏。

3. 外部合法机制

外部合法机制是指无论是企业法人，还是职业经理人，均必须遵纪守法，合法经营。这个机制可以说是三大约束机制中最强最硬的，因为经营工作只要触犯法律，一定会被追责，小则经济制裁，大则牢狱之灾。因此，合法经营既是底线管理，也是长期主义行为。遵纪守法是公民的义务，必须做到，否则会受到法律制裁。企业与职业经理人必须遵守以下法规。

一是税法。无论是企业税收，还是自然人的个税，均要严格遵守法律规定。

二是环保法。基于中国碳达峰、碳中和的"双碳"目标，企业在"五废"排放上一定需严格按国家法律法规要求办理，即便是溢出成本，在成本核算时也要毫不犹豫地列支。

三是消费者权益相关法律。企业切不可以次充好，以劣充优，以及欺骗市场与消费者。

四是劳动相关法规。传统企业须从中国劳动力成本低的误区中走出来，强化员工合法权益下的成本投入，做合规合法雇主。

五是行业监管法规，如不正当竞争法、垄断法等。

在实际操作过程中，企业如何做好三大约束机制的落地工作呢？是不是统一由审计监察部门处理呢？显然不是。三大约束机制的执行落地需要的是一整套组织、体系、流程的支撑。一般来说，分别由公司的审计部、人力资源部、总裁办（经营管理部）协同负责，实行三权分立：各业务部门提案，总裁办（经营管理部）负责立法，审计部负责调查审计，人力资源部负责追责，财务部和经营管理部同时负责闭环处理。三权分立有利于规避权力集中导致的管理风险，同时也保证责任认定、追究的公平公正性。

三大约束机制落地时有一个重要原则，叫公平一致性原则，即上至总裁下至一线员工一视同仁，约束机制下没有特殊和例外。比如，在华为、美的等企业内部，审计部或反腐败办公室权威性很高，被全体员工尊重与敬畏，这是一个企业管理规范、文明的象征，使员工更有尊严，合法利益得到明确的保护，也是实现"力出一孔、利出一孔"的管理契约，更是管理机制驱动企业高质量发展的基石。其道理正如在法治社会人人拥有尊严，人人拥有自由一样。

三大约束机制是相对于激励机制而建立的，主要目的在于抑恶扬善，尤其是抑恶的工作如果不及时处理，会对组织氛围、文化、机制带来灭顶之灾。

三大约束机制是企业的红线、底线，一旦突破这道红线、底线，将导致国家司法、执法机关介入。阿里巴巴、华为、美的这类企业对职业违纪违法、腐败都采取高压零容忍的态度。

六、如何构建"7+3"机制

可以说,"7+3"机制是从美的50多年成功实践经验中提炼出来的管理体系,在经历了多个产业逆周期后,其仍然能支撑美的进一步走向成功。在过去近20年,美的"7+3"机制也被引入到中国快速成长的企业中,并取得了非常好的实践效果。

接下来,笔者简要分享如何构建"7+3"机制,分八个关键点。

第一,构建科学的治理机制。一是要厘清董事会与经营团队的关系;二是要建立集体领导与决策机构,如管委会、执行会,并真正运行,以减少"一言堂"带来的决策风险;三是要成立战略管理组织,并有效推动公司长中短期战略的落地;四是要建立变革管理体系和领导力,以确保公司管理、经营及技术发展方向能紧跟时代脉搏,而不被时代淘汰;五是要建立审计监察管理体系,并直接受董事长指挥,以确保风险可控。

第二,建立市场导向的组织机制。要建立匹配战略、责权清晰、层次合理、高度市场化的组织结构,建议企业全面进行组织再造。组织不是高管的名利场,不是高管的势力范围,而应该是基于战略需要,基于员工更好地服务客户、响应需求而设计的管理结构,应强调高效性、敏捷性。对于跨产业、多元化的企业,建议推进事业部经营,清楚定义集团与事业部的关系,实现所有权、战略权、顶层设计权与经营权、业务权分离。

第三,建立基于数字化支撑的营运机制。要强化三个能力建设:一是数据拉通能力,能真实地反映经营结果;二是要强化产研销、前中后台一体化的运营能力,要以企业立法的形式清晰界定这些组织、功能的责权关系;三是要有卓越执行的营运体系,确保有优良的落地与交付结果的能力。

第四,建立开放的人才机制。要提升人才密度和厚度,可以用简单的四招:一是人力需求的"三高"策略,即高素养、高压力、高收入;二是建立流入流出体系,严进宽出,要坚定不移地推进末位淘汰机制,实现优质人才聚集，并通过"721法""三导师法"实现人才快速成长；四是要构建责权利能匹配的用人环境与体制，让真正才华横溢的人进来、留得住、发展得起来。

第五，构建责权匹配的分权机制。做好责权匹配，做好以下三件工作：一是构建起分层分级的分权体系；二是完善监督体系；三是构建全面预算体系。

第六，建立公平公正的考核机制。严格按照"五步法"确定责任制体系，考核目标一旦确定下来，就不要轻易调整，要保证考核的刚性和契约机制的履行。另外，评价体系要尽可能量化、客观，不可凭个人定性、感性评价组织和团队。

第七，建立事业合伙化的激励机制。团队的潜能、活力、创造力主要靠激励手段实现，企业一定要建立开放、合伙化的激励体系，以确保职业者和企业老板都被激活。

第八，建立底线化的三大约束机制。强化审计合规职能建设，强化底线管理，建立企业基本法。

Chapter 5

第五章 | 数字化转型

最近十年，数字化转型浪潮席卷全球，炙手可热。数字化技术兴起就像蒸汽机、电力、计算机等技术的兴起一样，对人类社会产生了深远的影响。本章主要围绕数字化转型是什么，为什么要转型，如何转型，会遇到哪些挑战，如何确保数字化转型获得成功等话题展开。

一、数字化转型的相关概念

关于数字化转型,目前还没有非常权威的定义。要想更清楚地认识数字化转型,我们必须知道什么是数字化。笔者根据在美的数字化转型工作中的实践,给出如下定义:用先进的数字化、智能化、自动化技术推进企业战略升级,重塑商业模式,推进降本增效,提升企业竞争力,为客户提供更好的产品及服务体验,从而实现更高质量的价值创造与企业发展。

数字化转型本质上是业务转型、数字化技术赋能下的一场业务、管理和商业模式的深度变革与重构,技术赋能是支点,业务转型是内核。企业数字化转型的三个层次,如图 5-1 所示。

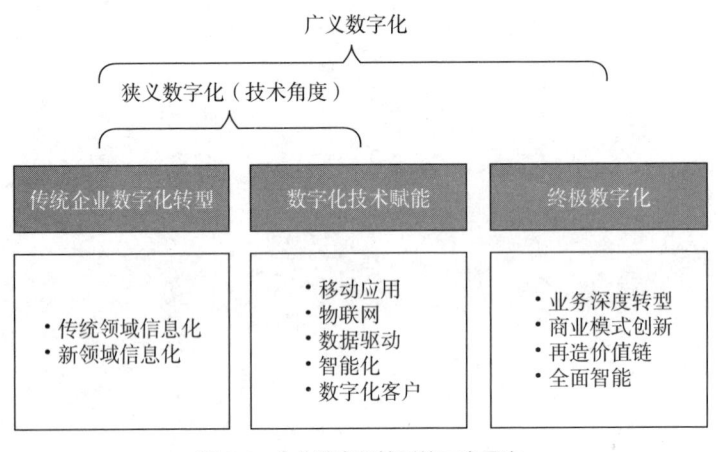

```
                      广义数字化
            ┌─────────────────────────┐
     狭义数字化(技术角度)
     ┌──────────────────┐
 ┌──────────┐  ┌──────────┐  ┌──────────┐
 │传统企业数字化转型│  │ 数字化技术赋能 │  │  终极数字化  │
 └──────────┘  └──────────┘  └──────────┘
 ┌──────────┐  ┌──────────┐  ┌──────────┐
 │·传统领域信息化│  │·移动应用    │  │·业务深度转型│
 │·新领域信息化 │  │·物联网     │  │·商业模式创新│
 │         │  │·数据驱动    │  │·再造价值链 │
 │         │  │·智能化     │  │·全面智能  │
 │         │  │·数字化客户   │  │         │
 └──────────┘  └──────────┘  └──────────┘
```

图 5-1 企业数字化转型的三个层次

1. 数字化转型的时代背景

数字化转型基于三个方面的时代背景与时代命题。

一是 AI、大数据、云计算、5G、区块链等数字化技术的兴起,倒逼企业营运方式升级。企业只有主动拥抱变化才能适应行业升级,如果不接受数字化,将难以适应竞争激烈与不断创新的时代需求。

二是阿里巴巴、京东、小米等互联网与数字化原生企业的崛起,尤其是平台化、生态化地整合上游产业链，进一步主导、控制了价值链，使制造业必须用数字化技术"武装"自己，与时代同步发展。

三是从 VUCA 时代向 BANI 时代转化的背景下，企业如果不推动转型升级，内部的熵增和外部的非线性及技术迭代，会使企业迅速走向衰败。

2. 数字化的时代认知

数字化是对信息化的升级，数字化正在重构一切。人类发展经历了四个重要阶段：一是瓦特发明蒸汽机，改变了农耕社会，人类进入了工业革命时代；二是法拉第发明了发电机，宣布人类进入电气时代；三是冯·诺伊曼发明了计算机，将人类带入信息化时代；四是蒂姆·伯纳斯·李、温顿·瑟夫、罗伯特·卡恩发明了互联网。数字化概念最早于 20 世纪 90 年代在美国被提出，随着 2000 年硅谷泡沫而沉寂。数字化转型概念最早在 21 世纪初被提出，华为、美的均在 2012 年前后启动数字化转型。

3. 数字化企业的三个典型特征

第一个特征：智能化

数字化企业不是简单地将物理世界的企业搬到数字化世界里，而是利用数字资产的优势，并利用先进的"AI+算法+算力+数字"技术，实现业务自动化、少人化、智能化运营，真正提升企业盈利能力和竞争力。比如，早在 2014 年，美的就提出了"双智战略"。

第二个特征：敏捷运营

数字化企业真正摒弃以自我为中心，转向以客户为中心，用以销定产的订单模式推动前端敏捷运营、智能制造。与此同时，在价值链管理上，强调用户的体验感和满意度，以全链路管理提升客户满意度。比如，美的"T+3"数字化变革非常成功，实现了美的敏捷运营，高效交付，全面降本，人均产出大幅度提升。

第三个特征：精益

卓越运营是数字化转型的基础，而精益又是卓越运营的核心思想，因此精益也是数字化企业的典型特征。精益的本质是对全价值链管理的流程化、数字化、标准化，是对效率、成本等的极致追求，并进行持续改进。美的提出了MBS精益运营系统，就是美的在数字化转型过程中的精益管理方法与思路。

4. 数字化技术的应用

从信息化到数字化，有三个关键底层技术得到广泛应用：一是移动智能终端，包括手机、可穿戴设备、App、传感设备；二是基于大数据、AI、云计算的信息管理能力；三是以5G为标志的互联网技术的进步。

围绕上述三个底层技术，中国近十年来衍生了四大产业：5G、大数据、人工智能、工业互联网。

数字化时代的重心，是对信息的充分利用和价值挖掘，使其产生质的变化，并使企业或组织的战略、商业模式、运营管理、产品设计、营销渠道、组织与管理机制发生颠覆性的变化。这一过程即数字经济。数字经济的本质是提升管理效率，优化经营结构，升级业务模式，推进智能化决策，实现机制与治理创新。所以数字化经济也称智能化经济，智能化意味着以往由人完成的事将逐步由机器完成，这个过程就是实现自动化、少人化、智能化的过程，这正是中国企业未来转型的方向，将对企业战略、商业模式、产品、营销、组织、团队、体制机制产生深远影响。

二、数字化转型的本质与积极意义

结合中国国家发展和改革委员会及美的实施数字化转型的成功经验，制造企业数字化转型可定义为：企业利用大数据、云计算、互联网等智能技术，重构企业研产销采人才及组织体系，实现运营数字化、管理赋能化、要素高效化、经营智能化的"四化"过程，最终实现企业更有效地创造和满足客户需求，更高效地降成本，更系统地控制风险，更科学地智能决策。其根本的价值是提升市场竞争力，提升企业创新能力，实现现代化治理，确保可持续增长。

所以数字化转型并没有改变商业本质，商业的本质还是创造客户、满足需求，持续创新和实现价值。但是数字化转型重构了企业运营的基本逻辑，改变了所有行业的商业模式。这一点让企业无法逃避，如果企业还停留在传统的运营模式上，就会悄无声息地被时代抛弃。

不可否认，数据是有价值的，数据已成为企业的核心资产。要进行科学决策，一定要有数据（信息）支持，通过数据分析来发现问题的本质，并用数据还原业务和经营过程中到底发生了什么、为什么会发生、未来还会发生什么。企业管理、经营、决策真正实现了由经验、感性向数据支撑的科学转变。数字化是一场商业模式、经营管理的重构，数字化转型逻辑如图5-2所示。

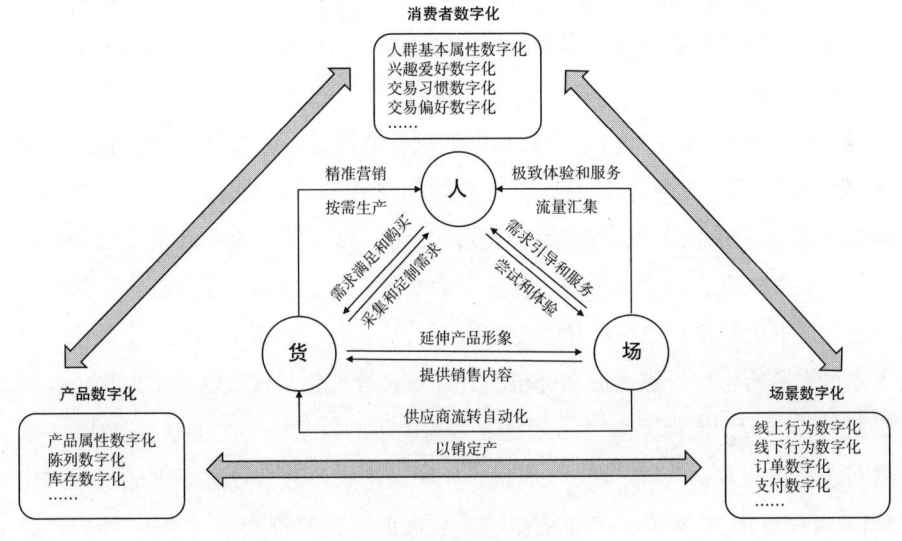

图5-2 数字化转型逻辑

因此，在探讨任何一个企业的数字化转型时，必须从两个方面入手：一是探讨新的管理逻辑；二是从数字化技术上探讨如何支撑新的管理逻辑，即企业的运营模式。

数字化转型至少从以下五方面颠覆了企业传统运营模式。

第一，与客户的沟通模式发生根本性变化。原来的商业模式，要么以我为主，要么单线与消费者沟通；但在数字化的背景下，企业必须围绕客户，从大数据、全息化角度对客户进行画像，实现精准定位、细分，所以对客户要做到全链路、全场景、全周期运营。比如，美的自数字化转型以来，基于大数据及数字化营销，对消费者需求定位更准，产品体验感更好，市场占有率进一步提升。

第二，用数据端需求驱动供给侧结构性改革。原来的商业模式下，绝大多数企业以产定销，或者表面上以销定产，实际上供产销的数据根本没有打通，以客户端为源头的精准、动态、实时的数据无法获取，企业无法真正实现按需求设计、生产、销售产品。数字化时代，企业必须吃透客户真实的、动态的、差异化的千人千面需求，并生成销售订单、开发方案、采购订单、生产订单。这种变化是根本的。比如美的"T+3""一盘货""1+3"项目就是对供应链、订单管理进行数字化改造，并获得了成功，尤其是库存周转率大幅度提升，存货下降，产能利用率提高，订单准确率、订单交付率、制造成本等都发生了根本性改变。

第三，重构 IT 架构，打通数据，实现物联网化、云端化、中台化、移动化、智能化。传统企业大多基于标准的信息化软件，如 ERP、HR、FMS、MES 系统，数据彼此没有连接，开发语言不一致，没有流动起来，没有智能算法，也无法真正为企业运营、改善经营质量、企业决策提供支撑。而数字化企业，所有的数据形成一体化、全路链、口径一致、具有流动性。企业原本由人工计算分析生产排班、成本分析、计件等，数字化时代，这些工作均由智能设备替代，大大提高了企业的运营效率和决策的科学性。美的早在 2012 年就进行了信息化重构，即"632"项目，比中国绝大多数企业更早完成了数字化 1.0。通过重构 IT 架构，打通数据链，数据成为重要资产。美的 10 秒内可以生成准确的三大财务报表，5 秒内可以生成准确的 17 万员工工资表。

第四，数字化转型使企业运营具有自进化、自适应、自突破和自创新能力，企业具备可持续增长、高质量发展的基础。基于大数据、人工智能、云计算，企业拥有更精准的市场洞察力、更有效的数据依据、更科学系统的决策模型。这些基础设施和全域数据系统，使企业运营变得更智能、更敏捷，企业发展从管理走向治理，从人治走向法治，从利益驱动走向机制驱动。就像飞机的自动驾驶模式，对人的依赖变小的同时，飞机更平衡、更系统、更安全。美的通过数字化转型真正完成了效率革命、决策革命。

第五，数字化技术对企业降本增效具有颠覆性影响。智能设备、智能机器人、ChatGPT 的应用等，对人的效率、组织效率、产能效率、资产效率、资金效率、库存效率等都产生了深远影响，使企业系统成本大幅度降低，极大地增强了企业竞争力。可以说，数字化转型就是效率革命、成本革命、决策革命。我们来看看美的数字化转型对企业效率成本的贡献：2012 年美的营收约 1027 亿元，员工约 18 万人；到了 2020 年，美的营收 2857 亿元，而员工人数下降到 16.6 万人左右，产能利用率从 65% 上升到 101%，净利润率从 5.99% 上升到 9.68%。

三、数字化转型的框架与步骤

笔者多年从事数字化转型工作，结合美的等公司的数字化成功经验，从有利于实践的角度将数字化转型的框架、步骤、挑战、成功条件进行了系统梳理。

1. 数字化转型的整体框架

数字化转型是一把手工程，企业进行数字化转型首先要确立转型发展总体目标。该做哪些事，解决什么问题，想要达到什么结果，事先都要有框架性思考。笔者总结并构建了一个数字化转型整体框架，以利于大家在数字化转型上做系统性的规划，如图 5-3 所示。

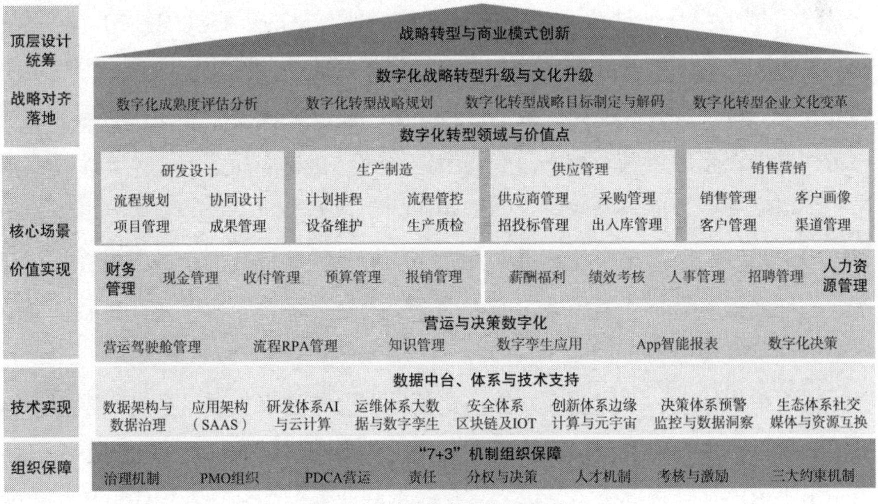

图 5-3　数字化转型整体框架

2. 数字化转型的步骤

以非原生态企业数字化转型为例,结合美的数字化转型的成功实践,我们将企业数字化转型分为八个步骤,如图5-4所示。

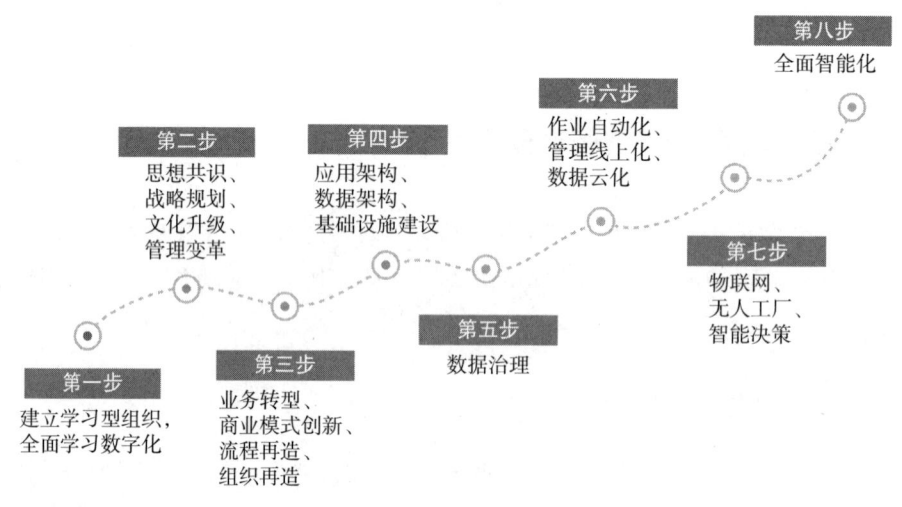

```
第一步  建立学习型组织,全面学习数字化
第二步  思想共识、战略规划、文化升级、管理变革
第三步  业务转型、商业模式创新、流程再造、组织再造
第四步  应用架构、数据架构、基础设施建设
第五步  数据治理
第六步  作业自动化、管理线上化、数据云化
第七步  物联网、无人工厂、智能决策
第八步  全面智能化
```

图 5-4　数字化转型步骤

接下来,我们详解数字化转型的八个步骤。

第一步,建立学习型组织,全面学习数字化

学习型组织是一种企业组织类型,是一种有机的、高度弹性的、扁平化的、符合人性的、能持续发展的、具有持续学习能力的组织。成为学习型组织的途径有五种,即自我超越、改变心智模式、建立共同愿景、团队学习、系统思考,其中以系统思考为核心。只有个体对数字化有全面了解,才会改变心智模式,团队才会全面提升数字化转型的认知,才能为数字化转型做好准备。值得一提的是,团队学习要注意以下几点:首先,领导带头学,员工跟着学;其次,领导要提升数字化领导力,业务干部要提升数字化应用能力;最后,全员要提升变革管理能力。

在组织架构上,一定要成立数字化领导小组和数字化项目小组,领导小组的组长要由董事长或总裁亲自担任,业务高管和职能高管都要进入此小组。项目小组也称项目管理办公室,由数字化转型的业务最高领导者担任组长,首席信息官或 IT 技术副总担任副组长，业务项目成员和 IT 项目成员需要在一起办公。在责权利匹配上，一定要将数字化责任纳入项目组及各成员的关键绩效指标当中，同时，匹配相应的资源权、投资权、人事权、财务权、考核激励权。另外，要额外设置项目专项奖金，这样才能真正实现责权利的匹配。

数字化转型需要三类人才，如图 5-5 所示。

第一类是数字化领导者，指善于利用数字化带领团队推进企业数字化变革的企业管理者，来自具备敏捷性和适应性的领导力、具备数字化思维的高管团队。

第二类是数字化应用人才，指善于利用新技术提高业务效率和价值的人才，一般为业务与经营体系的高端精英及业务经验丰富的人才。

第三类是数字化专业人才，指善于对前沿技术进行开发与创新的人才，一般是数据建设方面的专家型人才。

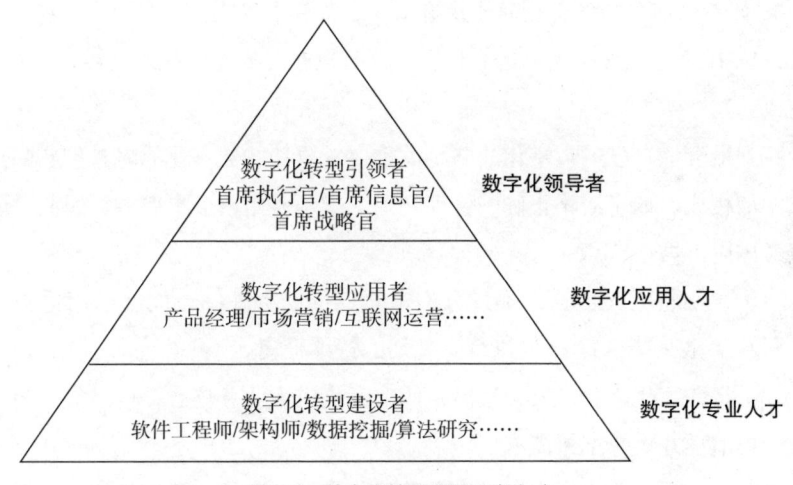

图 5-5　数字化转型需要三类人才

第二步，思想共识、战略规划、文化升级、管理变革

要确保数字化转型顺利推动，首先，达成思想共识，其方法一是学习，二是共创；其次，要进行数字化战略规划与行动计划编制；再次，进行文化升级，将科层制、中心化、经验依赖等管理模式转型为扁平化、敏捷化、精准化、科学化及协同化的管理模式；最后，有效推动管理变革，为数字化转型扫清障碍。这里着重分析前三个方面的内容，关于如何推动管理变革，我们将在后面的章节做专门介绍。

数字化战略升级是企业整个战略的一部分，它对企业意味着什么？这是包括企业家本人在内的高管必须首先回答并达成共识的问题。之后，成功的第一步就是制定一个明确而连贯的数字化战略，并将其完全整合到整体的企业战略中去。如果整合不完善，任何后续措施都会出问题。然而，制定正确的数字化战略对于很多企业都是挑战。数字化企业与传统企业之间的差距集中体现在战略方面。制定正确数字化战略的一个难点是，只有小部分有着高曝光率的龙头企业才能博得社会关注（以及普遍走高的市场估值），其中就包括颠覆市场的企业，如优步。要想制定正确的数字化战略，企业要回答三个关键问题：

▶ 最值得关注的数字化机遇和威胁在哪里？
▶ 数字化颠覆可能发生的速度有多快，规模有多大？
▶ 怎样才能更好地拥抱这些机会，更好地配置资源以规避这些威胁？

找到最合适自己的数字化战略至关重要。成功的数字化战略与创新的商业模式相辅相成。如果战略正确，管理起到的干预作用就会更明显。因此，公司可以考虑以下做法：

（1）大胆将眼光放远，不过分追求短期的财务业绩，能够承担适当的风险，对数字化举措和IT架构进行有规划的持续投资。

（2）将数字化整合进公司战略，使数字化成为业务核心，自然形成内部协作，公司治理并重数字化需求。

（3）坚持不懈关注客户需求，有助于公司在关键领域不断创新。

数字化转型，为什么还要重塑企业文化？这是因为：一方面，数字化企业与传统企业有着明显的区别；另一方面，重塑企业文化，实现全体员工思想统一，可为数字化转型提供思想基础，只有具备了这种思想基础，数字化转型才有了成功的可能性。

数字化时代的企业文化有如下特征：

- 学习型的组织；
- 平台化、通用化、标准化、结构化；
- 去中心化、去科层化；
- 客户思维；
- 数字驱动，科学决策；
- 协同利他。

比如美的在数字化转型时进行了数字化文化再造，提出了一个美的、一个体系、一个标准的"三个一"文化再造方式，并推进扁平化、敏捷化、柔性化、去科层化、去中心化等一系列活动。为了打破部门墙，方洪波要求将各部门的名字"××部""××中心"中的"部""中心"去掉，从形式和思想两方面打破部门墙，推进文化再造，随后进行流程再造和数据拉通工作。

第三步，业务转型、商业模式创新、流程再造、组织再造

数字化转型必须站在后天看明天，而不是站在昨天看今天或站在今天看明天。以没有前瞻性的战略思维和商业模式为前提，数字化转型就是一个伪命题；在一个落后的商业模式下做数字化转型，本身就是一个战略错误。正如你想让绿皮火车跑得快，让其舒适度提升、噪声减少，不如颠覆原来的框架，从未来技术的赋能和乘客的要求来构思新的火车技术架构，即建设高铁。

数字化转型应从哪里开始，从哪里撕开一道口子？根据我在企业的成功实践，大家可以从以下几点思考。企业符合以下条件越多，越可以判定该切入点的正确性：

- 业务痛点；
- 比较容易产生转型收益之点；
- 用数字化技术可降本增效；
- 能用智能技术、自动化技术替代人手或人脑；
- 数据提升算力与算法；
- 该领域有成功的标杆或实践；
- 必须是高频业务场景。

比如，美的做数字化转型，可以说是从"T+3"以销定产开始的，这个痛点抓得准，可谓抓住了企业最难且最痛的点，涉及价值链的所有环节，是对商业模式的颠覆式创新。美的是一家擅长变革的企业，可以从最痛、最难的项目开始，但是对于大多数企业来说，不建议从最难的点开始转型，而要从最简单的点开始。相对来说，管理数字化比业务数字化更简单，如财经数字化、人力资源数字化、采购数字化、营销数字化等相对比较容易，而制造、研发等数字化相对更难一些。

商业模式创新基于数字化技术，为业务提供无限可能的赋能机会，而优化作业模式，推进成本、效率、决策革命，能解决当前主要业务场景的痛点、难点，且能用数字化技术赋能，这是数字化转型的着力点。比如，美的基于"T+3"订单模式变革，从 B2C 向 C2B 进行商业模式的升级，开始数字化转型。在数字化转型过程中，伴随着流程变革和组织变革，基于责权利匹配的流程变革与基于数字化战略的组织架构调整也必须同步进行。如果不做商业模式、流程、组织的"化学式"整合，数字化转型就不能得到实质性推动。比如，美的在推动数字化转型前，于 2012 年启动了战略转型及组织再造、文化再造工作。

基于推动数字化转型的需要，组织要实现领导层、业务层、数字化专业团队的深度融合，实施 PMO 化运作，就一定要以应用数字化人才，即业务领导，让其主导数字化变革，而非由信息化、数字化部门推着业务部门做数字化转型，那样注定是失败的。

第四步，应用架构、数据架构、基础设施建设

第四步最大的难点在于，原来 IT 思维下的软件是否继续使用，如何打通数据，投入多大等。对此，建议尽可能保留原有的软件，用机器人流程自动化等非浸入式的技术手段打通数据，使数据在不同的系统中推拉提取，并进行服务器云化，实现数据的"化学式"融合。另外，公司还要从整个价值链（包括供应商及加盟营销商）进行数字化，只有拉通、协同，数字化才能真正发挥价值。因此，在进行应用架构、数据架构、基础设施建设时，要系统规划。

第五步，数据治理

国际数据治理研究所指出：数据治理是指通过一系列信息相关的过程来实

现数据指导决策和职责分工，这些过程按照达成共识的模型来执行，该模型描述了谁能根据什么信息，在什么时间和情况下，用什么方法，采取什么行动。数据治理是组织中涉及数据使用的一整套管理行为。由企业数据治理部门发起并推行，是关于如何制定和实施针对整个企业内部数据的商业应用和技术管理的一系列流程。数据治理的最终目标是提升数据的价值。数据治理非常有必要，是企业实现数字化战略的基础，它是一个管理体系，包括组织、制度、流程、工具。

即使不做数字化转型，企业也要进行数据治理。如果企业中存在以下现象，说明数据没有拉通，要先进行数据治理：

▶ 开会时，部门之间经常彼此不认同对方的数据；
▶ 一个数据出现多种口径，比如含税还是不含税等；
▶ 部门之间要数据要靠关系或打报告；
▶ 数据之间经常相互打架；
▶ 月度经营分析会到10号还拿不出数据；
▶ 数据不及时；
▶ 数据不全面。

只要出现以上一种情况，说明企业的数据没有统一标准、统一口径、统一管理，存在数据孤岛现象，需要进行数据治理。数据治理一般指从数据源、数据采集、数据清洗、数据整理、数据加工、数据建模、数据应用，最终到数据决策整个过程的系统化管理。只有数据标准了、统一了，企业数字化管理才会有可能实现。比如，美的在数字化转型导入期时，就把一个美的、一个体系一个标准即"三个一"作为数据治理的整体原则、标准，并最终成功地完成数据治理工作。

第六步，作业自动化、管理线上化、数据云化

作业自动化即生产制造、仓储物流、研发测试等高频低效、重复的工作均由机械手臂、机器人完成；管理线上化即管理可视化，是指所有的管理过程通过流程化，实现过程可视、结果可视、数据可视；数据云化即整个企业的数据全部拉通，并在全价值链、各职能之间进行有序、及时的动态提取、推送、流转，且深度融合。

在这里需要特别提示的是，企业进行数字化转型不是简单地实行自动化，自动化算不上真正意义上的数字化。只有基于硬件、软件、数据，通过数字化技术实现万物互联，整个业务链路闭环式的数字化、可视化、无（少）人化，且数据彻底在线上流转、应用，才是真正意义上的数字化。

另外，企业不能为了数字化而数字化，尤其是自动化制造领域。现实中存在的很多面子工程、形象工程这类数字化不在本书讨论之列，也没有经济价值和实践价值。只有真正符合效率、成本、决策的三大"数字化革命"，并产生实质性企业价值的数字化才是有意义的。

第七步，物联网、无人工厂、智能决策

物联网是指通过信息传感器、射频识别技术、全球定位系统、红外感应器、激光扫描器等各种装置与技术，实时了解任何需要监控、连接、互动的物体或过程，采集其声、光、热、电、力学、化学、生物、位置等各种需要的信息，通过各类可能的网络接入，实现物与物、物与人的泛在连接，实现对物品和过程的智能化感知、识别和管理。物联网是一个基于互联网、传统电信网等的信息承载体，它让所有能够被独立寻址的普通物理对象形成互联互通的网络。由于价格低廉的计算机芯片和高带宽电信的出现，中国现在已有数十亿台设备连接到互联网。

物联网是真正意义上的数字化，意味着企业里的一切要素完全数字化、可视化。物联网为企业提供了实时了解其系统实际运行情况的信息，可洞悉从机器性能到供应链和物流运作的各个方面。物联网使公司运作进入自动化流程并减少了人工成本；还减少了浪费并改善了服务交付，从而降低了制造和交付货物的成本，并提高了客户交易的透明度。"灯塔工厂"就是物联网的集大成者，"灯塔工厂"由达沃斯世界经济论坛与管理咨询公司麦肯锡合作开展遴选，被誉为"世界上最先进的工厂"，是具有榜样意义的"数字化制造"和"全球化4.0"示范者，代表当今全球制造业领域智能制造和数字化最高水平。截至2023年1月31日，全球拥有132家"灯塔工厂"，家电行业的美的、海尔各有5家"灯塔工厂"，灯塔效应外溢赋能制造业转型。

第八步，全面智能化

智能化是指所有要素在计算机网络、大数据、物联网和人工智能等技术的支持下，所具有的能满足人的各种需求的属性。比如无人驾驶汽车就是一种全面智能化颠覆传统汽车的典型代表，它将传感器物联网、移动互联网、大数据分析等融为一体，从而能动地满足人的出行需求。它之所以是能动的，是因为它不像传统的汽车需要被动的人为操作驾驶。

全面智能化是企业数字化转型的终极目标，真正实现了"决策革命"。2023年2月席卷全球的ChatGPT也是全面智能化的一个代表，其具备集聊天机器人、智慧搜索、文字处理等功能于一身的"数字人"特征。

我们再举一个例子，在流程领域，RPA是一款流程智能化机器人。什么是RPA？RPA的全称为机器人流程自动化，其主要功能是将工作信息与业务交互通过机器人来按照事先设计的流程去执行。当工作信息与业务交互过多时，RPA就可以高效解决这些复杂的流程，节约人工成本。如今，RPA已成为当今应用最为广泛、效果最为显著、成熟度较高的智能化软件。很多企业都希望部署适合自己的RPA。基础的工具型RPA由控制器、编辑器及运行器组成，应用场景包括财务会计、人力资源、采购、供应链管理等，具体涉及费用报销、单据审核、人员入职、开具证明、订单核对等诸多方面。

优秀的数字企业会基于RPA等数字化技术，将自动化的重点放在流程设计上，并在过程中不断进行试错和优化。要想成功实现流程自动化，首先要将眼光放长远，抛开眼下的限制，提前设计未来的每个流程，如将周转时间从几天缩短到几分钟。明确了未来想要达成的目标后，就可以对相关的约束条件（如法律协议）从长计议。

美的在推进以销定产"T+3"数字化项目时，就大量运用了RPA+AI，从而使美的订单交期缩短了40%，库存周转率提升了50%以上，仓库面积下降了70%。RPA在金融、保险、数字化原生态企业应用更为广泛。比如，一家欧洲银行就使用该方法将其开户流程时间从2~3天缩短至不到10分钟。与此同时，该银行通过在其信用评分模型中添加一款线上计算器，成功实现了抵押贷款申请流程中部分环节的自动化，能在短短一分钟内为客户提供初步报价。该系统在显著提高客户满意度的同时，大大地降低了成本，这正是RPA

带来的智能化的魅力所在。

四、数字化转型面临的挑战

由于企业数字化转型是在不断变革发展的内外部环境中进行的，企业数字化转型面临着诸多挑战。要想保持更强健、更持续的生命力和竞争力，实现转型升级目标，认清目前存在的问题和困难是重中之重。数字化转型面临的困难和挑战主要表现在如下几个方面。

第一，思想共识难。思想共识难以对齐是数字化转型的最大难题。

第二，数字化转型缺乏顶层系统化设计与数字化战略。数字化转型缺乏明确的战略转型和实施路线图，导致未来数字化的方向与愿景不明晰，对企业当前数字化水平认知不足，要么冒进，要么迟迟不知道从哪里入手，"焦虑而又无从下手"是大多数企业面对数字化转型的心理写照。

第三，缺乏转型变革能力、勇气与决心。数字化转型的本质是系统化的业务、组织、流程与商业模式的变革，变革会带来一系列组织和员工的阵痛，具有一定的不确定性，使大多数企业面对数字化蓝图，满怀期待，心潮澎湃，但实施起来瞻前顾后，难以打破常规。

第四，跨界融合难。缺乏跨部门、跨领域及跨企业的协调融合能力，转型企业的潜能不能最大化发挥，变革的速度也受限。企业内部业务战略的数字化转型，需要同时跨多个部门，分工、组织、协调等都异常困难。产业层面的数字化转型，更是需要供应链、产业链上下游企业之间联合协作、合作共赢。而在分工日益精细化的今天，这种新的跨界融合往往较难实现。

第五，适用的数字化工具少。忽视企业的差异性、迷信成功案例、没有认识到企业自身情况就盲目启动数字化转型，照抄照搬其他企业经验，这些都是目前数字化转型成功率低的重要原因。转型失败是谁也不愿意接受的结果，所以中小微企业不能盲目启动数字化转型。要想成功地实现数字化转型，必须选择一套好的系统或平台，有利于进行个性化定制，能根据业务变化匹配适合的系统逻辑。现在做 SaaS 平台的很多，不过，SaaS 一定要有行业兼容性，有成功的典型案例，千万不要相信纯技术派的开发结果。

第六，创新协同能力弱，部门墙高。数字化意味着企业亟须提升创新能力。市场经济就是要创造并进而破坏既有的经济结构，这个创造和破坏的过程主要不是通过价格竞争，而是依靠创新竞争实现的。创新的业务模式，必然打破旧有格局，也面临着人员、技术、现有设备等历史包袱的挑战。数字化的集成，需要在现有基础之上实现多个系统的协作融合，推动创新应用。

第七，数字化人才与文化缺失。数字化人才的短缺是企业数字化转型中的一大短板，仅仅掌握信息技术的专才将不再适用。数字化时代，企业需要三种类型的数字化人才：一是数字化的领导人才；二是数字化的应用人才；三是数字化的技术人才。除此之外，敏捷、试错、反思、学习、尊重、平等、客户导向等数字化文化，是数字化转型的思想与文化基础。

第八，资源有限。数字化转型需要投入一定的资源，从全球数据统计看，数字化转型投入资源占营收的 2%~3%，且要持续投入，这是很多中小企业无法负担的费用。从静态看，这笔费用的确让很多企业"望数生叹"；但如果用长远和动态思维看，数字化转型带来的效率与成本收益远远超过营收的 2%~3%。

五、数字化转型成功的八个保障

数字化转型，不仅能提升企业核心竞争力，还能帮助企业持续提升管理和运营能力。开展数字化转型的成功要素又有哪些呢？总结起来，数字化转型成功有如下八个保障。

保障一：一把手主导

要做好数字化转型，企业家就要有战略决心、信心和耐心。数字化转型一定是企业的"一把手工程"，需要由企业家自上而下地推动并在企业内达成广泛共识。企业家要真正意识到数字化转型给企业带来的机遇和挑战，意识到转型的必要性，并积极付诸行动。美的数字化转型就是由美的董事长方洪波亲自领导、亲自部署、亲自推动的。

同时，部分率先开展数字化转型的企业，已获得优于其他企业的产品竞争力、客户满意度，以及把握新机会的能力，并在竞争中取得优势。对于数字化转型，这些企业家更应有坚定的信念，在企业内构建数字化领导力和执行力，持续推动数字化转型工作。数字化转型"不怕慢，就怕停，更怕回头"。

保障二：战略引领

在数字化时代，企业应适时地调整其业务战略，引入数字化商业模式或提供数字化产品和服务，并通过转型支撑业务战略目标的实现。数字化转型要对准企业价值创造的主航道，构建达成业务战略所需要的关键能力。数字化转型需以业务战略为龙头，以变革规划为起点，制定出清晰的数字化愿景和目标，并在此指引下，坚定不移地通过一系列变革项目推进转型工作落地。数字化转型是企业构建面向未来的高质量竞争力战略的主动思考。

保障三：重构商业模式

提升客户体验和运营效率，成为越来越多企业的选择。企业开展数字化转型，首先，需识别企业与客户交互过程中的关键触点，用数字化手段做深客户界面的连接，提升客户体验，进而提升客户满意度。其次，企业要从客户或客户体验出发，识别企业内部业务运作的高能耗点，对业务作业流程进行数字化改造或重塑，构建出更简单、更高效的工作方式，使业务周期更短、效率更高，从而实现对客户的快速响应、敏捷交付和贴心服务。最后，企业要通过重构运营模式，推动人工智能来实现决策、分析和行动的高效，从事后系统走向一个真正的全实时反馈的运营系统。总而言之，企业需要通过重构业务以实现客户交易更简单、内部作业更高效、运营管理更敏捷。

保障四：心智转变

数字化转型最难的不是开发一套IT系统或装备，而是改变人的观念、意识和行为，提升员工参与变革的意愿和能力。一方面，企业要通过"训战结合"，大力培养具备数字化技能的专业人才，并使员工掌握使用数字化装备的技能，帮他们打开新的职业发展通道，让他们在数字化带来的组织变化中可以有更多的选择机会。另一方面，企业要通过管理变革，读懂人心，帮助员工在思想、意识上进行转变，让员工积极拥抱数字化转型并投入其中，从而跟上公司发展的步伐。要想让组织充满活力，就要有一批有激情的团队和个人在战略牵引下持续推进转型工作。

保障五：痛点、重点切入

数字化转型一定要从高处着眼，目标要远大，要系统性地描绘出数字化转型愿景和架构蓝图，形成变革全局视图，确保企业上下一盘棋。但在具体开展时，企业一定要从解决自身的现实问题入手，识别业务运作的高能耗点、管理低效点及客户体验缺失环节，找准转型突破口，进行痛点、重点推进，而非面面俱到，从而赢得信心，让更多人愿意参与进来，并带动其他转型工作有序开展。数字化转型既要"开阔视野"，也要"重心向下"，瞄准业务问题的解决，做好并做到极致。

保障六：数据治理

数据找不到、看不懂、不准确、不及时，是企业数字化转型的重大阻碍。企业需要从源头抓数据质量，做好数据治理。数据治理，就是用统一的数据管理规则，让企业的数据清洁、完整、一致，将数据变为企业核心资产。

在数字化转型过程中，企业需要构建对数据的感知和获取能力，不能把数字化简单地构筑在人工录入上，不应增加业务人员的录入负担，而应该采用现代化手段来获取和采集数据，在保证数据质量的同时，增加数据的及时性和有效性。在此基础上，企业还要着手进行数据处理、数据控制和数据消费，用全新的思路构建数据的智能和服务能力，满足公司业务对数据的需求。数据成为重要的生产要素，清洁的数据是数字化转型的基础。

保障七：技术与软硬件支持

云计算、AI、大数据、5G等先进的数字技术是企业加速转型的重要支撑，企业应将数字技术视为数字化转型的核心驱动力之一。企业的IT团队应主动引入成熟的技术，并适度超前地部署或孵化企业层面的数字平台。

业务数字化团队在使用数字技术时，需要回归业务的本质，思考转型要达到什么目的、关键业务客户是谁、客户的核心场景是什么、解决什么业务问题，技术应主动为业务提供服务。只有这样，才能将数字技术与业务进行充分融合，将合适的技术用在适合它的业务场景中。

保障八：安全优先

数字化转型还应把安全放在第一位。华为对安全的要求是"核心信息资产不外泄、系统安全稳定运行"。如果一个企业没有很好地解决安全问题，其数字化转型工作宁可慢一点。网络安全和数据资产保护到位，是开展数字化转型的前提。

"宁可转型升级死，绝不因循守旧活"，在某种程度上，这代表了不少正在探索数字化转型的企业家的心声。一场巨大的变革正在进行中："数字化"已被列为"十四五"规划的核心之一，数字经济席卷各行各业，新一轮的商业马拉松枪声已响起。无形的革新重塑了商业大环境，也赋予了我们丰富的想象空间，身处这样一个伟大的时代，无论作为个体的人，还是个体的企业，都无法置身事外。主动拥抱变化，拥抱变革，拥抱数字化，是这个时代的主旋律！

数字化转型的确需要提到日程上，但是行业内的"不数字化转型等死，做数字化转型找死"的"双死"言论让企业对数字化转型"又爱又恨"。企业家、首席信息官需要理性审视数字化转型，既不能一味惧怕转型，停滞不前；也不要贸然行动，急于求成。将数字化转型上升到战略高度，深化变革，持续投入资源，切入痛点，主导业务，坚持推进，数字化转型成功就并非难事。

六、数字化转型各阶段特征

规划数字化转型切忌一蹴而就，而应分步实施，可以从以下三个阶段出发来把握各自特征和关键点。

1. 信息化——业务数据化

通过各类专业信息化软件及现在流行的 SaaS 等，实现企业经营管理的数据化。但这里有两个重要条件：第一，各专业软件也好，集成的 SaaS 也好，必须实现代码及脚本开放。如果信息系统之间不连接，就意味着数据无法拉通。数据只有在各系统、各部门之间融合性流动，达到业务数据可利用、可分析、可改进，进入运营环节后才能实现业务数据化。第二，一定要进行数据治理。如果数据不进行标准化、规范化定义和管理，即使运用 SaaS 等软件也是没有意义的。业务数据化带来的好处是实现更为精细的运营，即精益运营，实现敏捷管理。

2. 数字化——数据业务化

数字化是基于大量的运营数据分析，对企业的运作逻辑进行数学建模，优化之后，反过来再指导企业的日常运行。数字化打通各个信息孤岛，让数据得以连接，让数据产生价值。对这些数据进行综合的、多维的分析，对企业的运作逻辑进行数字建模，都是为了指导并服务于企业的日常运营。

3. 智能化是最终目标

智能化是数字化的最终阶段。随着数字化技术的发展，智能技术得到了快速发展，人工智能得到广泛应用，智能化是信息化、数字化、数据化的最终目标，也是发展的必然趋势。最近的 ChatGPT 就是全面智能化的一个缩影与集成。

CASE 案例

美的数字化转型之路

回到 2008 年，在国家"4 万亿"刺激政策下，美的实施规模战略，营收迅速超过 1000 亿元，在市场上所向披靡，但净利率仅为 6% 的经营结果让美的高层十分不安。与此同时，18 个事业部过于分散，各自为政，产品 SKU 数以万计，产品标准化程度低，产销率低，库存周转率低，供应链脆弱，产能利用率低，资产回报率低，产品适销不对路……这一切像吸血鬼一样侵蚀着企业利润，不断加大企业风险。

根据杨国安老师在《数智革新》中的描述：美的的数字化转型穿越了两大时代背景。

第一个时代背景是中国制造业升级。长期以来，制造业企业的竞争力依靠的是人口红利、土地成本、市场未饱和等时代红利。它的经营动作是建立工厂、向渠道商压货、产品多元化等，目标是做大企业规模而不是提高净利率和毛利率。

时任美的电器董事长兼 CEO 的方洪波相信这种规模导向的发展路线在 2008 年金融危机后的世界已经走投无路，美的必须转向以利润为导向的发展路线。这时，美的需要提高自己的标准化水平，以支撑企业的精细化管理。在这个阶段，IT 技术是解决美的管理痛点的工具，其深远影响在于美的积累了标准化的数据，植入了标准化的思维。标准化给美的之后的各种数字化战略打下了良好的基础。但标准化因其具有烦琐细碎、耗时久、见效周期长的特点，也是很多传统企业进行数字化转型时相对容易忽略的基础环节。

第二个时代背景是 2015 年前后移动互联网、物联网、人工智能等在国内产业界的兴盛所带来的"互联网+"浪潮。凭借着远远领先于传统企业的数字科技能力，国内互联网公司纷纷进入了此前从未涉足的服务业、制造业，在产品、渠道、运营等多个价值链环节向传统企业发起了冲击。

此时，美的置身于红海产业环境，有三条出路。

▶ 一是做好产品，实现技术溢价和品牌溢价；
▶ 二是由要素驱动向能力驱动转型，效率成为关键；
▶ 三是全球经营，实现从 OEM 向 ODM、OBM 转型升级。

但这三条路径都面临同样的挑战——企业经营粗放、标准化程度低、精益化管理难、亚文化严重、熵增严重、信息孤岛效应严重。此时的美的必须转变增长方式，提升增长质量，提高运营效率，实现卓越运营，提升创新能力。而要实现脱胎换骨，必须进行转型升级，数字化跃然纸上。

美的数字化转型前后经历了 10 年，投入超过 120 亿元，是一场马拉松式的战略升级和经营转型，十分考验企业家和管理团队的毅力、意志、耐心、定力。经过 10 年，美的数字化转型迈向了工业互联网及数字化，获得了令业界羡慕的成功，其背后留给美的人和社会的财富数不胜数。

数字化给美的带来了五大成果。

第一，美的从一家消费家电为主的企业一跃成为多元化、全球化、跨界生态化的企业集团。 美的已形成了智能家居事业群、机电产品事业群、暖通和楼宇事业群、机器人与自动化事业群、美的数字化创新业务事业群，其中美云智数业务正是美的数字化转型成功实践后对外输出实现产业化的成功样本。目前美云智数已为华为、万科、华润、长城汽车、永辉超市、海天、李宁等全球 300 多家企业服务，年产值接近 10 亿元。

第二，数字化驱动产品领先战略的成功。 有了大数据、云计算，美的对消费者需求的把握更精准，商业洞察更清晰，市场定位更聚焦，产品及服务给消费者的体验更好，黏性更强，这是一个不断增强的飞轮效应。

第三，数字化转型助力美的效率驱动战略的成功。 美的在人均产出、人均销售、平销、资产利用率、库存周转率、产能利用率等方面实现了大幅度提升，据不完全统计，直接提升净利率超过 3 个百分点。也就是说，美的从净利率 6% 提升到 10%，效率协同及降本超过 50% 的贡献率。

第四，数字化转型加速了美的全球化经营战略的成功。 全球化经营最难的是市场的洞察和消费者心智的抓取，并要设计出体验感强的产品。美的通过大数据、云计算等数字化技术，更精准地洞察全球消费者对家电产品的偏好，并通过以销定产的"T+3"智能排程系统，实现快速交付，赢得了全球市场。

第五，数字化转型为美的可持续发展及风险管控提供了强大的基础支撑。 美的通过一系列全域数字化系统建设，实现了营运数字化、管理赋能化、治理机制化、业务标准化。

美的数字化转型的四个阶段，如图 5-6 所示，累计投入 170 亿元，我们简要概述如下。

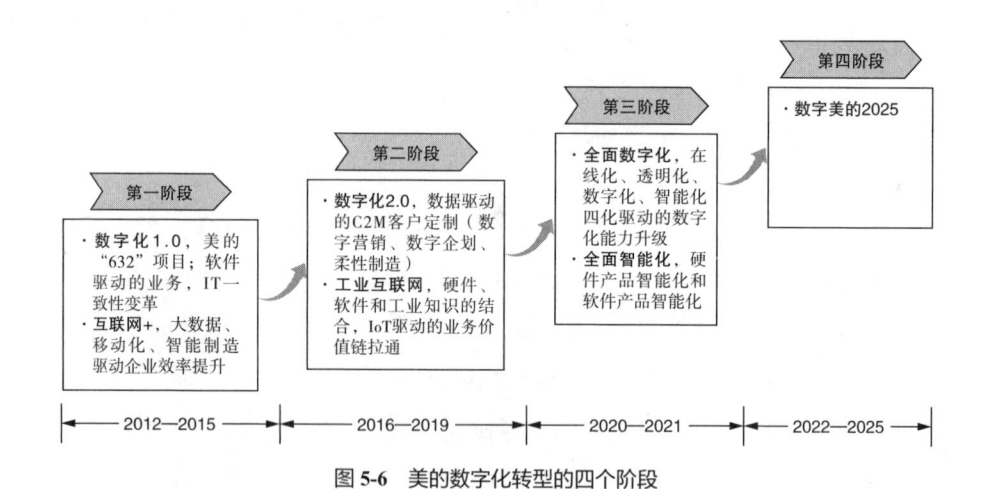

图 5-6 美的数字化转型的四个阶段

第一阶段：数字化 1.0 与互联网+

这个阶段始于 2012 年，当时美的可谓"大而不强"，为了推进战略转型和经营变革，美的在业务上实施"产品领先、效率驱动、全球经营"三大战略主轴；在组织上进行优化整合，以配合战略转型，横向由 18 个事业部整合成 9 个事业部，纵向由 5 个管理层级减少至 4 个层级，在管理上推进"一个美的、一个体系、一个标准"，以确保管理制度、流程、工具、经营数据、管理语言、IT 系统一致。

基于此，美的生成了"632 项目"，美的"632 项目"变革前后对比，如图 5-7 所示。

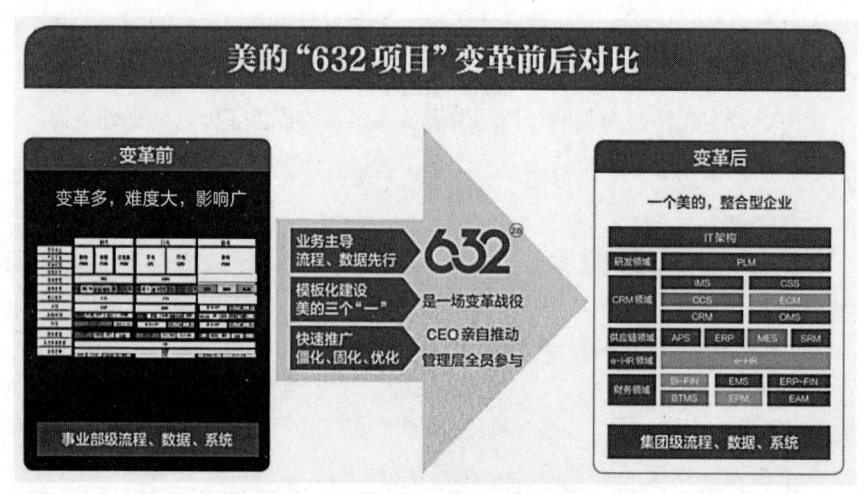

图 5-7 美的"632 项目"变革前后对比

"632项目"历时3年，最终实现了"一个美的、一个标准、一个体系"，实现了数据拉通、流程拉通及数字化架构的整体部署。"632项目"将美的40多年发展过程中所形成的治理机制、管理制度、营运流程，经营体制、业务模板进行了系统总结、分析、提炼，实现了标准化、制度化、流程化、治理化，影响深远，为美的数字化转型奠定了重要的基础。

第二阶段：数字化2.0与工业互联网

如果说第一阶段是做数字化基础设施的话，那么第二阶段就是利用移动互联网等智能技术，聚焦重点及痛点业务。在这个阶段，美的主要用数字化技术拉通价值链管理，典型事件是"T+3"模式的诞生。

"T+3"模式是美的从B2C向C2B的商业模式创新、价值链运营及订单模式变革的重大变革。该项目为集团数字化转型的重点项目，从洗衣机事业部试点。洗衣机业务有相似性，季节性明显，受天气影响大，计划准确率低，美的将此立项为"T+3"，主要将以产定销变为以销定产，利用大数据系统，将主计划各环节的运营规则与团队绩效、管理机制绑定，通过端到端的流程再造，拉通销售订单、生产计划、生产排程，实现订单驱动生产及供应链。经过近两年持续变革和优化，美的彻底实现了以销定产，端到端拉通，并全面实现了价值链上下游（销售商、供应商、物流商、服务商）信息一体、数字一体、计划一体。"T+3"大大提高价值链运营效率，缩短了交付周期，降低了经销商、制造商、供应商库存及系统成本，减少了价值浪费，提升了制造效率、人均效率、设备使用效率，实现了柔性化制造，提升了成本竞争力。

第三阶段：全面数字化与全面智能化

第三阶段的核心以全面在线化、透明化、数字化、智能化为特征，标志性事件是南沙智能工厂，也叫"灯塔工厂"。2018年初，美的南沙基地开始做"灯塔工厂"的尝试。公司通过智能网关技术，把40多类近200台设备进行数字化，即生产设备数字化管理，这是工业互联网的第一步——生产主要设备及要素数字化改造，实现生产系统万物互联。改造完硬件，还要进行软件升级和优化，这就需要美的进行差异化的各类专业软件的升级及改造，以"632项目"为基础，加上此前美的有 50 年的专业管理经验，美的很容易形成硬件、软件、制造系统三位一体的工业互联网平台。本质上是利用软硬件，更好地挖掘数据及信息的价值，实现生产、研发、采购、制造、销售各要素、各环节有效连接、精准匹配，实现成本下降，效率提升，周转率提高。南沙工厂经过 3 年的试点、优化、迭代，获得了成功，最终被工业和信息化部定为工业互联网国家级试点单位。2018 年 10 月，美的发布了 M.IoT 美的工业互联网 1.0，并通过旗下的美云智数公司，对外市场化输出"制造业管理系统（MBS）、硬件及软件"三位一体的产品及服务方案，致力于为中国乃至全球企业做数字化转型落地方案。

与此同时，美的数字化不仅适于 B2C 企业，同样也可应用于 B2B 企业。美的机电事业群营收超过 300 亿元，外部客户和供应链分布于全球。正是基于其成功实践，2B 数字化中的五大系统也实现了端到端的拉通和连接，实现了价值链管理系统化、数字化。这五大系统分别是 LTC（线索到合同）、OTC（订单到回款）、P2P（采购到付款）、IPD（集成设计与开发）和 ICT（内部交易）。

根据 2022 年底的数据：世界经济论坛宣布全球范围内再添 11 家新工厂加入"全球灯塔网络"，美的厨热顺德工厂成功入选，成为继家用空调广州工厂、微波炉顺德工厂、洗衣机合肥工厂和冰箱荆州工厂之后，美的集团第 5 家获得"灯塔工厂"荣誉的数字化运营工厂，灯塔效应外溢赋能制造业转型。截至 2022 年 12 月 31 日，美的实现全价值链数字化运营，营收从 10 年前的 1027 亿元上升到接近 4000 亿元，员工从 19.6 万人降到 16.6 万人，年库存周转次数提升到 8 次。美的从一家传统的制造企业转型成为一家数字化科技集团，构建了美的数字化全景。

以用户为中心的产品创新

数字化转型赋能产品创新后，美的将产品企划与研发设计分为四步。第一步，用大数据赋能用户画像，精准定位目标用户，从触点交流开始，到购买、送货、安装、使用、服务，完成端到端的全程数字化跟踪。第二步，用户需求洞察，通过 4W1H 模型，将用户需求逐层分解。第三步，对用户口碑进行持续系统跟踪，不断优化，设计出用户喜欢的产品。第四步，用户共创，超过 6 万名用户一起参与新品方案的设计，在正式上市前，产品接受市场检验，以提升新品上市成功率。

通过数字化赋能产品设计与研究，美的产品上市成功率显著提升，差评率下降超过 30%，用户对美的产品的美誉度显著提升。

智能制造

美的"T+3"以客户订单为导向，推进智能排产，最快可实现 7 秒切线，智慧采购、智能补货，大幅度降低来料库存，通过 VMI 管理，实现供应商价值链库存最小化。美的从零部件生产到总装，全厂一个流程，并通过工业互联网和自动化，大大提升制造效率，降低成本，提升品质。截至 2023 年初，美的已完成 5 家"灯塔工厂"建设，人均产值由 10 年前的 66 万元上升到 230 万元，准时齐套交货率大幅度提升。

智慧物流

美的通过安得智联实现全价值链"1+3"端到端的物流解决方案。其中，"1"指全链路整体解决方案，即仓、干、送、装一体化物流方案；"3"指生产物流、"一盘货"、送装一体。生产物流主要通过 VMI、集运包一体及智能决策，节约包装成本 10%，物流工时下降 25%。在"一盘货"下，线下库存共享，仓库云化，2B2C 一体化，大幅度降低库存和呆滞，库存周转率提升 30%，送装一体，实现送货安装一次性完成，提升用户体验，降低服务成本。

智慧营销

从消费者触达到选购，通过"T+3"订单系统驱动价值链高效运营；通过"一盘货"，实现线下工厂与渠道进出货库存信息共享，大大提升库存结构水平，降低库存，减少结构性缺货风险。与此同时，通过数据与流通拉通，从客户下单，到中心（省）库存评审、总部库评及结转"T+3"、工厂排产、工单生产、中转入库（直发评审）、发货计划、运输通知、派车、出货确认、运输在途、分拨仓签收、送装一体、客户签收、服务评价，实现全流程可视化、智能化，客户价值链运营效率提升，成本下降，周期缩短，员工、物流商、经销商、客户体验显著提升。

Chapter 6 第六章　卓越运营系统

卓越运营是制造业的根本能力，也是数字化转型的必备条件，卓越运营涉及企业价值链所有的环节和组织。建立系统化、全员化的卓越运营能力，是现代企业提升竞争力、走向卓越的基本要求。

一、卓越运营的相关概念

1. 卓越运营的定义

何为运营？不少人对运营的概念还有些模糊不清，有些人认为运营就是生产，而另一些人认为运营是指制造领域中的管理，其实都没有错，又都不全面。运营最初指将企业拥有的资源（有形及无形资产）用于创造价值的活动，即输入到输出的转换过程。在传统观念里，运营主要指制造业的生产过程，如汽车企业将钢铁等物料转换为成品车、服装企业将布料等转换为服装等，因此运营在最早时的确指生产制造。

随着管理学理论的不断发展，运营的范围早已超出原先的生产制造领域，目前几乎涵盖所有行业，包括餐饮、医院、银行等服务业，比如医院让病患通过各项治疗、检查、照料最终让其变为健康的人。因此运营系统的输入也不再局限于（有形的物理性）物料，人力等，输出也不局限于有形物理性产品，也包括信息、各类服务等非物理性输出产品。具体来说，输入通常是指原材料、设备、人力、管理、数据信息或资本，而输出则是指产品或者服务。

企业运营的目标，就是为企业创造与维持收益，增加企业价值，提升竞争力。

管理大师德鲁克认为，卓越运营是一套完整的企业运营体系，它包含战略目标系统、目标分解系统、过程控制系统、激励机制系统、支持系统五大部分，如图 6-1 所示。这五大部分缺一不可，互相支撑，形成一个严密的体系，能够帮助企业 100% 达成目标，最终实现跨越式发展。

企业在愿景、使命、价值观的指引下，由卓越运营战略目标系统来确

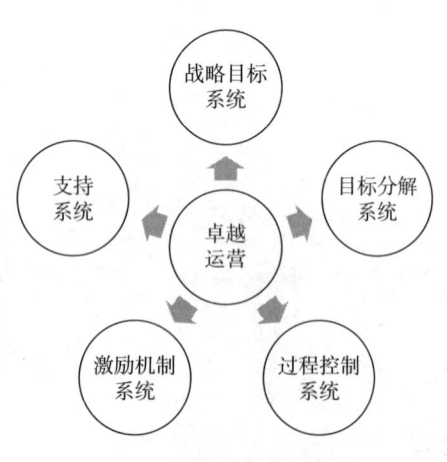

图 6-1 卓越运营五大支持系统

保战略的制定。有了目标后要进行目标分解，分解到各级组织及干部。分解目标后要进行过程的执行、分析及控制，以确保目标的实现。要确保结果达到预期，卓越运营还要进行专项激励，如降本激励、项目专项激励。当然，卓越运营强调的是整体产业的成功、经营的成功，且离不开支持系统，这个支持系统就是"7+3"机制。

2. 卓越运营的关键点

关键点一：目标聚焦

卓越运营的中心思想是正确地做事，比友商更高效、更低成本地实现产业成功，因此，卓越运营的核心是聚焦产业发展与经营目标，从解决主要矛盾入手，以改善运营结果为目的。卓越运营的公司通常不会眉毛胡子一把抓，而是聚焦关键目标。

关键点二：追求精进

卓越运营并不是终点，而是一个持续的 PDCA 管理循环过程。运营效率高的企业会不断提出问题，如：怎样运营可以更有效？如何在不提高成本的情况下为客户带来更多的价值？如何实现降本增效？卓越运营的管理理念是持续改进，与精益思想有着相似性，但卓越运营更强调的是开放性及产业在市场上的成功，而精益更强调成本、效率、品质、交付这些大供应链运营的问题。

关键点三：高质量增长与长期主义

卓越运营的公司对于企业增长有一个具体要求，即高质量增长。什么是高质量增长呢？就是净利润率要持续向好，营收要持续提升，市场份额要持续提高，成本与效率要不断优化。

关键点四：分层分级下的责权利匹配

有人可能认为卓越运营的公司会采取严格的集中运营，来确保业绩持续向好。事实正好相反，卓越运营的公司追求分层分级管理，主张发挥人的创造性、给予自由发展空间，真正激活人的创造力、创新力，使公司获得持续改善的能力。

关键点五：标准化

卓越运营的主要手段是实现标准化。要实现标准化，必须推进通用化、平台化、结构化、流程化及智能化这"五化"工作。

二、卓越运营的重要性

卓越运营在企业中发挥着承上启下的作用，不仅要将企业决策层的理念和战略意图落实到运营当中去，而且要推进价值链管理、商业模式优化、计划管理、目标管理、执行管理及产研销采的协同管理。卓越运营的重要性主要体现在以下方面，这也是卓越运营的目标和价值。

（1）降本增效：全面降低研发设计、采购、制造、营销成本，立足系统化思维而非局部思维降本。

（2）提升客户满意度：减少缺货，提升交货及时率；提升产品合格率；提升经销商合作黏性，从而提升渠道推力，多维度提升客户满意度。

（3）优化商业模式，提升竞争力：将推动向拉动计划变革，降低渠道库存、降低原材料和成品库存、降低供应链库存，从而提升库存周转率及订单管理效率。

（4）优化产品力和品牌力，提升盈利能力：通过精益改善提升产品力；通过卓越营销提升品牌力；通过精益制造提升产品一致性。

（5）提升组织力：激励机制优化激发员工潜力和创造力；组织机制优化提升团队执行力，实现责权利优化配置，提升员工满意度；分权及流程优化提升组织协同性及敏捷性；人才机制优化确保更优秀的年轻人才上浮。

（6）为数字化转型提供底层支持：数字化转型的本质是效率革命、成本革命、决策革命，是最佳业务实践的标准化、自动化、智能化的过程，是摆脱人手、人脑的过程。要做到这一点，一定要实现卓越运营能力。

三、卓越运营的整体框架

1. 卓越运营全景图

如图 6-2 所示，卓越运营贯穿从营销到售后的企业经营全过程，每个阶

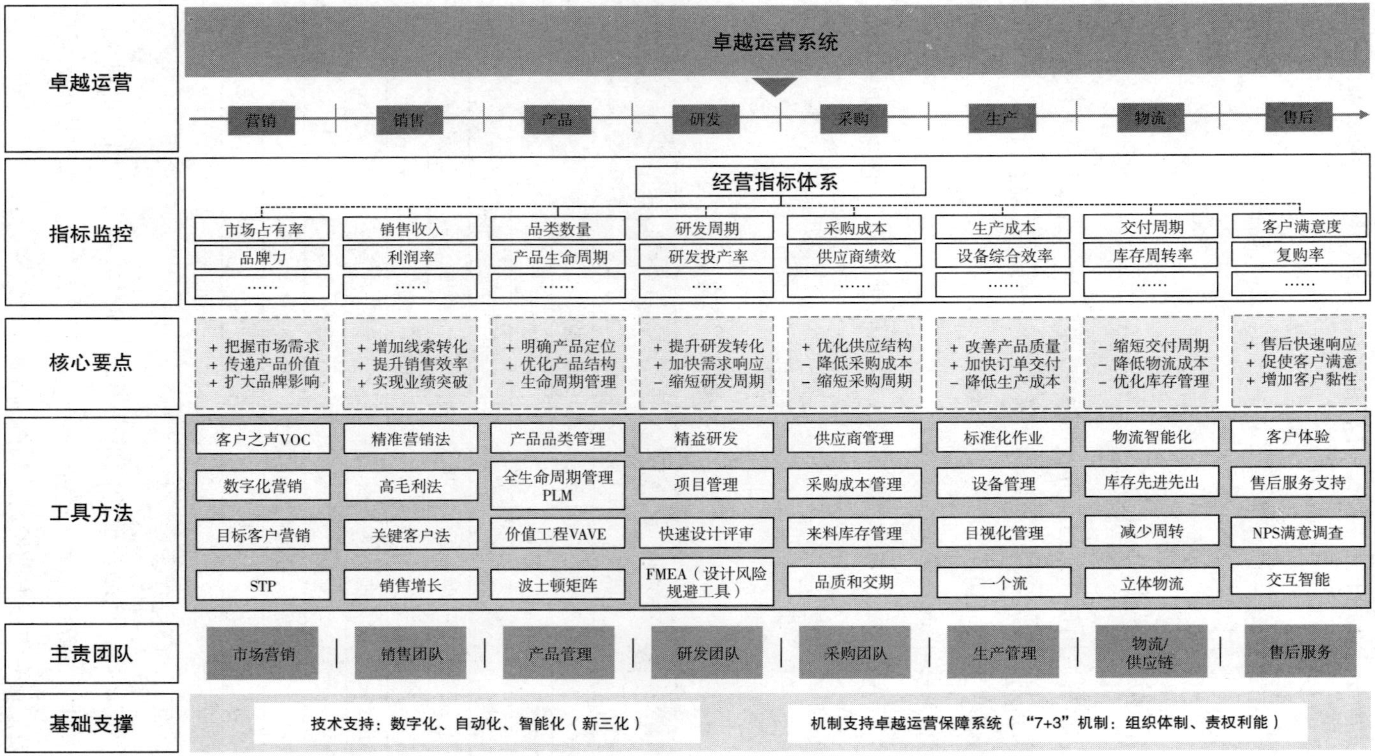
卓越运营
指标监控
核心要点
工具方法
主责团队
基础支撑
卓越运营系统
营销
销售
产品
研发
采购
生产
物流
售后
经营指标体系
市场占有率
品牌力
……
销售收入
利润率
……
品类数量
产品生命周期
……
研发周期
研发投产率
……
采购成本
供应商绩效
……
生产成本
设备综合效率
……
交付周期
库存周转率
……
客户满意度
复购率
……
+ 把握市场需求
+ 传递产品价值
+ 扩大品牌影响
+ 增加线索转化
+ 提升销售效率
+ 实现业绩突破
+ 明确产品定位
+ 优化产品结构
– 生命周期管理
+ 提升研发转化
+ 加快需求响应
– 缩短研发周期
+ 优化供应结构
– 降低采购成本
– 缩短采购周期
+ 改善产品质量
+ 加快订单交付
– 降低生产成本
– 缩短交付周期
– 降低物流成本
– 优化库存管理
+ 售后快速响应
+ 促使客户满意
+ 增加客户黏性
客户之声VOC
数字化营销
目标客户营销
STP
精准营销法
高毛利法
关键客户法
销售增长
产品品类管理
全生命周期管理PLM
价值工程VAVE
波士顿矩阵
精益研发
项目管理
快速设计评审
FMEA（设计风险规避工具）
供应商管理
采购成本管理
来料库存管理
品质和交期
标准化作业
设备管理
目视化管理
一个流
物流智能化
库存先进先出
减少周转
立体物流
客户体验
售后服务支持
NPS满意调查
交互智能
市场营销
销售团队
产品管理
研发团队
采购团队
生产管理
物流/供应链
售后服务
技术支持：数字化、自动化、智能化（新三化）
机制支持卓越运营保障系统（“7+3”机制：组织体制、责权利能）

图 6-2　卓越运营全景图

段都有其需要达成的核心要点，并有相关指标监控其达成的效果；每个阶段也会有丰富的管理工具及技术（新三化：数字化、自动化、智能化）和机制（"7+3"机制）作为基础支撑，帮助主责团队以更高的效率、更好的效果完成目标。

2. 卓越运营的八个着力点

卓越运营适用于任何行业的任何企业，但不同企业需要结合自身经营现状和发展需求制订科学合理的卓越运营落地实施方案和计划。对此，本节总结了八个着力点，供企业切入。

着力点一：卓越营销

基于"人货场"的经典营销理论，我们梳理了 20 个卓越营销着力点，如表 6-1 所示。企业管理好这 20 个着力点对应的衡量指标和执行主体，通过资源、方法、工具、能力、机制赋能营销团队，以确保落地效果。

表 6-1　卓越营销着力点

卓越营销着力点	指标	执行主体	卓越营销着力点	指标	执行主体
1. 渠道扁平化	渠道层级	营销	11. 导购技巧	客户成交时间缩短	营销
2. 渠道数量	渠道覆盖率	营销	12. 促销费用	下降率	营销
3. 渠道库存管理	库存周转率	渠道商	13. 门店费用	下降率	渠道商
4. 单个客户销量	平销增长率	营销	14. 营销库存周转率	下降率	营销/财务
5. 平销	平销增长率	渠道商	15. 客户存活率	提升成活率	渠道商
6. 人均销售	人均增长率	营销/HR	16. 营销毛利率	提升毛利率	营销
7. 高端机销售占比	占比提升率	营销/财务	17. 进店客户成交	提升成交率	营销
8. 高毛利产品占比	占比提升率	营销/财务	18. 复购率	提升	营销
9. 尾货处理	长库存处理比例	营销/财务	19. 订单准确率	提升	营销
10. 单台服务成本	服务成本下降率	售后	20. 营销费率	下降	营销

着力点二：产品管理

在不同阶段，产品管理的侧重点不同，基于产品生命周期规划及产品矩阵，应适时引入新品，淘汰旧品。而要想实现产品领先，需要从技术驱动、结构升级及质量升级三方面发力，如图 6-3 所示。

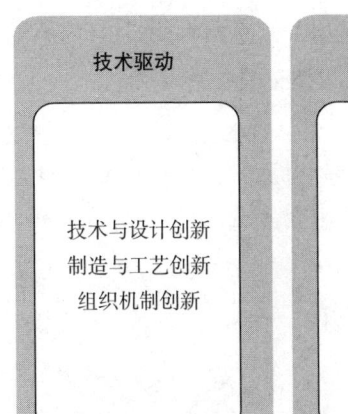

```
┌─────────────┐  ┌─────────────┐  ┌─────────────┐
│  技术驱动    │  │  结构升级    │  │  质量升级    │
│             │  │             │  │             │
│ 技术与设计创新│  │ 销售结构升级 │  │ 质量管理体系协同│
│ 制造与工艺创新│  │ 品牌结构升级 │  │ 质量管理业务强化│
│ 组织机制创新 │  │ 渠道与业态升级│  │ 质量管理体系保障│
└─────────────┘  └─────────────┘  └─────────────┘
```

图 6-3　产品卓越运营图

首先，技术驱动表现为以下内容。一是技术与设计创新：规划产品技术的发展路线，清楚了解客户的需求，形成差异化创新产品；二是制造与工艺创新：明晰制造技术的发展路线，以实现更柔性的制造、更顺畅的物流、更快捷的交付、更优良的品质、更省力的操作、更自动的装备、更目视的现场、更完善的计划等；三是组织机制创新：引入先进的创新、研发方法和软硬件工具，建立合理的多层次研发和技术创新体系，实现系统化、机制化的高效运作，做到构思一代、研究一代、设计一代、制造一代。

其次，结构升级表现为以下内容。一是销售结构升级：进一步提升战略产品、高附加值产品的销售比例，清晰未来3~5年产品地图、销售结构及变化趋势，产品销售模式向市场引领型转变，形成合理、良性的产品结构；二是品牌结构升级：明确规划产品思路和市场定位，明确高、中、低端品牌组合和品牌区隔；三是渠道与业态升级：明确未来渠道结构发展方向及增长方式，推动不同渠道业态、不同渠道层级间相互协同和良性竞争，提升渠道资源的使用效率，提高渠道的运行效率，促进各大品类的相互融合。

最后，质量升级表现为以下内容。一是质量管理体系协同：强化质量是企业生命（未来）的意识，推行全面质量管理模式，在各部门责任制中清晰体现质量绩效指标；二是质量管理业务强化：执行"质量刚性"的原则，建立质量控制标准，信息收集、考核评价体系，强调执行与落实，严惩弄虚作假；三是质量管理体系保障：质量管理组织相对独立并进行纵向一体化管理，在质量与业务（效率、成本）产生矛盾时，质量管理组织拥有最终决定权。

着力点三：基于客户需求的以销定产

订单驱动，以销定产，大幅度降低库存，提升订单准确率，如美的"T+3"项目业务流程，如图 6-4 所示，以及丰田"JIT 案例"是典型代表。同时，为实现以销定产，以客户为中心，倒逼营销、研发、供应链及制造端等全价值链内部变革，将为企业带来可观的净利提升。

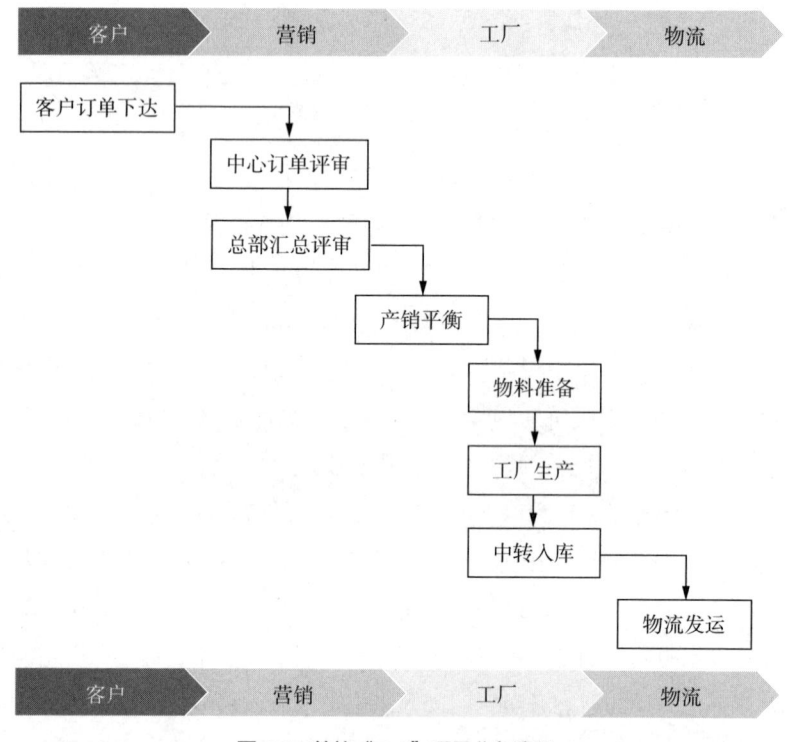

```
客户 → 营销 → 工厂 → 物流

客户订单下达
   ↓
中心订单评审
   ↓
总部汇总评审
   ↓
产销平衡
   ↓
物料准备
   ↓
工厂生产
   ↓
中转入库
   ↓
物流发运

客户 → 营销 → 工厂 → 物流
```

图 6-4 美的"T+3"项目业务流程

着力点四：效率驱动

这里的效率指的是宏观的效率，包括经营效率、管理效率及资源效率。经营效率提升，主要是指生产、研发、营销等业务链各环节实体效率的提升；管理效率提升，主要指管理团队心智、机制、文化等虚拟流程效率的提升；资源效率提升，主要指资源投入产出、资本收益效率等的提升。可以推动的重大改善项目包括但不限于以销定产、产品生命周期管理、产能利用率项目、精益制造项目等。

着力点五：分权与流程卓有成效管理

分权与流程再造，前文已有详细描述，这里不再赘述。

着力点六：考核与卓越绩效

考核与卓越绩效的目的在于有效衡量和评价企业成果和员工业绩，激发善意，激励员工积极性，促进企业长期发展，从而实现卓越运营。考核与卓越绩效中有 4 个关键要素，即考核指标、权重、目标和激励关联逻辑。具体如图 6-5 所示。

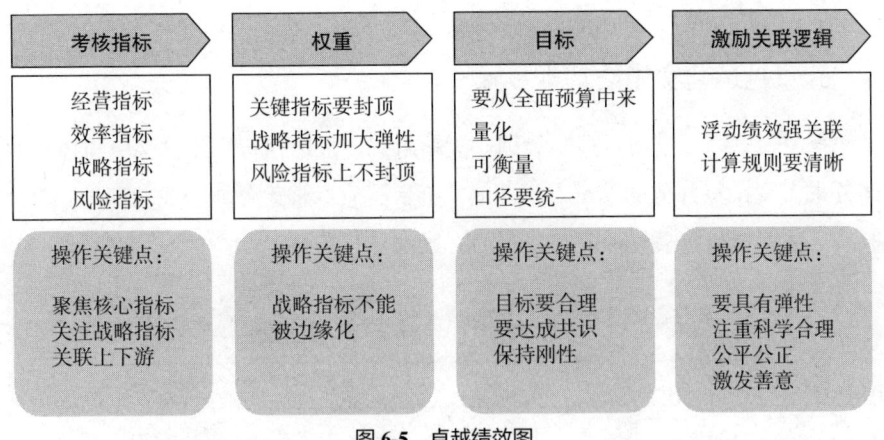

考核指标	权重	目标	激励关联逻辑
经营指标 效率指标 战略指标 风险指标	关键指标要封顶 战略指标加大弹性 风险指标上不封顶	要从全面预算中来 量化 可衡量 口径要统一	浮动绩效强关联 计算规则要清晰
操作关键点： 聚焦核心指标 关注战略指标 关联上下游	操作关键点： 战略指标不能被边缘化	操作关键点： 目标要合理 要达成共识 保持刚性	操作关键点： 要具有弹性 注重科学合理 公平公正 激发善意

图 6-5　卓越绩效图

企业进行绩效管理的工具有很多，目前比较主流的有：自上而下设计，依靠外在物质因素激励的 KPI 绩效管理；或者自上而下及自下而上双向设计，强调员工积极参与设定，在执行中自我管理的 OKR 绩效管理；又或比 OKR 更强调行动，成果—策略—活动逐级分解的 GSA 绩效管理。每种绩效管理方法各有优劣和适用场景，企业可以结合自身特性和需求选择合适的方法，以确保从战略到执行的长效管理和持续改善。

着力点七：数字化转型

参照前面的章节内容。

着力点八：轻资产运营

轻资产运营是指在资源有限的情况下，以智力资本为核心，以最小化的固定资产投入、最高效的资产周转实现最大化商业价值的运营方法。其框架如下：

- 价值低的配套零部件外协；
- 重资产投入的零部件外协；
- 减少厂房投入，提升产能利用率；
- 减少土地投入，提升土地使用率；
- 减少重资产业务投入，提升资产效率；
- 减少固定资产投入，提升资产流动性；
- 提高资产周转率，确保运营的灵活性；
- 强化产能利用率，降低平台费用。

3. 卓越运营实施的基本步骤

卓越运营同样是通过战略规划、战略解码、战略执行、战略保障与控制四部分来实现，每部分的关键点如图 6-6 所示。而卓越运营能否成功落地，70%取决于战略执行、战略保障与控制的方案设计与实施。

战略规划	战略解码	战略执行	战略保障与控制
市场洞察 战略规划	战略地图计分 卡行动表	卓越运营 全面预算	考核与激励	营运管理与 目标管理
PEST SWOT STP 五力分析 确保企业大方向不出问题，做时代企业	三到五年发展趋势及方向 业务战略 组织战略 机制战略 人才战略 变革战略 数字化战略 智能化战略	核心经营指标 产品客户指标 组织治理 员工成长 战略计分卡+关键行动表 关键点：责任人、完成时间等	目标、能力、资源匹配计划 关键点： 1. 集团制定整体目标、方向、原则、规则、机制 2. 业务单位根据集团要求和三年滚动计划做方案报集团 3. 管理部门负责闭环落地	年度KPI 激励方案 重点工作过程管理与考核 关键点： 1. 机制牵引 2. 目标合理共识 3. 激励开放性 4. 结果可衡量	月度经营分析 目标管理 重要过程纠偏 关键点： 1. 责权对等 2. 动态管理 3. 及时纠偏 4. 分权分级 5. 资源审批系统

卓越运营能否成功落地70%取决于此

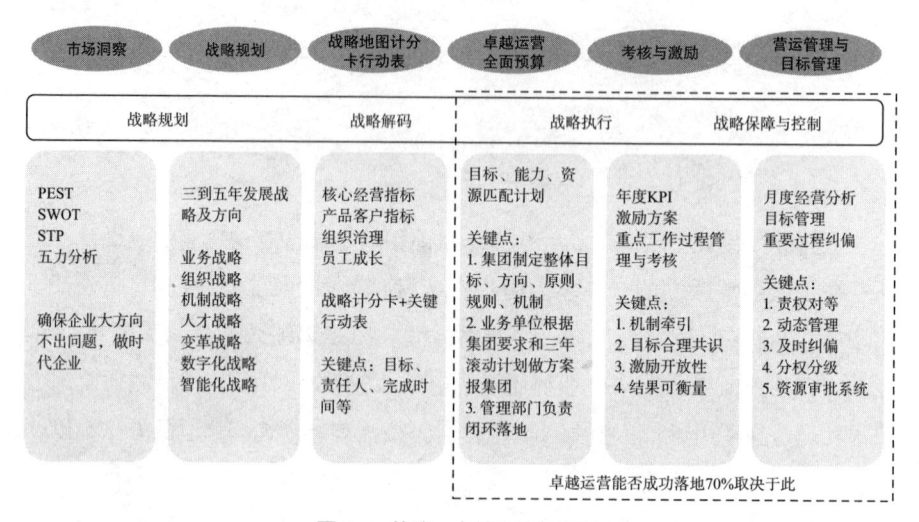

图 6-6 战略—卓越运营示意图

卓越运营落地实施的 8 个通用步骤如下：

（1）引入外部卓越运营专家或顾问，内部有专家可以跳转到第二步；

（2）导入公司战略，营造变革危机及紧迫感，进行卓越运营改善前的动员；

（3）统一认知，达成共识，坚定信心，并且进行相关专业培训；

（4）组建团队和领导小组（专家团队进入）；

（5）确定卓越运营转型升级的具体方案步骤；

（6）导入"7+3"机制，支撑卓越运营系统的持续落地；

（7）持续学习与变革，全面落地，复盘优化，持续建立卓越运营优势；

（8）优化卓越运营转型变革组织和领导力。

其中，统一认知是非常关键的一步，企业的核心管理层首先要统一认知，明确卓越运营真正的目标、过程中需要付出的努力和要克服的障碍，并达成共识，坚定信心，这样才能更好地完成后续的团队组建、方案确定、机制导入及全面落地，从而最终实现卓越运营。

卓越运营并非一蹴而就，随着不断深入与延展，从专项工作或项目，到全员参与，再到无边界、生态化的全面拉通，都需要企业长期坚持和持续改善。

四、卓越运营的实践

1. 中长期目标线路图

我们不能片面地、孤立地，而应用系统的眼光去看待卓越运营。正如老子《道德经》里所说："道生一，一生二，二生三，三生万物……""道"是主，"术"是辅，二者环环相扣、互相影响、互相作用。卓越运营可以概括为一种嵌入式的、全公司范围的、能够灵活地适应变化的能力。基于短期、中期、长期我们建立了卓越运营成功导入线路图，如图6-7所示。

一个实现卓越运营的组织本质上是在执行其业务战略时取得比竞争对手更大的成功。这样一个组织通常被描述为始终如一的稳健、有弹性和相关性——不会被新的竞争或数字化转型等挑战所吓倒。最终，卓越运营的组织将受益于端到端价值链效率的提高，从而最大限度地提高客户价值，实现更高的盈利能力和可持续的业务增长。

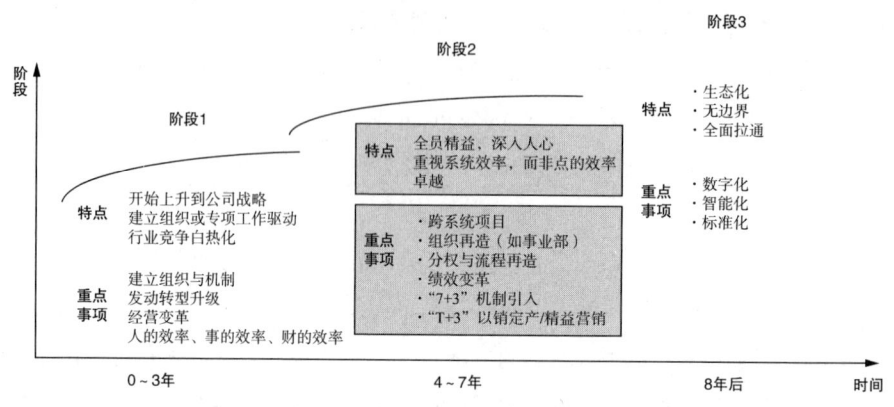

图 6-7 卓越运营成功导入线路图

由此，卓越运营计划需遵循一体化、持续改进的原则。这种原则确保公司能够从原先的管理系统迁移到基于流程、以客户为中心的管理模式。从本质上讲，卓越运营打破了组织的功能孤岛，将整个价值链中的人员、流程和实践联合起来，最大限度地为客户提升价值。

卓越运营年度计划工具如图 6-8 所示，需要着重注意的是目标制定要有全局视角，综合考虑整个公司的流程和系统。同时，在目标逐级分解的过程中，各个业务及职能模块的事项是相互联动的，方案计划必须概述在整合日常流程、人员（而不是职能）及其绩效方面所涉及的步骤，且问题越具体，落地性越强。当员工共同努力实现共同目标时，即最大限度地提高客户的价值，与具体和现实的可交付成果保持一致，其产出的质量和一致性就会提高。

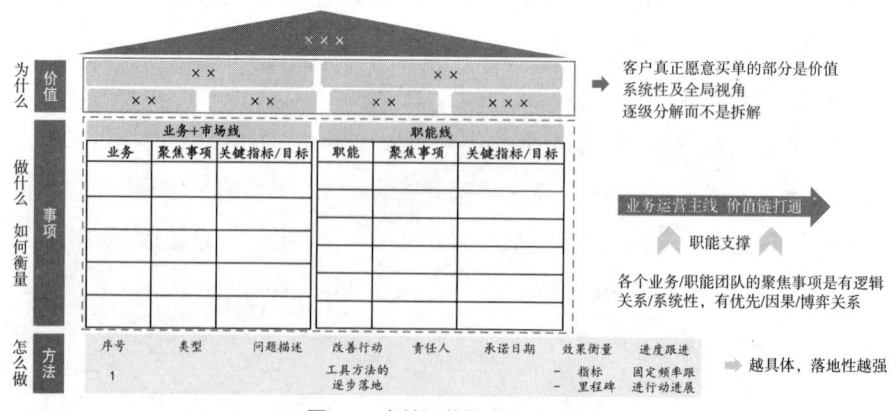

图 6-8 卓越运营年度计划工具

2. 卓越运营的成功保障

卓越运营是一个体系化的工作，由于没有一个标准的体系可以直接套用，所以在运营工作中，我们要注重实战、分析、总结、复盘，形成自己的运营方法论。如果卓越运营能够在企业内部得以成功实施，企业将发生巨大的变化。但是从企业实践来看，并不是每一家推行卓越运营的公司都能够成功，通过分析那些已经成功实施卓越运营的公司，我们发现，卓越运营成功的要素在于以下几个方面。

第一，公司高层的坚决支持。公司最高领导层对卓越运营的支持是决定能否成功的关键性因素。霍尼韦尔公司的运营副总裁 Bill Ramsey 认为："公司的领导层必须意识到卓越运营的重要性，它可以帮助我们的客户和股东获得收益。公司所有层级的领导都要对此有统一的认识。"卓越运营是一个历程，可以说没有终点，企业要不断地发展和进步，流程再造、质量管理是永无止境的，重要的是要学会转变思维方式，不断地发现问题、不断地研究问题、不断地跟踪解决问题，并且控制解决问题的过程。

第二，从战略高度认识卓越运营的重要性。中国建设银行前任董事长郭树清曾在全行主要干部大会上提出"卓越运营能促进我行管理文化发生革命性的变革，保证我们的发展战略付诸实施，用科学的方法及工具实现价值最大化"。正是因为从战略的高度看待卓越运营，建设银行才能够将其推行到公司业务、零售业务、风险管理、审计、产品创新等各个核心业务板块。经过三年的实施，建行已被认为是亚洲最具投资价值的商业银行之一。

第三，建立全职推进部门。在卓越运营被确定为企业战略后，业务部门必须无条件接受新的管理方法。卓越运营的推进部门需要与业务部门保持密切的沟通。通用电气正是因推进部门与业务部门紧密合作，使得业务部门与推进者的联系更加紧密，从而将战略目标转化为切实的利润。原美的制冷集团则在决定推进精益项目之后，成立了专门负责推进的办公室。

第四，由点到面，稳步推进。对于大部分公司而言，管理的变革往往容易引起多数人的质疑，取得点和线的突破也成为最终全面成功的关键所在。要秉持小步快跑、先易后难、先点后面、先实践再优化的逻辑，不搞运动式学习，不设定过高目标。

第五，保持定力，持续改善。很多企业认为，除非能在一两年内看到成功的迹象，否则都不愿踏上漫长的变革之路。如果短期内没有改善，许多原本支持变革的人就会放弃努力，甚至转而加入反对者的行列。事实上，卓越运营是不可能一蹴而就的，因此公司管理团队必须坚定信心，保持长时间的定力和耐心，要能够忍受变革带来的痛苦期，持续推进、持续改善。

第六，制订清晰的目标，定期进行评估，建立推进卓越运营的信心。公司领导层及员工如果看到清晰的目标及让人信服的改进成果，尤其是有财务成效的数据，就会有信心将卓越运营延伸到更为广泛的业务范畴。公司内部要通过成功的实施案例及相应的奖惩机制，让全体员工分享心得，再逐步扩展到其他项目，日积月累，改善项目，这样才能在无形中改变员工的行为和思维方式。

Chapter 7
第七章 构建强大的经营体制

什么是经营平台？经营平台就是企业价值链运行完成价值创造的承载平台。具体来说，它是对外承载满足客户需求的平台，对内经营产业和经营人才的平台，是管理理念、方法、工具、模板的落地平台，是 UMC3+3 管理系统的地基。本章主要探讨基于事业部组织模式的经营体制构建。

一、事业部的来源

事业部制结构起源于美国通用汽车公司。20 世纪 20 年代初,通用汽车公司合并收购了许多小公司,企业规模急剧扩大,产品种类和经营项目增多,而内部管理却很难理顺。当时担任通用汽车公司常务副总经理的 P. 斯隆参考杜邦化学公司的经验,以事业部制的形式于 1924 年完成了对原有组织的改组,使通用汽车公司的整顿和发展获得了很大的成功,成为实行事业部制的典型,因而事业部制又称"斯隆模型",同时也被称为"联邦分权制"。

事业部体制适用于规模庞大、品类繁多、跨界经营、技术复杂的大型企业,是国外较大的联合公司所采用的一种组织形式,近几年中国非常多的大型企业集团或公司也引进了这种组织结构形式,美的是中国国内最早引入事业部体制且获得成功的企业。

20 世纪 60 年代以来,随着大企业普遍向多元化经营发展,事业部组织结构被广泛运用。据鲁梅尔特对美国《幸福》杂志评出的美国 500 家大企业组织结构的调查,从 1949 年至 1976 年,采用事业部体制的企业所占比例从 20% 增加到 60%;到了 2020 年,事业部体制经营占比高达 70%。20 世纪 60 年代中期,日本大企业采用事业部型结构的比例占 35%,其中,一般机械、电机、造纸等行业的大企业采用事业部结构的比例高达 50%。到了 21 世纪,日本企业采用事业部结构的占比高达 75%,可以说,事业部体制是现代企业成长和规模不断扩大的产物,也是当代大型企业组织结构的主要形式之一。美的是中国国内做事业部最成功的企业之一,从 1997 年引入事业部至今,美的营收从 28 亿上升到 3457 亿元人民币,翻了近 100 多倍。1997 年为了统一思想,美的创始人何享健坚定地说:"美的只有搞事业部才有出路,事业部是美的必须要走的一条道路。"2008 年,何享健再次强调,如果没有事业部制,美的就没有今天良好的发展局面。

二、事业部的标准结构

事业部制是指以某个产品、地区或市场为依据,将相关的研发、采购、生产、销售等部门结合而成一个相对独立的组织结构形式。它表现为在总公司领导下设立多个事业部,各事业部有各自独立的产品或市场,在经营管理上有很强的自主性,实行独立经营和独立核算,是一种分权式管理结构。

事业部制又称 M 型组织结构(见图 7-1),即多单位企业、分权组织或部门化结构。从经营角度上说,事业部与一般的公司没有太大的区别,但须注意的是,事业部并不一定是独立的法人企业,而是总公司控制下的经营事业中心,拥有很大的经营权,能够像独立的企业那样根据市场情况自主经营。

事业部制又是内部企业家成长的"摇篮"。事业部拥有独立、完整的经营权,使事业部一号位实现责权匹配,成为"生意人""合伙人",并以"内部企业家"的思维方式、产业视野、管理格局来经营产业。

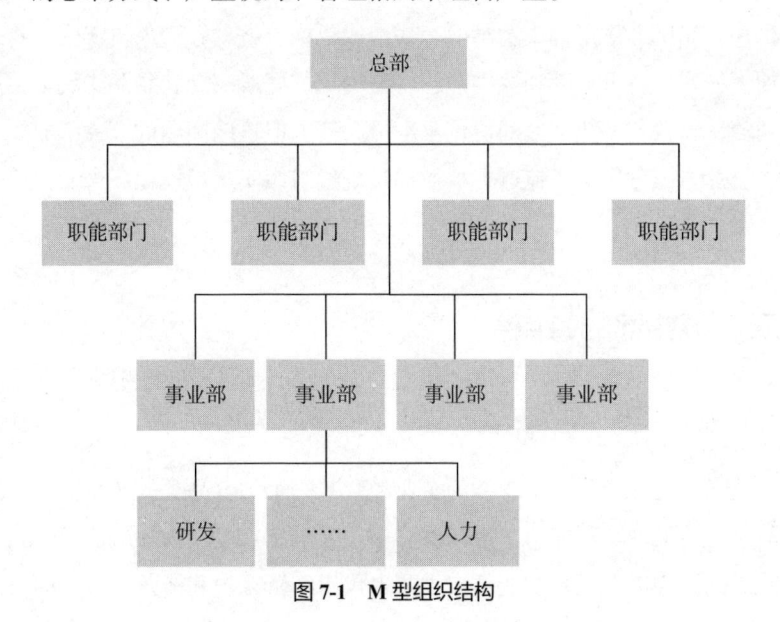

图 7-1 M 型组织结构

事业部下设自己的职能部门,如研发、采购、生产、销售、财务、人力等等,分散经营,独立核算,自负盈亏。因此,各事业部都可以看作一个经营管理上的独立公司。

事业部体制相较于其他组织模式,有以下优势。

- 权力下放,分权经营,有利于高层摆脱日常行政事务,集中精力研究企业的大政方针、战略问题、文化管理机制等。
- 各事业部独立核算,能充分发挥部门管理的积极性、主动性和创造性,提高企业经营的适应能力,实现产业的成功;尤其是在多元化的产业集团,事业部是最恰当的经营体制。
- 各事业部之间的竞争有利于提高公司的整体效率,对外有利于提升企业竞争力,将赛马机制发挥到极致。
- 有利于培养管理人才,真正实现人才密度、厚度的增强。

需要特别指出的是,尽管事业部组织结构对现代企业的成长与发展做出了重大的贡献,但它并不是完美无缺的,也存在诸多问题。比如,集团与事业部职能机构,如果上下定位不清晰,容易造成机构重叠,管理人员膨胀,管理费用增加;另外,各事业部独立性强,容易出现"屁股决定脑袋"式决策,忽视整体利益,导致各事业部之间协调难度增大等。但这些问题的解决都取决于治理水平。总体而言,瑕不掩瑜,事业部是现代组织实现规模化、多元化成功的必由之路。

三、事业部的特点

1. 经营性组织

事业部一定是经营性组织,为企业经营某一个细分品类的产品,并对该类产品的经营结果、盈利能力、市场占有率、客户满意度、人才成长承担相应的责任。因此,相对来说,事业部应主要聚焦于经营客户和经营人才,即对外经营客户(产品),对内经营人才(员工)。

2. 集团与事业部各自定位不同

在纵向关系上，按照"集中战略，分散经营"的原则，定位集团与事业部之间的关系。集团更强调做企业治理、战略、经营方向、干部管理、文化、机制体制，并负责上下打通工作。在事业部管理上，有三个重要的管理维度：一是量化目标管理，即以结果管理为主；二是战略、文化、体制机制及人才管理；三是"1+3+1"的组织管理，即总经理、财经、人力、战略营运及审计法务的一把手由集团任免。

事业部负责战略落地、产业经营、目标实现等工作。基于上述定位，集团与事业部的关系主要通过责权的清晰匹配来确定边界，并通过"1+3+1"的人才任免法来保证顶层设计的落实，既保证事业部活力，又保证经营管理不失控。

比如，美的就是用"12345"分权原则来定位集团与事业部的关系。通过清晰的组织分工定位及分层分级管理，既发挥了事业部的经营积极性，又能实现有效的结果管理和过程赋能。

3. 外部竞争内部化，内部交易市场化

在横向关系及价值链上下游，各事业部及事业部内部均为经营中心，实行独立核算。也就是说，实行事业部制，就意味着把市场机制引入企业内部，各事业部间的经济往来将遵循等价交换原则，结成商品货币关系，在集团的整体经营框架和原则上进行市场化交易，并确认经营成果。以美的空调事业部为例，其与威灵电机、美芝压缩机事业部均属空调价值链产业，但在美的属于不同的事业部，空调事业部向威灵电机、美芝压缩机事业部采购商品时，遵循市场法则进行交易。

4. 职能制结构组织

无论是集团总部的组织架构还是事业部内部的组织架构，都采取职能部门模式，其目的是使集团管理与事业部经营之间能产生一一对应的映射关系，实现上下打通，不出现混乱局面；另外从服务市场的需要出发，以确保研产销

采、人力、财经等形成价值链的前中后台,服务好市场,实现卓越运营。

四、事业部的管理模式及定位

我们接下来从事业部的视角探讨该模式下的责权定位。

1. 事业部与总部的关系

在事业部组织结构中,各个事业部具有独立的经营自主权,能独立进行生产经营活动、独立核算,是"独立的职能集合体"。而事业部又非绝对独立的单位,事业部的经营活动是需要在总部控制、监督下进行的,总部掌握着重大问题的决策权,具体关系如表7-1所示。

表7-1　事业部与总部的关系

	权限	管理内容	功能定位
事业部	相对独立的人财事权	研产采销、人、财、经营市场与用户	经营中心
总部	战略、文化、机制、体制	战略、发展方向、干部管理、文化	监控、协调与服务

2. 事业部与总部责权划分

事业部制的基本原则是"集中决策、分散经营"。因此,事业部制管理模式要明确责权的边界。

(1) 事业部经营责任

事业部经营责任包括产业经营责任、组织经营责任和风险管控责任。

产业经营责任包括营收、利润、现金流、市场占有率、客户满意度等。

组织经营责任包括人才发展、领导力建设、制度建设、文化落地等。

风险管控责任包括经营风险、法律风险、监管风险等。

(2) 集团对事业部的权力

集团对事业部有控制、监督职责,其权力体现在以下方面:

一是战略管理权，即总部对各个事业部在战略方向、重大战略性项目上具有决策权。

二是文化思想权，即要求整个公司只有一套思想与文化体系。比如，华为任正非一直强调放权分权的重要性，但是各经营单位的文化思想权一律归集团所有。

三是高层人事权，即总部对各个事业部高层管理人员，即著名的"1+3+1干部"有任免权、奖惩激励权等。

四是合理监控权，即总部对各个事业部有合理监控与稽查的权力，主要体现在财务监控、业务监控、高管职业经理人合规监控。比如，美的的三大约束机制就是监控权的系统化安排。

（3）事业部拥有的权力

▶ 产业经营权

▶ 产品定位权

▶ 市场定位权

▶ 渠道权

▶ 预算内的人财物审批权

▶ 团队考核与激励权

▶ 事业部内权力配置权

（4）事业部拥有的利益配置权

打破集团的大一统激励及分配模式，采取分灶吃饭是事业部体制的最大魅力之一。在集团整体原则指导下，事业部可以根据本事业部经营成果，按价值和工作成果进行二次分配，对内有利于激发员工动力，对外有利于各事业部赛马，形成"比、学、赶、帮、超"的氛围。

五、事业部的类型

事业部制是分级管理、分级核算、自负盈亏的一种体制形式，即一个公司按地区或按产品类别分成若干个事业部，从产品的设计、原料采购、成本核算、产品制造，一直到产品销售，均由事业部及所属工厂负责，实行单独核算,独立经营,公司总部只保留战略管理、人事决策、预算控制、监督大权及体制机制文化权,并通过利润等指标对事业部进行控制。也有的事业部只负责指挥和组织生产,不负责采购和销售,实行生产和供销分立,但这种事业部正在被产品事业部所取代。还有的事业部则按区域来划分。这里就完整的产品事业部和区域事业部做简单的介绍。

1. 研产销采一体化下的产品事业部制

产品事业部制结构是以企业产品的种类为基础设立若干产品事业部,而不是以职能为基础进行划分。产品事业部制是将与生产某一产品有关的活动完全置于同一产品部门内,再在产品部门内细分职能部门,进行生产该产品的工作,适用于具有若干生产线的大企业。研产销采一体化下的产品事业部架构如图 7-2 所示。

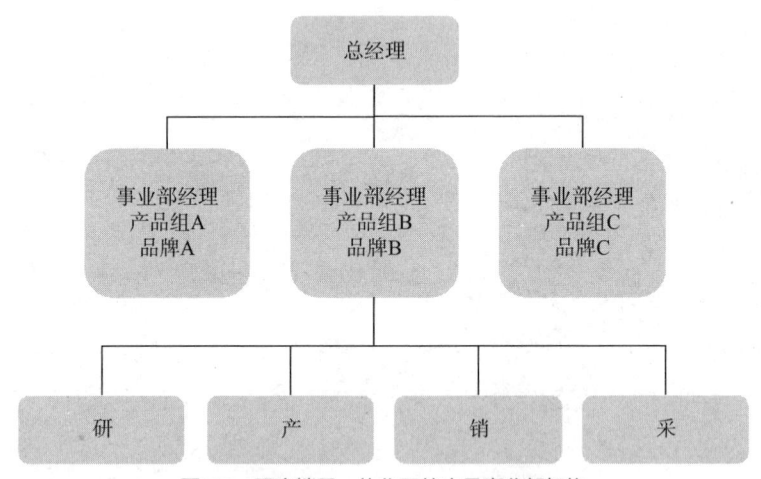

图 7-2 研产销采一体化下的产品事业部架构

（1）产品事业部制结构的优点

▶ 研产销采一体化;
▶ 生产与销售不同产品的不同职能活动可以通过事业部产品经理或营运经理来予以协调和配合;
▶ 各个事业部可以集中精力在其自身区域,便于协调与管理;
▶ 易于出售或关停经营不善的事业部。

（2）产品事业部制结构的缺点

▶ 各个事业部会因为争夺有限资源而产生摩擦；

▶ 各个事业部之间会存在管理成本的重叠和浪费；

▶ 若产品事业部数量较大，则难以协调；

▶ 若产品事业部数量较大，高级管理层会缺乏整体观念。

2. 区域（客户）事业部制

区域（客户）事业部制是指当企业在不同的地理区域，或针对不同类型的客户开展业务时，按区域式结构或客户结构开展业务。它按照特定的地理位置、特定的行业来对企业的活动和人员进行分类，适用于在不同地理位置、针对不同客户开展业务。其架构如图 7-3 所示。

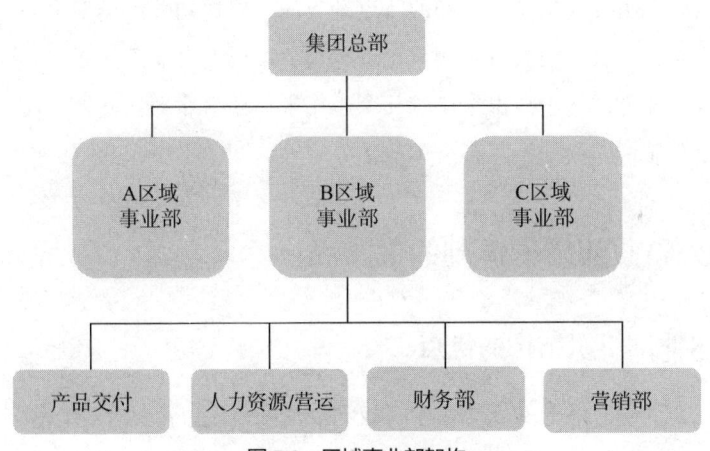

图 7-3　区域事业部架构

（1）区域（客户）事业部制结构的优点

▶ 在企业与其客户的联系上，区域事业部制能实现更好更快地决策，更容易进行管理；

▶ 与一切皆由总部来运作相比，建立地区工厂或办事处会削减成本费用；

▶ 有利于海外经营企业快速应对各种环境变化。

（2）区域（客户）事业部制结构的缺点

▶ 管理成本重复，人才需求量增加。比如，一个国家级企业被划分为 10

个区域事业部，则每个区域事业部都需要一个财务部门；
▶ 最高管理层有时难以处理跨区域的大客户事务；
▶ 分部有时不能充分利用人事和财务等。

除此之外，事业部的具体形式还有很多，例如：第一，子公司型的事业部。这类事业部实际上是一家独立的公司法人。它有着独立的经营机构和独立的利益，但同时又是作为母公司的一个事业部而存在。第二，零部件型事业部。这是产品事业部的延伸部门，一般适用于大批量生产某种产品的企业。第三，工程型事业部。这是按照生产过程中不同工程的特点分割后形成的负责某一特定工程的自主经营单位。汽车制造业通常采用这种形式，如发电机、车身、喷涂、总装等事业部。第四，市场型事业部。这种类型的事业部主要是从产品销售出发，按不同市场的特点划分的。市场划分的类型很多，可按地区、顾客、产品、配销渠道等因素进行分类。市场型事业部的建立，要求对市场进行科学细分，从中找出主要的几个市场来建立事业部。此外，还有客户型事业部、营业型事业部、品牌型事业部，等等，在此不一一介绍。

六、事业部经营体制的优缺点

1. 事业部组织结构的优点

第一，事业部最大的优势在于责权利的清晰匹配，激活了组织，激发了人的潜能、善意、创造力，更有效地经营产业，实现产业的成功，市场的成功。

第二，各事业部都有自己的产品和市场，能够规划其未来发展，也能灵活自主地适应市场，做出快速反应。所以，这种组织结构既有高度的稳定性，又有良好的适应性。

第三，事业部制有助于最高领导层摆脱日常行政事务和直接管理具体经营工作的繁杂事务，而成为坚强有力的决策机构；有利于控制全局，同时又能使各事业部发挥经营管理的积极性和创造性，从而提高企业的整体效益。

第四，事业部制有利于培养全面管理人才，为企业的未来发展储备干部。

事业部负责人虽然只负责领导一个比所属企业小得多的单位,但由于事业部自成系统、独立经营,相当于一个完整的企业,所以他会经受企业高层管理者面临的各种考验。

第五,事业部作为利润中心,既便于建立衡量事业部及其经理工作效率的标准,进行严格的考核,又易于评价每种产品对公司总利润的贡献大小,用以指导企业发展的战略决策。

第六,事业部制有利于提高管理效率和企业经济效益。事业部按产品划分,便于组织专业化生产,形成经济规模,采用专用设备,并能使个人的技术和专业知识在生产和销售领域得到最大限度发挥。

第七,各事业部门之间有比较、有竞争,由此可以增强企业活力,促进企业的全面发展。

第八,各事业部自主经营,责任明确,使得目标管理和自我控制能有效地进行,在这样的条件下,高层领导的管理幅度便可以适当扩大。

2. 事业部组织结构的缺点

第一,事业部制增加了管理层次,造成机构重叠,管理人员和管理费用增加。

第二,由于各事业部独立经营,出于利益关系,各事业部之间的协作性较差,各事业部之间人员互换困难,难以相互支援。

第三,各事业部经常从本部门利益出发,容易滋长不顾公司整体利益的本位主义和分散主义倾向。

七、事业部制的适用范围及建议

1. 适用范围

事业部组织结构既有优点也有缺点,公司应根据其实际情况判断是否适用。公司选择事业部制,应考虑以下方面条件:

(1)公司具备按经营的领域或地域独立划分事业部的条件,并能确保各事业部在生产经营活动中的充分自主性，以便能担负起自己的盈利责任。

（2）各事业部之间应当相互依存，而不能互不关联地硬拼凑在一个公司中。这样，各事业部间才能互相促进，相辅相成，保证公司总体的繁荣发达。

（3）公司能有效地保持和控制事业部之间的适度竞争。

（4）公司能利用内部市场和相关的经济机制，如内部价格、投资、贷款、利润分成、资金利润率、奖惩制度等来管理各事业部，尽量避免单纯使用行政手段。

（5）公司经营具备较为有利和稳定的外部环境。可以说，事业部制组织结构有利于公司的扩张，但相对不利于集中力量办大事，比如数字化转型。

2. 应用建议

企业集团选择事业部制管理模式时，应注意以下问题：

（1）企业集团本部要强化人才培养，为事业部输送优秀的管理人员，尤其是第一因人才。在事业部制管理模式下，企业集团本部在很大程度上是一所大学，结合各个事业部的特点，专门培养综合管理人才，之后要做的事就是把合适的人放到合适的岗位上，解决事业部综合管理人才不足的问题。

（2）企业集团本部要加强数字化建设和流程建设，加强对事业部生产经营全程的监控，避免对事业部的管理失控。一方面，数字化建设要结合全面预算管理的信息化建设，尽快从会计统计角度向财务管理角度转变，面向未来提供财务数据；另一方面，要拉通流程，流程化管理将有利于统一事业部的管理标准，提升经营效率。

（3）企业集团本部职能部门人员和事业部职能部门人员要加强例行与非例行沟通。例行沟通就是指集团与事业部之间有明确的信息上浮管理机制，非例行沟通则强调问题导向型沟通，通过各类沟通，加强信息交换，互通有无，减少因人才闲置造成的人才浪费。

（4）企业集团本部要研究对事业部的分权，加强管理机制建设，平衡集中管理与分权管理的范围。企业集团要有"制度胜于技术""经营大于业务"的理念，用制度划分企业集团本部和事业部的职责权限。事业部制的管理不是放养式管理，不是把企业集团划分成几块、各自为战的经营方式，而是企业集团为了提高管理水平和管理效率，有选择地推行的分权管理模式。

（5）企业集团要强化整体意识，做好各事业部间的裁判。企业集团是一个整体，好比运动场，各个事业部好比运动员，参赛各方都是企业集团中的一员。因此企业集团在强调内部竞争的同时，要协调好各方的关系，做好裁判，既要鼓励事业部取得成绩，又要协调事业部之间的关系，维护企业集团整体利益最大化。

总之，事物都有两面性，事业部制管理模式也有其自身的优缺点。企业集团在选择事业部制管理模式的同时，要清楚地知道其优缺点，扬长避短，强化管理，运用数字化管理手段，建立集权与分权的管理制度。总体而言，目前为止，事业部是企业实现多元化、生态化、规模化的最佳经营体制和组织模式，是能真正实现复制自己、融合他人的经营体制。

八、如何构建事业部模式

推进事业部体制是一项顶层设计，涉及责权利的匹配、经营重心的变革、人财事权的重新匹配、人才与团队的重组，还需要有IT、流程、全面预算、文化等重大"软硬件"支撑，是一场重要的经营体制变革。很多企业没有意识到这一点，以致将其变成"穿马甲""新瓶装老酒""换汤不换药"式的组织架构调整，不仅增加了成本投入，而且导致经营组织之间产生隔阂，没能享受到变革红利。

事业部变革属于一把手工程，需要一把手具备卓越的领导力、变革的决心和事业部体制的设计管理能力。在这个过程中，一把手会遇到思想不统一、反对声不断、短暂的业绩不振甚至下滑、人才储备不足、不适应新的经营方式与管理模式等多方面困难与挑战。这些困难和挑战无时无刻不在侵蚀着一把手的内心，这对一把手的心智是巨大的考验，此时，聘请"外脑"是一个必然选项。

美的是中国推进事业部体制最成功的企业之一。"可以说没有事业部制，美的就没有今天良好的发展局面"。何享健曾如是说。

九、如何构建强大的经营体制

如何构建一个强大的经营平台呢？这是所有管理者都面临的重要课题。根据笔者 20 多年的实践，我们认为需要把握好以下几个关键点。

第一，经营重心落在集团还是经营单位？这决定了责权利的匹配与定位。如果采取集团直线职能管理模式，则经营重心在集团，权力相对匹配给集团，即采取相对集权制；如果经营重心下移至下级组织，则业务单位是经营重心，那相应的责权要匹配至业务单位。责权利的匹配决定了组织架构设计、流程设计、制度安排、人员配置。

第二，到底分权还是集权？可以从以下维度思考，如果产业复杂、规模庞大、跨区经营，且赛道处于成长期，建议采取分权经营，重心下移，拉开组织，这样有利于获取市场机会和经营空间。如果产业单一、业务标准化、竞争集中，则建议采取集权经营，这样有利于集中资源，发挥统一、协同优势。

第三，要不要分层分级管理？对于传统制造业、产研销一体化企业，由于价值链较长，管理难度较大，建议采取分层分级管理，以提高组织的协同性。

第四，业务组织与管理组织的关系如何定位？我们再引入公式思维，强大的经营组织 = 业务组织 × 管理组织。业务组织的职能是研产采销，管理组织的职能则是战略营运、财经管理、人力资源管理、工厂管理及审计合规管理。我们将经营组织公式化为二维矩阵，如图 7-4 所示。

从图 7-4 中我们看到，强大的经营能力基于业务组织和管理组织的高度协同与匹配。业务强而管理弱的组织，企业经营不具备持续竞争力；管理强而业务弱的组织，则属于务虚型经营组织，应立即抛弃。

因此，管理组织与业务组织一定要保持好平衡。在现实企业中，大多数公司业务组织要强于管理组织，管理职能部门权力小、人少、工资低，导致业务拖着管理跑，越跑越慢，这类公司往往很快进入瓶颈期，无法实现高速增长。这类公司大多都属于民营企业，老板在创业期并不需要组织管理，招人、用人、考核、财务都由老板自己处理，单点管理速度快、成本低、效率高，这种经验依赖一直主导老板的心智模式，从而使其长期轻视管理，导致企业效率越来越低，管理成本越来越高，员工信心越来越不足。全公司看老板一

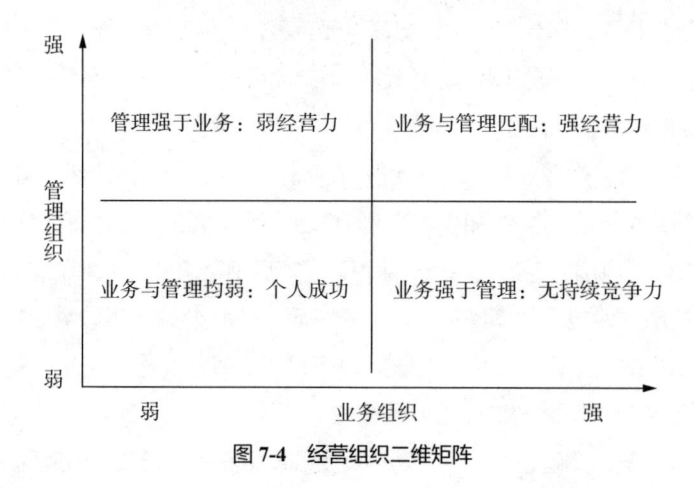

个人做事，相互不买账，这样的组织无持续经营能力，也无法持续成功。

	弱 业务组织	强
管理组织 强	管理强于业务：弱经营力	业务与管理匹配：强经营力
管理组织 弱	业务与管理均弱：个人成功	业务强于管理：无持续竞争力

图 7-4　经营组织二维矩阵

CASE 案例

美的事业部体制建设

美的事业部制始建于 1997 年，时逢美的在市场中遭遇败绩，经营业绩大幅滑坡。在此前的 1994 年、1995 年，美的空调的全国销售排名在第三、第四名左右，到 1996 年却落至第七位，1997 年空调销售台数和销售收入更低于 1996 年。当时，中国早期的空调大王华宝因业绩下滑及顺德市产业整合等原因被科龙收购，空调行业界和顺德企业界都风传美的也要被科龙收购的消息。此前一直保持强劲增长势头的美的危机重重。这一阶段的美的和中国其他企业一样，采取直线式管理，对于所有的产品，总经理既抓销售又抓生产。在公司发展早期，这种集权式管理曾对公司发展起到了推动作用。

随着企业规模的扩大，美的业务扩展到包括空调、风扇、电饭煲在内的 5 大类 1000 多种产品。这些产品仍然由总部统一销售、统一生产。由于各个产品的特点各不一样，而销售人员又需要同时在区域中负责多项产品，总部各职能部门对应全部产品，导致工作上出现专业性不够、工作重点不明确等问题。当时的销售公司只负责产品销售业务，而集团专门成立了广告公司负责市场推广，服务公司负责售后服务，而产销计划则由经营管理部负责，这样在很大程度上造成了销研产的脱节。以董事长、总裁何享健为首的美的高层经过调研和反复论证，最终决定建立事业部制组织结构。

1997年1月，空调业务从总体业务中分离，成立了空调事业部。同年7月，风扇事业部又应运而生，后来电饭煲业务也划归风扇事业部。此后，新上马的饮水机、微波炉、风扇、电饭煲业务一起组建了家庭电器事业部。到了2002年，家庭电器事业部下设电风扇、电饭煲、微波炉等6个分公司，年销量达到3000万台，销售额由最初的不到10亿元上升至40多亿元。随着公司业务的发展，厨具、电机、压缩机等其他几个事业部也纷纷成立。

2001年，美的集团正式拆分为两个集团公司（美的股份和威尚集团）和一个投资公司（美的技术投资公司），美的股份下设6大事业部：空调、家庭电器、厨具、电机、压缩机和磁控管事业部，这是原美的集团公司的主要部分资产，约占集团公司资产的70%。新设立的威尚集团下设9个公司：电子、物流、房产、电工、家用电器、管理咨询、钢铁配送、环境设备、工业设计公司，主要涵盖集团中非上市公司资产及一些新的产业。

2002年7月，美的将家庭电器事业部按产品一分为四：风扇、饮水设备、微波炉和电饭煲事业部。

美的一位中层干部认为，在全球化市场的大背景下，随着美的小家电越做越大，产品策略分工不清晰及对市场的反应速度不够快的缺点正越来越突出，因此必须改革小家电的经营策略和经营模式，改革的方式之一就是集中优势资源，按产品划分，组建组织简单、反应迅速的事业部，实现研产销一体化。

2002年10月10日，冰箱事业部也从空调事业部中拆分出来，原空调事业部副总经理金培耕担任冰箱事业部总经理。美的冰箱事业部的建立延续了美的事业部制的一贯管理逻辑：以产品为主线成立事业部，实行专业化运作；对事业部充分授权，明确权责利，独立经营和核算，调动经营者活力。作为制冷产品的冰箱，与空调之间有很多共性，因此拆分前的冰箱业务寄身于空调事业部。美的原本意欲在统一的平台上，使冰箱业务的运作在采购、生产、营销、品牌建设、促销、物流等各个环节上都与空调业务有最大限度的资源共享。比如在销售上，许多区域由原来的空调销售人员负责销售冰箱，冰箱渠道基本与空调渠道重合。然而，尽管冰箱产品投放市场后销售网点迅速扩张到 1000 多个，但业绩并未达到原定目标，其市场预期也因此一再调低。冰箱的销售特点，如销售季节、渠道也并未如人们想象的与空调基本一样。此外，在销售人员业绩考核中，空调仍然占有大部分的比例，冰箱业务的完成情况对业务员的绩效考核影响并不大，导致销售人员用于冰箱销售的精力有限，不可避免地影响到冰箱的销售。同时，在其他方面实现资源共享的初衷也并未实现。因此，美的最终还是决定将冰箱业务从空调事业部中拆分。

这样，美的按照产品逐步建立了事业部体系。各个事业部在集团统一领导下拥有自己的产品和独立的市场，拥有很大的经营自主权，实行独立经营、独立核算。事业部既是受公司控制的利润中心，又是产品责任单位或市场责任单位，对销研产及行政、人事等管理负有统一领导的职能。此外，各事业部内部的销售部门基本设立了市场、计划、服务、财务、经营管理五大功能模块，将以上功能放到销售部门，形成了以市场为导向的组织架构。

事业部制的建立使美的集团总部脱身于日常琐事管理，将主要精力集中在总体战略决策、机制建设、文化共识、投资、各事业部核心管理层任免的人事权及市场的统一协调工作上。

以集团总部的品牌市场部为例，它并不参与各个产品的具体销售，只负责美的整体形象的推广和全国各地销售网的协调。在分公司，国内市场部只派出商务代表负责当地政府公关事务及协调各省销售工作。

事业部制改造被认为是美的近年来异军突起的主要原因。2001 年，美的集团的销售收入突破 140 亿元，是 1997 年的 4 倍之多。空调连续 5 年跻身国内市场前三名，牢牢占据着第一阵营的位置。压缩机、电机、风扇、电饭煲、微波炉等产品也在国内市场拥有很大的占有率。

事业部制由通用汽车首创，由"经营之神"松下幸之助发扬光大，其后风行于产品多元化的企业中。然而，近年来，松下公司却欲终结事业部制，主要原因是庞杂的产品线形成了 200 多个事业部，总部要掌控它们显得力不从心——各事业部间相对独立，彼此相互渗透，产生了严重的业务重复等诸多弊端。

而美的之所以延续事业部制的管理逻辑，是因为美的目前产品线没有松下庞杂，也没有出现松下的管理困境。同时，这也和美的创始人何享健对美的推行事业部制的原则一脉相承：集权有道、分权有序、授权有章、用权有度。何享健认为在集中关键权力的同时，要有程序、有步骤地考虑放权。对于授权给什么人、这个人具体拥有什么权力、操作范围有多大、流程是什么样的，都应该有章法可循。这种对于权力的制衡既能防止权力过度集中，又能杜绝放权后的权力滥用和失控。美的认为自身可以在以上原则下解决权责利关系，协调好各事业部之间及总部和事业部的关系，避免事业部的弊端形成。比如，在投资方面，美的集团总部设立的资金管理中心严格控制了集团的资产，对利润和资金进行集中管理。事业部虽有独立的投资权，但每一年都要提前上报投资规划，由集团的企划投资部根据一年的投资规划统一安排。

何享健对于分权曾有这样的认识：企业分权离不开一些必要的条件。一是要有一支高素质的经理人队伍，能够独当一面；二是企业的文化认同感强；三是企业原有的制度比较健全、规范；四是监督机制非常强势。他说："具备了这些条件，就不用怕分权。能走到哪里去呢？总会有限度的。"

约 2002 年 8 月，美的最大的、也是拥有子公司最多的事业部——空调事业部推行了事业部本部制，在事业部内部成立了 3 个本部：国内营销本部、海外营销本部和制造本部，将原来二级子公司相对分散的管理以本部为中心进行统一管理。比如，制造本部将顺德的本部工厂和芜湖工厂统一起来，并把原来的电子科技公司微创合并过来进行集中式管理；研发部门保留基础研究模块，将对应于各项目研发的项目组放到相应本部，如将研发家用空调的项目组放到制造本部，研发出口空调的项目组则放到海外营销本部。事业部也将管理、人力资源、研究等职能相对集中到事业部进行统一管理。以招聘工作为例，原来各二级子公司可以自行招聘人员，报事业部备案，现在则统一由事业部来进行。同时，事业部派驻代表到各事业本部进行协调。

自从建立事业部制以来，美的组织结构始终在调整，而每次调整都是围绕权力的收与放进行的，权力收放的另一面则是责任和利益的转换与变化，而这种转换与变化取决于外部环境变化及企业战略之间的权变。

（以上材料选编自 2002 年 10 月 28 日《21 世纪经济报道》和 2002 年 6 月 10 日《21 世纪经济报道》，原文有删减。）

Chapter 8
第八章 业财融合财经管理

1897年，美国财务学者托马斯·L.格林出版了《公司财务》，该书被认为是最早的财务著作之一。1910年，米德出版了《公司财务》，主要研究企业如何有效地筹集资本，该书为现代财务理论的形成奠定了基础。

进入近现代，财务管理已远远超越了原来的管理边界，优秀的公司财务不再仅仅负责记账、报销、核算、成本控制管理，而是全面实现"业财一体化"，即为业务赋能，成为业务合作伙伴。财务管理部已经在战略落地，在经营预算、资源精准匹配、经营管理、成本分析、税务筹划、资金筹划、风险预警、经营质量改善等方面全面赋能，成为一个强经营性组织。

在上一章中我们提出，一个公司经营持续成功，通常要做到一手抓业务，一手抓管理，两手都要硬。产研销的成功，就是业务的成功；财务、HR、战略营运管理（目标管理）的成功就是管理的成功。只有业务与管理齐头并进，公司才能健康发展。

有些公司也将财务管理叫作财经管理，这说明财务要进一步深入经营。财务管理与经营管理深度融合后，在一定意义上讲，财经管理就是一个企业经营工作的承载中心，并与产研销采等部门形成完整的经营组织。

本章据此着重讨论六个重要课题，分别为：财经管理整体原则、财经"4+1"管理框架、财经管理十大价值、全面预算管理及财经未来发展方向。

一、财经管理原则

财经管理部门是公司经营管理的重要支撑部门，对经营计划的实施、全面预算的执行、数据化管理、经营策略实施等都有着重要的作用。财经管理部门既是业务、经营的赋能部门，又是风险管理的守护部门，要平衡好这些不同角色，应关注以下几个重要原则。

一是业务指挥权和专业管理权分离原则。一个事业部或者一个分公司的财务有两个上级领导，业务上听经营单位一把手指挥；专业管理上听上级组织指挥，这样就确保了财务既有业务赋能性，又有风险管控属性。

二是上下打通一体化管理原则。财务具有"一竿子到底"的功能，上级财务管理部门对下级财务负责人具有人事任免、晋升、薪酬绩效最终决定权，这样就确保下级财务负责人能听从上级指挥。同时，为了支持事业部完整的经营权，事业部财务负责人必须"屁股坐在上一级组织，大脑用在下一级经营单位"，全面支持事业部的经营工作，且事业部负责人对财务负责人的绩效、任职资格均拥有重要的决定权。美的对财务的双重身份要求，使得财务负责人需要在上级组织和所在组织之间进行平衡和角色转换，以确保"正确的角色做正确的事"。这一点又对财务负责人的"职业情商"提出了更高的要求和期待。

三是分层分级管理原则。分层分级管理是一门艺术，需要清晰的组织定位和分权机制做支撑。通常来说，美的集团财务主要负责建章立制，即定规则、建标准、做支撑、强赋能。实际经营和业务层的工作，通常交由各事业部和各经营单位、分公司，各经营单位在集团的指导下，做业财一体，做预算执行和经营支撑，和业务单位一起完成价值创造、经营结果交付工作。

四是责权匹配管理原则。在职责管理上，坚持"责权匹配"管理。财务系统的职责边界和权力边界需要有非常严谨、系统的规定，一方面是为了确保财务系统能够完整精准地履行其职能，减少与业务单位的矛盾，实现各负其责、各司其职；另一方面是为了确保财务的过程管理、监督管理、风险管理不失职，不出现系统性风险。

二、财经"4+1"管理框架

财经管理由4个功能系统和1个组织系统构成，分别为：财务会计、管理会计、资金与金融、税务功能系统和组织体系建设。

财务会计简称"财会"，就是负责核算、报销及财务数据、发票等的管理。这里要特别强调财务的数据治理与信息化建设，这不仅仅是财务管理的基础，也是企业经营管理的数据底座，倘若一个公司的财务数据经不起推敲，将严重影响经营决策并带来重大经营风险。

管理会计也称经营会计，是企业经营管理的关键支撑体系，而目前中国大多数公司的财务管理部门缺失此职能。管理会计更侧重"经营"定位，因此，很多公司又将财务管理部改名为"财经管理部"，目的是使其在成本、效率、风险、决策支持上发挥专业且重要的价值。除此之外，管理会计只有将财务系统的战略、计划、全面预算、经营分析等做实做强，财经管理部门才算把经营属性发挥得淋漓尽致了，也能将这个部门做起来了。美的的财经管理在业内非常有名，其原因就在于将经营管理的功能发挥到了淋漓尽致的地步。

资金与金融中心强调现金流管理、投融资管理、并购和投资管理。需要强调的是，这并不意味着并购、投资、资本运作均由财务完成闭环，前端还要有战略和专业部门输入，后端还要有经营组织承接。很多公司在这个问题上含糊不清，反而使投并购这种专业而又"烧脑"的工作"财务化"了。

税务管理强调合规，并进行必要的税筹。

财务组织体系建设包括财务一体化管理、体系管理、职能定位、组织架构、流程体系、人才发展、团队建设、绩效与激励、机制建设等。很多公司将这一工作交由人力资源业务合作伙伴来承接，但是在美的等公司则是由财经管理体系内部承担，一般采取兼职的方式完成这些工作。

与此同时，财经管理本身对其他经营组织和职能部门又扮演着业务合作伙伴的角色。如何将财经功能建立在业务与经营组织上，并真正发挥业财一体化的价值，是所有企业一把手和财经管理一号位要思考并实践的重点工作。总体来说，有四大发力点：责权利的清晰匹配，机制的拉通，流程、制度等体系的打通，人才与团队的深度融合。这也是华为强调的"支部建在连上"组织策略。

三、业财一体化的十大价值

1. 高价值定位

财务管理在企业科学化管理中中心地位的确立，在相当程度上取决于企业领导人对财务管理的认识和重视程度。从实际情况看，无论是国有企业，还是民营企业或其他经济类企业，凡是企业财务管理作用发挥得好的，都有一个共同的特点，那就是企业领导人对财务管理工作高度重视，企业整体管理水平、经营水平、经营质量也比较高。

许多成熟的优质企业采取高度分权模式经营，分权经营的一个典型基础能力就是要做数字化管理、结果导向管理，而经营结果和数字往往就体现在财务端口，比如营收、利润、现金流、资产效率等。因此，无论是一号位还是其他高管，看财务报表和分析经营数据是每天的必修课，通过财务结果反推过程管理，通过财务数据来判断业务过程的有效性、合理性。所以无论是作为创始人，还是经营一把手，其在财务管理上的基础投入、专业能力建设、人才发展、分权管理都体现出了财务管理的重中之重的地位。

2. 有战略思维

财务是战略解码后生成年度经营计划的第一个承接部门，所以财务必须吃透战略管理的所有细节，以及公司营销、制造、研发、投资各个环节，以确保从年度经营计划中进一步生成全面预算。从三年滚动发展战略到年度经营目标实现，需要能力匹配和资源保障。以年度全面预算和责任制 KPI 牵引为核心的经营机制就是财务管理部、人力资源部、战略营运部要共同完成的关键工作，也是保障战略目标最终实现的关键。

所以优秀的财务人员，要充分熟悉战略管理，并深度解析战略管理的全过程及细节，形成最终年度全面经营预算，甚至有些公司财务一把手还兼管战略部门，可见财务部门一定要有全局思维。全面预算是财务的重要管理工具，其工作质量将影响整个经营结果，精准的预算既能深度承接战略落地，又能有效指导全年经营过程。也就是说，这样做出来的全面年度预算，对全年经营过程有非常强的牵引和指导意义，是年度经营过程的准绳。倘若财务不懂战略，不介入战略管理，做预算时就像无源之水、无本之木，做出来的预算饱受诟病，对资源配置、目标分解、投资规划等不仅不具备指导作用，甚至还会阻碍业务的发展。

财务懂战略，需要有机制保障。通常在每年 8 月底做三年战略发展计划时，财务要深度参与这一过程，具备商业洞察，熟练运用 SWOT、PEST、五力分析、波士顿矩阵等战略工具，这样的财务才足够专业，才能得到各业务部门的尊重。

3. 精于全面预算

基础的预算工作，如经营预算、资本预算（投资预算）、筹资预算等，相信大家都并不陌生。我们在此重点强调公司预算与计划的关系，具体表现在两个方面：一是公司战略计划是资本预算和年度预算的基点和前提；二是预算是具体化的公司战略计划，是年度经营计划的落实，是以数据形式反映的计划一揽子方案。

4. 力保经营目标实现

财务管理部门要力保经营目标实现，就需要真正做到业财融合、业财一体。仅从预算的角度上看，财务要深入战略，了解市场，模拟下一年经营场景，对业务资源、人力配置、资源供给、供应链资源、制造资源、研发资源等进行深度研究分析，并进行"物理"组合协同，生成"化学合成"的经营预算。这个预算在一定意义上相当于经营计划书。由于预算具有弹性，加上财务本身熟悉业务，一旦在年度经营过程中经营环境发生巨变，财务管理部门将根据预算及大数据，向业务团队指出数据背后的问题及改善方向，以确保目标执行的刚性。在这个过程中，无论财务管理部门还是首席资源预算官，他们将根据实际经营情况，对资源进行再匹配，做"精准施政"，将资源配置到业务最需要的地方，真正和业务融为一体，赋能业务，支撑业务，以确保目标的达成。

5. 懂业务

懂业务是每一个财务从业人员的基本素养。很多公司以市场为大、业务为大，业务部门通常较强势。但财务也需要强势，在风险防控时，财务要充分理解业务、熟悉业务，在业务和管理之间、经营与风险之间、灵活与刚性之间找平衡点，做出正确的判断，遵循规则、坚守底线、防控风险，支持业务发展。公司经营最怕"一边倒"：要么业务强大以致管理边缘化，要么管理强大以致业务无法开展，这都是不可取的，甚至是致命的。

6. 会贯通

上下打通，前后拉通，这是财务管理的又一个价值点。上下打通是由财务的组织架构与职责决定的。财务组织采取上下矩阵结构，并实施管理权和指挥权分离，这一点和华为的"双向指挥系统"有异曲同工之妙。

比如美的管理法中有三个重要抓手：财务、HR、战略营运，这三个职能和角色均采取管理权和指挥权分离的管理模式。行政管理权归矩阵上级，业务指挥权归本组织一把手，二者相得益彰、相互平衡。这种设计非常符合组织设计原理及事业部分权经营的管理哲学。组织管理学中有一个非常重要的原则：不相容岗位（职能）相分离原则。在实施事业部分权经营后，财权下放力度也会随之增大，这就要求财权的过程监督系统发挥更大的作用。只有这样，才能有效控制财务风险，实现制衡。监督系统如果不能有效发挥价值和功能，后果将是灾难性的。

7. 能落地抓执行

落地，用专业管理术语来说就是实现闭环的意思。财务管理是经营落地、目标落地、数据闭环的重要抓手。众所周知，无论是战略目标，还是阶段性经营目标，都是能力、资源、目标三者之间的时空配置，配置越精准，目标实现越顺利，业务和财务之间矛盾越少。财务与战略营运部、人力资源部相互协同，将经营需要的能力、资源与目标进行精准、动态匹配，可以为业务前端"打仗"提供及时、动态、精准的"武器、兵力"供给，目标落地自然水到渠成。

8. 严格控制风险

控制风险是财务的核心职责之一，财务管理一般可以从以下几个维度来控制风险，形成一条"护城河"。

一是定机制、立规矩。无规矩不成方圆，在企业文化建设中，让员工敬畏规则显得尤为重要。公司在财务管理过程中应该设置一些面向全体员工的行为原则和底线，比如："先审批再执行，严禁先执行后审批""谁审批、谁负责"；财务数据做假或做假账是触犯红线的，立即辞退；拒绝或阻碍上级单位或部门对其进行正常监督和检查的，直接贬职。

二是定流程。只要是花钱的流程，财务管理部门都要提前审核而不是事后监管。也就是说，所有花钱的流程，无论是在预算内还是在预算外、无论金额大小，财务都要予以审核或审批，以确保预算可控。

三是资产资金安全。财务对资金安全，如存货周转效率、费用使用进度、固定资产周转率或收益率等风险都要从严、实时控制。

四是守底线。财务将代表公司守住公司管理制度的底线、国家法律的底线。

9. 提效率

资产效率主要由财务管理部门来承担关键绩效指标的考核，其核心指标包括产能利用率、制造费率、管理费率、库存周转率等。对于这些指标，财务管理部门需要建立全流程、全过程、全域的管理体系，并通过关键绩效指标考核、过程持续通报、预警，甚至严格考核和处罚，来确保公司资产的高效运行。

10. 降成本

降本增效是制造企业的基本功。降本增效成功的做法是通过机制和制度设计，将该理念全面渗透至所有的业务部门和管理部门，而财务管理就是降本增效的驱动引擎。在降本增效这项工作上，财务通过大数据分析，提供最佳实践方案给各部门，牵引各部门做出改善计划。比如，对供应链成本的数据分析可以精确到"分"，如一个塑料件的成本为 11.25 元，数值精确到小数点后两位，这种深度分析非常有利于为业务单位输入精益制造的思维和管理方法，这本身就是一种赋能，假定一个事业部一年可能会用到 1000 万件该塑料件，则降本超过 10 万元。由此可见，制造企业的成本控制，就是积少成多、集腋成裘的过程。

四、全面预算管理

全面预算起源于英国《大宪章》，主要用于英国皇室的财务管理。20 世纪初，通用电气正式创立全面预算财务管理制度，后来陆续在杜邦、通用汽车公司广泛使用。美国著名管理学家戴维·奥利说："全面预算管理是为数不多的几个能把组织中的所有关键问题融合于一个体系之中的管理控制方法之一。"

1. 全面预算对于现代企业的五大价值

全面预算是现代企业基于经营目标，对企业能力、资源、费用、策略按时间、组织、责任主体进行深度预演预排，从而获取更大机会、更小风险、更高效率、更灵活管理的一套现代化经营工具。全面预算具有五大价值。

一是更精准地抓取市场机会。全面预算会根据各预算主体目标，将资源、能力、费用、人才及相关权力深度配置给预算主体及各业务单位，从而确保各业务负责人根据市场节奏和竞争态势，灵活精准地投入资源，实现经营目标。

二是更及时地防范经营风险。全面预算严格按预算体系进行资源、能力、权力的配置，并且通过一系列动态的控制、纠偏机制，实现经营问题早发现、早防范、早纠偏。这也是美的 20 多年来在经营系统中鲜有重大经营风险的主要原因之一。

三是使企业经营从人治走向法治。全面预算是将企业家个人经营思维导向组织标准化管理的重要工具。没有做全面预算的企业，其经营有典型的个人意愿性、随意性和一定的"情绪性"。有了全面预算后，组织可以按照全面预算的计划、节奏、流程推进经营工具，由原来企业老板对"柴米油盐"进行精打细算，变成组织下的各经营主体"精打细算"，经营工作上升到组织行为，经营从人治走向法治。

四是降本增效，开源节流。实施全面预算的企业，其经营目标具有计划性，资源按目标进行精准匹配和投入，预算主体则根据市场和竞争需要灵活精准地投放资源。全面预算的经营分析职能，则通过及时对动态的经营数据进行"无死角"分析，从而更快地发现"跑冒滴漏"和"效率死角"，并采取纠偏措施。比如，美的财务的经营分析职能配置于各级财务组织，并与业务深度融合后，能成为经营管理者的有力助手、抓手，及时从大数据中发现问题，解决问题，尤其是美的财经数字化，为降本增效、开源节流的驱动"插上了翅膀"。

五是为绩效管理提供依据。实施全面预算以后，预算中的各项数据是各级主体、组织考核目标的依据，对考核的公平公正性起到了支撑作用。在笔者服务过的企业中，有一家上市公司在两年里无法精准地确定考核目标，导致年度责任制迟迟不能落实，就是全面预算的缺失或不精准造成的。

2. 如何开展全面预算

第一步，成立预算组织，召开预算启动会（自上而下）

全面预算是全员、全年、全要素参与的经营活动，因此，刚导入全面预算的公司应成立一个以一号位为首的领导小组和执行小组。领导小组组长一般为企业董事长或总裁，他可以拉动整个组织和资源推进全面预算工作。执行小组组长一般由首席财务官或财务总监担任，各业务单位一把手、财经业务合作伙伴为小组成员，业务单位一把手一定要深度参与进来。全面预算也是经营管理的工具，因此必须建立在全面理解预算背后的目标、实现路径、关键策略、资源配置等的基础上。

第二步，下发预算总指引（自上而下）

这一步的关键动作是：财务主导，战略管理部协助，一号位审批，形成年度总预算整体原则与指引。这一步最难的是对预算目标的确定。目标数据要经得起推敲，禁得住质疑，这是预算目标达成上下共识的关键。因此，预算总指引的编写要由财务一号位亲自主导。财务既要对上一年预算执行情况进行全面分析，也要从行业增长、标杆增长等角度做对比分析。因此，企业要对预算前的"施工工序"——经营计划书进行系统规划，小心求证。经系统论证后，预算目标就有"底"了。

第三步，经营单位编制并上报预算初稿（自下而上，上下交互）

经营单位根据集团下达的预算目标，结合本单位实际情况和经营计划书，对目标、产销计划、研发投入、资源、能力、费用、人员进行全方位经营模拟，并植入全面预算系统。在这个过程中切忌三点：一是让文员或助理填预算表；二是与团队无沟通；三是经营计划和策略未经过系统论证与规划。同时，在这个过程中需要经营单位一把手做好以下几件事：一是组织主要负责人宣传培训关键点；二是对新年度的目标、策略、路径、关键举措、资源配置做解码和分析，并动员各级负责人论证分析；三是与上级部门进行有效的互动与交流。

第四步，经营单位预算方案（目标）确定（自上而下和上下交互）

这个环节的操作要点如下。

（1）共识共创。集团对下级提出要求，要给出理由和逻辑；下级如不能承接预算目标，也要给出理由和逻辑。上下级之间要反复沟通，最终达成共识。

（2）管控分歧。各级组织对目标、策略、举措有不同意见时，要快速形成共识；最终仍然不能形成共识的，由上级决定，但上级对这个决定所带来的结果要承担相应的责任，如目标太高导致团队丧失信心，目标太低导致团队躺赢等。

第五步，分解目标（自下而上）

这个环节操作的关键点是：科学分解目标，详细论证关键举措。用通俗的语言讲，就是通过分解目标，明确目标谁来扛，以什么行动来扛，何时开始扛，何时有阶段性结果。要做到这一点，就要做好人岗匹配和责权匹配。

第六步，全面预算形成（确定）

这个环节的操作主体是财经部门，关键点是将专项预算、业务与经营预算映射成财务预算，并最终生成目标、费用、资源、利润、现金、库存、应收等全量化的过程数据和结果数据，从而形成最终的全面预算。

第七步，生成责任制与绩效方案

这一步操作由 HR 主导，财务辅助。责任制与绩效有了全面预算，就有了输入源，不仅有数据支撑还有逻辑支持，这样 HR 对指标的分解、关键绩效指标权重的确立都变得简单。被考核主体因为深度参与了全面预算，对考核责任制的数据、逻辑了如指掌，对责任制实现的可能性也有充分把握。

第八步，全面预算执行与控制

这是全面预算管理中最重要的环节，如果这个环节没有做好，前面的工作做得再细也毫无价值，甚至是白费功夫。这个环节的操作要点如下。

（1）公司要将经营语言、习惯、决策模式转向预算语言、预算文化。也就是说，经营计划、资源投放策略、经营目标等一切经营决定必须以全面预算这个纲领性文件为指导，以前随机的、个人决策的、无计划性的工作方式都要被抛弃。

（2）责权利匹配与全面预算统一。资源及费用的审批权、业务决策权要根据预算确定的计划和规则进行分层分级管理，不能一味强调总部和上级的意志，而要强调预算责任主体的经营主导地位和决策主导性。

（3）强化纠偏机制。凡是与全面预算结果有偏差的，无论财务部还是经营单位，都必须找出原因，深度分析，并给出改善计划和措施。这个环节要防止"目标侵蚀效应"发生，即经营单位完不成任务会找出诸多理由来推卸责任。一旦上级领导相信其理由，后续各阶段可能都完不成计划（任务），从而导致目标默认（自动）下调，这就是著名的"目标侵蚀效应"。全面预算本来就是将外部不确定性（即风险性）转化为内部确定性的过程，这个过程需要团队具有攻坚克难的能力和意志。

（4）优胜劣汰管理。对于多个周期仍实现不了预算目标的，上级组织要开展约谈、交流；对于仍然达不到进度的，要进行淘汰；对于多个周期业绩好的团队，要通过加薪、晋升等机制进行奖励。只有将机制与全面预算进行强关联、深拉通，全面预算及经营目标才有刚性。管理如果仍然"随行就市"，一定会导致熵增与机制退化。

（5）经营分析会。经营分析会是全面预算控制与执行的又一个非常重要的场景和方法，前文已具体介绍经营分析会，此处不再赘述。

总之，全面预算，遵循的是三分编制，七分控制和执行。

3. 全面预算实施面临的挑战与成功的条件

全面预算管理已有100多年的历史，是全球500强公司几乎都在使用的经营工具，但在很多企业却无法落地和执行。结合全面预算成功实施和不成功实施的经验与教训，我们对全面预算面临的挑战与取得成功的条件进行了剖析。首先，全面预算的实施面临五大挑战。

第一个挑战：责任主体认知偏差。认为预算主要是财务部门的事，导致实施过程中财务承受巨大压力。

第二个挑战：经营不确定性偏差。认为经营具有不确定性，在VUCA时代做预算没有意义。

第三个挑战：预算执行偏差。认为预算只是个形式，执不执行没有意义，甚至还是对业务的阻碍。

第四个挑战：预算与责权利关联不大，导致的结果是"两张皮"，为预算而预算。预算的执行过程与责任制、责权分工、员工激励脱钩，从而导致预算形同虚设。

第五个挑战：无战略与计划输入导致博弈。长期博弈后，经营计划、经营目标、责任制、绩效考核等无法落地，从而导致激励失效、管理失控、风险增大，也导致员工无斗志、无激情，部分人躺平，部分人躺赢。

要化解这五大挑战，可以用六大保障来解决。

保障一：一号位的重视与执行。一号位的思维方式、经营习惯、管理文化要从"个人主义"转向"组织主义"，并以"预算为纲"。这个过程看似简单，实则是预算成功实施的关键保障。

保障二：各级组织一号位带头全员参与。高管脑中要有"数"，中基层脑中要有"表"，这样预算就有了执行主体。

保障三：责权利匹配。在全面预算经营系统中，责任、权力、利益分享要做到机制配套。缺失责权利匹配机制，预算就会"形影相吊，孤苦伶仃"。责权利如何匹配呢？要与分权手册、责任制、绩效协议进行逻辑关联。

保障四：财务组织力和员工专业能力提升。财务系统要强化三大能力——专业能力、财经 BP 能力及经营分析能力。

保障五：数据治理。全面预算基于数据的准确、客观、全面、及时，没有数据支持，全面预算的强大功能无异于"虎落平阳"。这是很多公司全面预算不成功的"硬伤"。同样，没有强大的数据系统，做事业部、阿米巴、铁三角、项目制都没有意义，甚至是"乱折腾"。而要做好数据管理，就要进行数字化转型，实现财经数字化。

保障六：过程纠偏。这是决定全面预算实施效果的关键。做全面预算的公司要通过经营分析，如月度经营分析会、专项会议、流程机制、奖惩机制等形成强大的纠偏机制，动态地对全面预算执行过程及结果进行干预与疏导，确保预算的刚性。

五、财经管理未来发展方向

随着经营节奏的快捷化和日益复杂，作为管理三大抓手之一的财经管理在企业经营管理中扮演着更为重要的角色。要想财经更好地赋能经营，财经管理应往以下方向探索。

一是数字化。财经能够动态、全面、实时反映经营的基本面，能及时提示经营风险。未来经营者和决策者可以坐在财经数字化的"数据驾驶舱"里，实时掌握经营的基本面和对未来经营结果的预测。全面数字化是财经管理的大势所趋。

二是智能化。未来高频、重复、低效、低附加值的工作基本将会被人工智能机器替代，财经管理将转化为更高阶的创新性工作。

三是财经价值链一体化，包括业财一体、财银一体化等。它将进一步提升财经管理效率，降低成本。

Chapter 9 第九章 营运管理与执行力建设

营运是指经营管理者通过一些硬指标及软指标对下属部门的各项作业，起到培训、督导、考核、奖惩作用的一系列经营管理活动。营运是战略管理的后续环节，也是战略落地、执行、纠偏的关键手段。本章，我们要引入一个关键管理术语——营运管理。营运管理是对营运过程的计划、组织、实施和控制，是与产品生产和服务创造密切相关的各项管理工作的总称。

运营与营运这两个概念有着明显的差异：运营指的是企业全局的运行；营运指的是企业局部的运行，即运营的实施部分，具体见图 9-1。在管理学中，运营在前，营运在后。企业运营管理要控制的主要目标（内容）是质量、成本、时间、柔性、数字化，它们是企业竞争力的根本，因此，运营管理在一定意义上是执行力的代名词，在企业经营中具有重要的作用。运营管理在前面的章节已做了深入的探讨，本章将聚焦营运管理、目标管理及执行力管理进行探讨。

```
运营                                  营运

全局思维，以实现利润                    局部思维，强调结果
增值为目的

强调的是价值链整个过程，                以硬指标及软指标对下属
其目标是实现企业活动增                  部门的各项作业起到培训、
值，创造价值                           督导、考核、奖惩作用的
                                     一系列经营管理活动
```

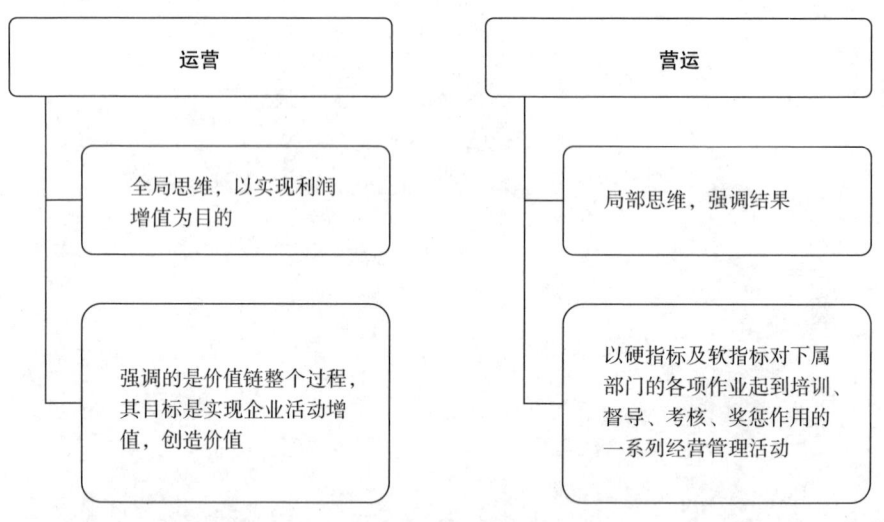

图 9-1　运营与营运的差异

早期的美的处于完全竞争的家电市场，在产品竞争力、成本控制力、管理执行力、结果导向能力等方面都是有口皆碑的，这与美的强大的营运机制有非常重要的关系。美的是如何构建营运体系的？如何提升营运、执行力？营运工作的核心职责是什么？本章将围绕这些内容展开。

一、营运管理的组织建设

上文提到外界对美的执行力充满肯定，这源于顶层设计上的成功，在美的各级组织中有一个部门叫"营运管理部"或"营运与人力资源部"，是管理的三大抓手之一，主抓"事"，即流程、制度、经营体制设计、管理机制构建、结果管理、目标管理及执行力。

从组织形态上看，很多企业都没有这样的组织或职能，有些公司由总裁办、总经办或行政管理部负责相关工作，但工作内容和高度都没有达到真正意义上的营运要求。美的的营运管理部，是各级组织的三个抓手之一，对年度计划的实施、经营目标的达成、经营结果的实现，以及流程、制度建设起着至关重要的作用。

营运管理部一般为矩阵式组织，采取行政管理权和业务指挥权分离原则。即行政管理对上级组织负责，主要负责战略、文化价值观、制度、流程、政令、重大投资上下打通；业务指挥对本单位领导负责，主要职责是赋能本组织的经营与业务，负责本组织的执行力建设、经营目标跟进、经营活动安排、日常重要工作的 PDCA 管理。

营运管理部是美的战略管理落地的主责部门，所以营运管理部还肩负着本组织发展战略的闭环管理工作。战略确定以后，营运管理部还要负责不断地解码细分，形成具体的子战略以及具体的实施策略，同时还要按年度、季度、月度目标进行分解，并跟进督促各组织、各部门完成这些目标。因此，营运管理部是强执行的组织和职能部门。

有些企业也非常重视战略管理工作，老板或一把手亲自参与，形成了系统化的发展战略计划，但是到落地和执行的时候就不知道怎么办了，也没有组织承接，导致战略管理工作有头无尾，无法落地。

值得一提的是，美的将营运管理部职能与人力资源部职能放在一起，组建营运与人力资源部或行政与人力资源部，这让很多企业感到费解。按常理，营运管理主要是非线性开放性工作，更讲究灵活性和艺术性；人力资源则是专业工作，更讲究专业性和科学方法，更重视结构化思维，这两项职能放在一个部门，对部门负责人来说的确是一项挑战。其实，美的将这两个职能放在一个部门，并非基于对管理者思维方式的考量，而是以更有效地推动经营工作为出发点。一方面，营运管理职责非常广泛，上至战略管理，下至后勤保障，前至市场洞察、产品研发，后至销售与客户服务，均能到达，营运管理是一个上下打通和前后拉通的组织，而这些结果的实现，需要组织保障，二者紧密结合后，是能相互借力与赋能的。另一方面，基于现实成本，在事业部成立初期，很多公司规模不大，管理职能不宜分散，所以把两种职能放在一个平台，既能减少部门和人员，又能相互借力，形成功能合力。美的在事业部层面，营运职能与人力职能一直放在一起，直到 2020 年前后，才将营运职能从营运与人力资源部进行了剥离，成立了独立的营运管理部，主要负责抓目标落地，体制机制建设，经营跟进，战略、变革、投资及后勤保障。

二、营运管理的主要职责

很多公司欠缺营运管理部门，以致很多人不熟悉该部门的定位、职责、工作任务与边界结合美的营运管理部门定位，这里简要分享该部门的工作职责。需要说明的是，营运管理在集团、经营单位、业务公司有三个层级，不同层级，工作重点和工作范围有所差异，这里主要以事业部的营运管理部为例来描述其责权范围。

1. 营运管理部的职责

- ▶ 负责承接集团整体战略在产品事业部的落地；
- ▶ 负责产品事业部战略管理，三年滚动发展战略制订及跟进；
- ▶ 负责承接集团重大经营活动安排和落地；
- ▶ 负责集团及事业部重要事项、决策、精神的上传下达；
- ▶ 负责集团和事业部重大专项活动安排与落地；
- ▶ 负责事业部经营目标、经营计划、经营策略的落地；
- ▶ 负责内部价值链运营流程、制度、机制建设；
- ▶ 负责事业部投资管理；
- ▶ 负责事业部制度、流程、机制、分权建设与优化；
- ▶ 负责变革及创新工作；
- ▶ 负责中高管的行动管理；
- ▶ 负责经营及营运风险管理；
- ▶ 负责效率、成本等管理工作；
- ▶ 负责向集团或上级主管领导全面、客观、及时地反馈事业部的经营及运营状态。

2. 营运管理部（总监）的权力

▶ 有权向上级组织汇报事业部经营、管理状态；
▶ 有权对本单位的经营方案和行为行使否决权及纠偏权；
▶ 对事业部重大投资行使表决权；
▶ 跨部门协同管理的权力；
▶ 工作任务布置及考核权；
▶ 重大经营活动的部署权；
▶ 重大风险的控制权；
▶ 组织资源的调动权；
▶ 根据经营需要，调整制度、流程的权力；
▶ 上级组织赋予的其他权力。

三、营运管理的几项核心工作

1. 执行力建设

执行力是营运管理的关键能力，也是公司管理的核心能力之一。比如，美的在执行力管理上一直强调刚性管理、结果导向、量化考核，不讲理由，不讲客观原因。

如何提升企业执行力呢？笔者分享五个关键点。

第一，领导示范。企业领导本身就有宣传贯彻企业文化和价值观的职责，领导应做好示范，引导下属向上学习。如果领导自己都没有做到，对己对人两套标准，公司的文化就会出问题，文化一旦出了问题，执行力基本就不会好到哪里去。

第二，提升员工的执行力需要下达明确的指示，简明扼要地指明方向，让员工清楚自己需要做什么。提升员工的执行力需要良好的沟通，有效的沟通能使员工更好地领会上级的意图，避免走弯路，从而提高工作效率。在互联网时代，与员工达成共识，形成共识的力量非常重要，这是提升执行力的重要方法。"90后""00后"成为公司主力军，他们有着更强的自我意识和民主意识，不愿意被人强迫，不愿意做"机器人"，他们需要的是认同、共识和施展才能的机会。

第三，提升员工执行力需要制定严格的规定，首先要做到有章可循，然后要做到有章必循，最后要做到违章必究。从制度设计上切断员工思想上的退路，让员工明白完不成任务就需要付出代价。有规矩是形成执行力的第一步，有了规矩，还要坚守规矩。企业只有不断地立规矩、定制度，才能不断统一思想，形成合力。

第四，提升员工执行力需要给予员工适当的赞美。心理学研究表明，人类的本性之一就是渴望得到赞美，适当的赞美能让员工感到兴奋和喜悦，体会到成就感，从而获取工作的动力。不断地赞美和激发善意，会激发人的活力、斗志和创造力。

第五，提升员工的执行力需要激励机制，"天下熙熙皆为利来，天下攘攘皆为利往"，获取财富和利益是人类工作的动力，良好的激励机制能有效提升员工执行力。

2. 内部价值链运营体系建设

大多数公司有一个共同的痛点：内部研发、采购、生产制造、营销，即研、采、产、销之间的顺畅度差、矛盾多，导致交货慢、成本高、品质不稳定、库存大、订单准确率和订单齐套交付率低，极大地影响了企业经营成果。

如果公司经营一把手由董事长兼任，由于董事长时间和精力有限，就会导致研、采、产、销之间的问题和矛盾不能及时梳理，从而严重影响价值链运营的效率和成本。这时候就要一个部门来补位，确保日常价值链运营中的问题能及时解决，价值链运营相关的流程、制度、机制不断优化，这个补位的部门就是营运管理部。

营运管理部有一个核心的职责是负责价值链中的研、采、产、销在交付订单过程中的责权、流程、制度、机制建设。只要责权利及内部契约关系清晰且得到良好的执行，高效快速交付订单就水到渠成了。关于价值链运营，笔者强调几个关键点。

第一个关键点：重视产销计划职能的主导地位。销售计划与生产计划设置在一个部门，纳入营销平台管理，由一个部门主管领导负责，如果有内外销及电商平台时，计划管理可放在经营平台，计划管理部门负责人对三个营销及制造后端同时负责，该部门采取矩阵式管理。

第二个关键点：实施以销定产，强化后端敏捷制造、柔化生产能力。

第三个关键点：产、研、销、采之间要有明确的责权利分工，以流程拉通作为关键点，以数据共享为基本条件，以关键绩效指标为机制牵引，其中，研、采、产、销价值链上下游之间相互关联对方关键绩效指标及奖金包是一个不错的做法，且这一做法在很多公司的实践效果都非常好。营销系统要考核制造端的产能利用率及齐套交付率，制造系统要考核订单准确率等指标。

3. 流程再造

（1）什么是流程再造

流程再造是20世纪90年代由美国麻省理工学院的计算机教授迈克尔·哈默和CSC管理顾问公司董事长钱皮提出的，1993年，他们给流程再造这一概念下了定义："为了飞跃性地改善成本、质量、服务、效率等现代企业的主要运营基础，必须对工作流程进行根本性的重新思考并彻底改革。"它的基本思想就是：必须彻底改变传统的工作方式，即彻底改变传统的自工业革命以来按照分工原则把一项完整的工作分成不同部分、由各自相对独立的部门依次进行工作的工作方式。

（2）为什么要进行流程再造

数字化技术、移动互联网技术革命使企业的经营环境和运作方式发生了很大的变化，全球经济处于慢增长阶段，而中国国内传统产业进入存量或低增长时代，企业面临着严峻挑战，管理方式也面临升级变轨。未来三到五年，企业家将面临以下三个方面全新的挑战。

一是顾客——买卖双方关系中的主导权转到了顾客一方，Z世代及电商的出现导致个性化需求更加广泛，大规模标准化生产与差异化个性需求的矛盾日益激烈。

二是竞争——技术尤其是数字化技术的进步，使竞争的方式和手段发生了根本性的变化。而这些竞争往往是短周期、快节奏、全方位的。

三是不确定性——市场需求日趋多变，产品寿命周期变短，市场节奏变化变快。比如，中国著名女装品牌伊芙丽的产品生命周期约 3 个月，一个新产品从企划设计到上市销售不到 2 周的时间。

面对这些挑战和变化，企业只有在更高水平上进行一场根本性的改革与创新，才能在低速增长时代增强自身的竞争力，这就是流程再造的背景。

（3）流程再造的程序与步骤

基于变化，企业要重新设计和安排企业的整个生产、服务和经营过程，使之更科学合理。通过对企业原来经营过程的各个方面、各个环节进行全面调查研究和细致分析，对其中不合理、不必要的环节进行彻底变革，在具体实施过程中，可以按以下步骤进行。

第一步，对原有流程进行全面分析检讨，发现其存在的问题。

根据企业现行的作业程序，绘制细致、清晰的作业流程图。一般来说，原来的作业程序是与过去的市场需求、市场环境相适应的，并由一定的组织结构、作业规范作为保障。当市场需求、技术条件的变化使现有作业程序难以适应时，作业效率或组织结构的效能就会降低。因此，必须从以下方面分析现行作业流程的问题。

① 功能障碍：科技进步尤其是数字化技术的兴起，使原有的作业流程与关键岗位匹配发生错位，导致责权利关系需要重新梳理。

② 重要程度变化：不同的作业流程环节对企业的影响是不同的。随着市场的发展及顾客对产品、服务需求的变化，作业流程中的关键环节及各环节的重要性也在变化。

③ 可行性：根据市场、技术变化的特点及企业的现实情况，分清问题的轻重缓急，找出流程再造的切入点。为了对上述问题的认识更具针对性，还必须深入现场，具体观测、分析现存作业流程的功能、制约因素及关键问题。

第二步，设计新的流程改进方案，并进行评估论证。

为了设计更加科学、合理的作业流程，必须群策群力、集思广益、鼓励创新。在设计新的流程改进方案时，可以考虑以下方面：

① 将现在的数项业务或工作组合，合而为一，大道至简；

② 工作流程的各个步骤按其最优顺序设定；

③ 让员工共创；

④ 为同一种工作流程设置多套方案；

⑤ 共创应当超越组织的界限，在会议室中进行；

⑥ 设置项目负责经理，负责统筹闭环。

对于提出的多个流程改进方案，还要从成本、效益、技术条件和风险程度等方面进行评估，选择可行性更强的方案。

第三步，制订与流程改进方案相配套的组织结构、人力资源配置、管理机制和业务规范等方面的改进规划，形成系统的企业再造方案。

企业业务流程的实施是以相应的组织结构、人力资源配置方式、管理机制设计、业务规范、企业文化为基础的，所以，只有以流程改进为核心形成系统的企业再造方案，才能达到预期的目的。

第四步，组织实施与持续改善。

实施企业再造方案，必然会触及原有的利益格局。因此，必须科学组织，谨慎推进，既要态度坚定，克服阻力；又要积极宣传贯彻，形成共识，以保证企业再造的顺利进行。

企业再造方案的实施并不意味着企业再造的终结。在社会发展日益加快的时代，企业总是不断面临新的挑战，这就需要对企业再造方案不断地进行改进，以适应新形势的需要。

（4）流程再造的方法

流程再造作为一种重新设计工作方式和工作流程的思想，是具有普遍意义的，但在具体做法上，必须根据本企业的实际情况来进行。

方法一：合并重复性组织（不因人设岗）

如果一项工作被分成几个部分，而每一部分又再做细分，分别由不同的人来完成，那么每一个人都会出现责任心不强、效率低下等现象，也就是成为在流程中"闭着眼睛建议同意"的人。这种出了问题无法追责、无人担责的情况必须从流程上开始杜绝。

方法二：串联改并联

在传统的组织中，工作在细分了的组织单位间流动，一个步骤未完成，下一个步骤就无法开始了，这种直线化的工作流程使得工作时间大大拉长。如果按照工作本身的自然顺序，有些步骤是可以同时进行或交叉进行的。再加上人工智能流程机器人的兴起，使用这种非直线化工作方式可以大大提升工作速度。

方法三：根据同一业务在不同工作中的地位设置不同工作方式

传统的做法是，对某一业务按同一种工作方式处理，因此要为这项业务设计出在最困难、最复杂的工作中所运用的处理方法，并把这种方法运用到所有适用于这一业务的工作过程中。这样做，存在着很大的"学杂费"，因此，可以根据不同的工作设置出针对这一业务的若干处理方式，这样就可以大大提高效率，也使工作变得简洁。

方法四：组织无边界化

在传统的组织中，工作完全按部门划分。为了使各部门工作不发生摩擦，许多协调性工作又出现了。因此，流程再造可以模糊严格划分的组织界线甚至超越组织界线。比如，美的 2012 年流程再造时，为了打破部门墙，公开发文要求把各部门名称中的"××部"中的"部"去掉，其用意在于构建去中心化的无边界组织，打通流程，提升效率。

尽管业务流程重组形成了世界性的浪潮，并且有许多特别成功的案例，但是仍有超过一半的业务流程重组项目走向失败或是达不到最初设定的目标。其中最大的三个障碍：一是缺乏高层管理人员的支持和参与；二是不切实际地实施要求与期望；三是组织对变革的抗拒。因此，流程再造其实是一项变革活动，如何确保变革成功，我们将在第十五章具体介绍。

4. 开好月度经营分析会

月度经营分析会是营运管理部的重要活动，是对经营单位年度经营目标分解到月度后的执行总结，也是对下个月度重点经营工作、专项工作的重要部署，更是对集团及经营单位重要工作方向、工作策略、工作重点的强调和落实。接下来我们用具体的案例来说明月度经营分析会的开法。

（1）时间及时长

集团月度经营分析会一般安排在每月 10 号之前，这样能确保上月的经营情况得到及时总结，下个月的重要工作也能在月初及时部署。经营单位的会议大部分安排在集团会议之前，这样的好处是：经营单位工作有了系统总结、分析和计划，有利于在集团开会时思路清晰、目标明确；但也有一个不利的因素，就是集团有重大专项工作时，经营单位回来部署就需安排另外一个会议或专项活动，这样会对业务、经营工作造成干扰。组织者一定要注重会议安排的细节，尽可能事前公布时间、事中控好时间、事后抓紧时间。比如开会期间，如有发言人偏题、跑题或拖拉时间，主持人要及时进行纠偏、干预。

集团的会议一般每个月一次，每次会议持续4~5小时，经营单位的会议通常在3小时内完成。会议时间管理是一项基础性的管理能力，但极为重要。比如，美的无论是例行的经营分析会，还是临时的专题会，会议时长一旦确定，原则上不会拖延，这是确保组织高效运行的基本原则。

（2）参加对象

① 集团经营分析会与会人员：参会对象由营运管理部根据需要确定，集团层面的月度经营分析会不是谁都可以参加的。参会人员应结合会议内容来斟酌确认，这样既确保不浪费组织资源，又能保证会议结果。集团的会议一般是由以下角色参加：

▶ 董事长、总裁（总经理）；
▶ 副总裁（总经理）；
▶ 集团各部门负责人；
▶ 经营单位一把手、财务负责人、HR负责人、战略营运负责人。

除有专题会议外，通常业务干部和经营单位其他干部不参加集团会议，主要原因是：集团的会议重在目标管理，以战略、方向为主，不会关注经营过程，不会下达经营策略，如果所有业务干部来参加会议，显然属于浪费系统资源的行为。另外，可能有人质疑职能部负责人为什么要参加会议，这是因为经营分析会一定会谈经营，经营职能是由业务岗位与管理职能岗位共同完成的，如果职能部门不参加经营分析会，很容易与业务脱节，形成"两张皮"，导致业务部门和职能部门矛盾多、部门墙重。

② 经营单位经营分析会与会人员：经营单位是经营的主体，也是业务的

主体、创造价值的主体，所以月度经营会议一般参加人员覆盖面就比较广，具体包括：

- 经营单位一把手；
- 所有一级部门负责人及以上人员；
- 下级组织的经营一把手，财务负责人、HR及经营负责人；
- 有些事业部还会将经理级以上的关键岗位人员列为参会对象。

（3）会议主持及程序

由于经营分析会属于一级会议，其重要程度和级别都比较高，且是一个务实性的会议。所以会议通常由营运一把手主持，会议按以下程序安排：

会前将上个月重点工作跟进情况进行通报，有时由营运管理部进行专项通报，这取决于本周期经营活动安排。

第一项，通常由财务管理部通报本月经营结果和下个月重点经营计划，该报告以结果为导向，全面体现数字结果，对各事业部的各类经营结果进行各种维度的对比、排名、考评。

第二项，由人力资源部及相关职能部门通报本月重点项目执行情况或下个月重点工作要求，该部分主要是对专项工作、重点工作的执行情况进行通报、检讨以及部署下阶段工作计划、工作要求。

第三项，各经营单位一把手，如研产销采等部门，对经营结果、部门问题进行一一回应，并对事业部的重要工作进行口头汇报。

第四项，集团高级领导对各事业部经营、管理工作提出专项工作要求。

第五项，由集团总裁做经营总结动员。这部分内容通常对上个月工作有定性评价，对下阶段重点工作有非常明确的方向、目标、策略要求。

以上五个环节除了第二、三项可以颠倒顺序，原则上先后顺序不能调整。

（4）会议发言及材料管理

会议发言通常要求言简意赅、重点突出、直击问题，如果没有按此要求做，会议主持人可能会直接打断发言人的讲话，有时候甚至由集团总裁直接打断发言。会议中间，只有出现原则性的或极为重要的问题，会议才可能临时被互动打断，但即使这样的互动，也并非完全开放，而要围绕一个点展开讨论，且时长通常会被严格限制，过于复杂的问题，将以会后专题形式讨论。

会议材料通常要在会前发给营运管理部审核。对于内容结构、数据分析、问题检讨达不到要求的，营运管理部将直接退回会议材料，并要求汇报单位重新整改后再提交，直到符合要求。

在集团经营分析会上，各事业部总裁的发言一般是口头的，用口头的方式发言主要是为了触发各事业部总裁认真准备会议，用心开会；而不是吩咐下属做一个PPT，在会上照着读。经营分析会是一个推进目标的会议，是一个经营的检讨会，是一个明确方向和策略的会议，也是一个传递压力的会议，要求各开会人、各发言人用心参会。

（5）会后管理与落地

会议结束后，营运管理部会输出两个重要文件：一个是会议纪要，一个是重点工作执行单。

会议纪要的模板及重点工作执行单见表9-1、表9-2。

表9-1　经营分析会会议纪要模板

×月经营分析会会议纪要
会议时间：×月×日上午 会议地点：××会议室 会议主持：×× 与会人员： 请假人员： 纪要整理： 纪要审核： 会议内容： <div align="right">营运管理部 ×年×月×日</div>
发：各与会人员、各单位管理职能部门
送：各单位负责人
呈：集团董事长、总经理

表 9-2 ×月重点工作执行单

序号	工作项目	具体要求与完成目标	完成时间	主要责任人	协助部门/人员	完成情况（须表述清楚）	备注
1							
2							

Chapter 10
第十章 产品管理

产品管理，是将企业的产品或服务视为一个专项且对其进行跨越组织、矩阵式的管理，目标是实现长期的顾客口碑及竞争优势。

这是一个快速迭代的时代，倘若一家企业的产品没有竞争力，客户将会快速抛弃这家公司。一个公司的口碑、知名度、美誉度主要是由其产品及服务决定的。产品强、价值高、体验好的公司，从长期来看一定能够成功，产品没有竞争力绝对不可能持久成功。企业是以盈利为目的的组织，而产品是企业盈利的利器，没有利器，不可能盈利。方洪波曾经说过，美的盈利并不依靠控制人工成本，而是依靠提高产品的核心竞争力。因此，可以说产品对于企业的持续成功至关重要。本章我们主要探讨产品战略管理、产品需求管理、产品研发设计管理、产品营销管理、产品生命周期管理及产品领先战略。

一、产品战略管理

根据统计，世界上只有 10% 的企业能把自己的产品战略执行下去。70% 的战略和策略失败，问题不在于战略本身，而在于产品战略管理及执行的失败。产品战略管理是企业基于企业使命与愿景的牵引，基于中长期企业战略，对产品发展方向及相关属性做出的顶层设计。产品战略管理的目标是对内支持经营，实现商业价值，对外满足客户需求，提升竞争力。比如，2012 年美的三大战略主轴中一个战略主轴就是关于产品战略的，叫"产品领先"。随着智能化技术快速发展，2014 年，美的又提出"智能制造、智能家居"双智战略，其中智能家居就是美的近 10 年的产品战略方向。

产品战略管理的工具、方法、过程与企业整体战略管理是一致的，也是一个持续的、滚动的过程。结合一些产品战略成功的企业例子，产品战略规划过程如图 10-1 所示。

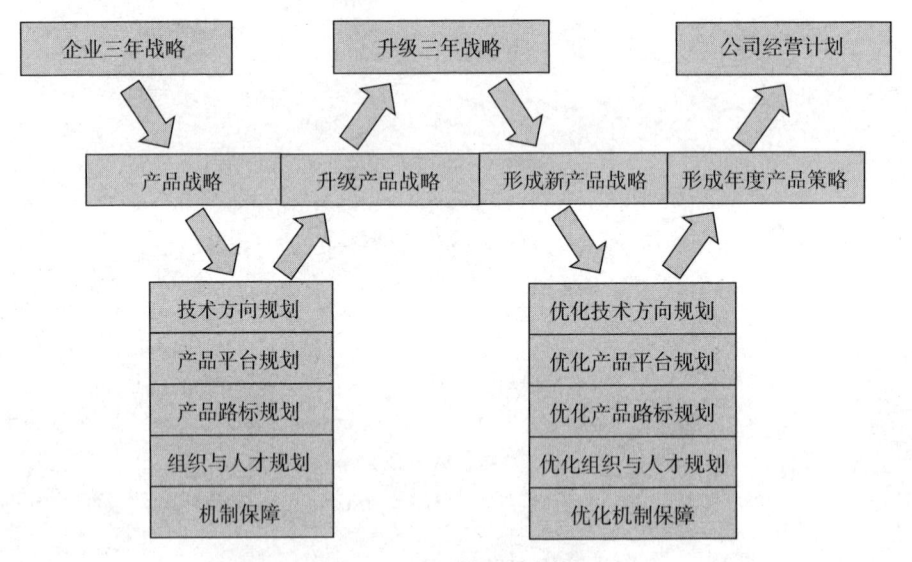

图 10-1 产品战略规划过程

二、产品需求管理

产品需求管理是指以客户为中心，以客户的需求为出发点，集中精力来评估和管理客户需求，并试图利用该信息来制定产品综合策略，以实现客户效用最大化的一种活动。对这一定义的理解要注意以下两点。

一是需求管理必须强调产品全价值链管理，即除了包含用户对产品的需求量与价格之间的对应关系外，还要明确用户所需产品的种类、性能、数量、时间和地点，以便在正确的时间、正确的地点，以正确的成本向相应的消费者提供正确数量、正确状态的正确商品，这一点尤其重要。比如，美的旗下的美云智数研发 MPLM 管理系统，深入研发全价值链，构建了产品需求企划、技术研究、产品开发、平台开发于一体的研发创新体系，能够快速响应并实现业务模式革新落地，在先进的研发体系、质量体系、管理模式中形成端到端的产品创新与协同，拉通了研产供销服全价值链路，赋能企业建立产品核心竞争力。

二是性价比及体验极致化。比如，为了更精准地了解客户需求，美的要求产品企划和研发人员通过各种方式与消费者建立连接。美的要求中高层干部、产品研发设计工程师定期下市场，与消费者沟通，摸清客户需求，同时通过接听售后服务电话的方式倾听客户诉求。同样，新产品也要通过潜在消费者试用，不断进行优化改善。除此之外，对于刚进入研发系统的毕业生，美的会安排其在实习阶段去零售终端"站柜"，确保员工对客户需求有"场景感""零距离感"。再如，小米公司是一家做产品需求管理非常成功的企业，其红米系列手机的成功，就是建立在对用户需求精准把握的基础之上的。

三、产品研发设计管理

构建企业的新产品研发设计管理体系，有以下几个关键点。

关键点一：产品研发设计方向

基于市场需求和用户体验，产品设计应朝着智能化方向发展；基于内部经营需要，产品设计应朝着平台化、结构化、通用化及制造自动化方向发展；基于品牌及 IP 打造，产品设计应朝着爆品方向发展。

关键点二：整体研发设计线路图规划

企业要基于市场需求，以时间为周期（如三到五年）进行产品整体的研发设计规划。比如，美的 2015 年提出了"三个一代"，分别指：技术研究一代、平台储备一代、产品开发一代。这样的架构实现了用户画像、品牌矩阵、产品平台、核心卖点及技术的有效互联，从而让整个体系形成合力，进而驱动产品研发的创新与高效。

关键点三：以什么组织架构承载产品研发设计管理

我们分两个层面讲。第一个层面，如果是大型多元化产业集团，要清晰定义集团及事业部之间的研发定位及分工。比如，美的属于此类组织，2014 年，美的提出"四级研发体系"组织架构，其中集团研究院主要负责前沿技术，即"卡脖子"技术研究、基础及平台技术研究，以及个性化技术研究；事业部负责产品开发设计，侧重于应用型设计。美的通过技术研究与产品开发在组织上的分离，确保有资源投入前瞻性的产品与技术布局，又通过保证当期产品开发能满足消费者需求及经营需要，从而实现长期战略与短期经营的平衡。这也是美的最近五到八年产品力提升的核心原因。

另外一个层面具体到产品的开发设计，即以何种组织架构支持？一般来说，有产品经理制、项目制及相对松散的矩阵式。标准化型产品以项目制较为理想，差异化型产品以产品经理制更为合适。

关键点四：构建什么样的研发体系

我们需要在准确掌握企业研发管理的现状、组织结构现状和研发资源配置等情况的基础上，判断企业应该搭建哪种研发项目管理体系。一般来说，常见的研发体系有以下三种。

第一种：基于 CMMI 的研发体系。它适合以瀑布式开发为主导的项目开发及产品研发模式。CMMI 是由美国卡内基梅隆大学的软件工程研究所提出的能力成熟度模型集成，致力于以更加系统和一致的框架来指导组织改善软件研发过程，提高产品和服务的开发、获取和维护能力，是一般软件公司采取的研发体系。

第二种：基于 IPD 的研发体系。它是以市场为导向的产品开发模式，关注客户需求，通过公共基础模块和跨部门团队，准确、快速、低成本、高质量地推出产品，典型的例子是华为。

第三种：基于敏捷模式的研发体系。它以客户的需求进化为核心，采用迭代增量开发的方式进行软件开发，比如美云智数的 MPLM 管理体系。

关键点五：研发体系资源与机制保障

要想产品战略成功，引领企业持续高质量发展，必须要持续地对研发系统进行各类资源倾斜，并给研发设计团队更有竞争力的激励措施。比如，美的在做全面预算时，原则上对研发设计系统人数不限编，薪酬有职群系数，项目奖励更有竞争力，每年第三季度的"科技月"会对研发设计系统的团队、个人、成功项目进行奖励，这些措施极大地支撑了产品战略的成功。

四、产品营销管理

随着 Z 世代步入主流消费群体，中国大多数行业进入了存量市场时代，加上电商业务兴起，产品营销管理显得更为重要。结合美的产品营销管理的一些成功做法，产品的营销管理应强调如下几点。

1. 爆品

什么是爆品呢？就是承担企业主要销售额，并作为企业主要利润来源的产品。既能形成巨大规模又能带来更高利润的产品才是爆品，那些规模大、利润低的产品并不是爆品，而是促销品或引流产品。如何形成爆品，有一个简单公式：

$$爆品 = 需求痛点解决度 \times 高传播性 \times 高成交率$$

需求痛点解决度是指产品能深度解决大多数消费者的痛点，且有较高的价值感知度；高传播性是指产品本身拥有自带流量性、自传播性；高成交率也叫高转化率，指潜在客户转化成正式客户的比例高。比如，2013 年美的推出"一晚一度电"广告语，主打"新节能"系列空调具备的超级节能效果，这样的产品就是一款持续、系统的爆款产品。该系列产品以"高效全直流制冷系统"和

"0.1Hz 精控科技"为支撑,把一个夜晚 8 小时睡眠周期内所需的制冷耗电量以最经济的模式运行,控制在 1 度电以内。一个夜晚、一台空调、一度电就可以让用户享受清凉舒适。当少数友商及网友质疑时,2015 年 1 月 8 日,美的科研项目《房间空气调节器节能关键技术研究及产业化》获得"国家科技进步奖"二等奖,消除了所有的质疑。

2. 线上线下营销渠道价值链管理

近年来,随着数字化技术的兴起、Z 世代的到来,平台电商和社交电商相对于线下营销渠道更有优势,而传统线下渠道做得非常出色的企业应如何顺势而为?最佳策略就是做营销渠道价值链管理,即对线下渠道进行层级压缩,实现线上与线下渠道业务链环节一致,以减少线下渠道环节多、价值链成本高的问题。当端到端的交易环节相同后,渠道效率与成本就可以实现一致,从而可以既发展好电商业务,迎合新时代消费者需求,又能更好地抓住实体线下消费者群体带来的持续增量,并且通过 O2O 模式实现线上线下一体化。比如美的就是通过"T+3""一盘货""3 个 1"实现线上线下同时发力,让市场份额持续提升的。

3. SKU 管理

SKU 一般指最小存货单位,即库存进出计量的基本单元,通俗地说,是市场上在卖的产品型号。SKU 管理的方向是减少,而不是增加,即使市场出现个性化、定制化的需求,SKU 数量的减少仍然是必然趋势,其目的在于减少制造商、采购端、研发端的作业难度,提高效率,降低成本,优化经营。美的 2012 年实施三大战略主轴后,在营收持续增长的情况下,SKU 数量减少超过 30%,个别产品减少超过 60%。SKU 数量减少以后,制造、研发、采购、营销的复杂度和成本也大幅度下降,效率和经营质量明显提升。

五、产品生命周期管理

产品生命周期,简称 PLC,由美国哈佛大学教授费农 1966 年在《产品周期中的国际投资与国际贸易》一文中首次提出，是指一种新产品从开始进入市场到被市场淘汰的整个过程，要经历形成、成长、成熟、衰退这样的周期。这就是产品生命周期管理，如图 10-2 所示。

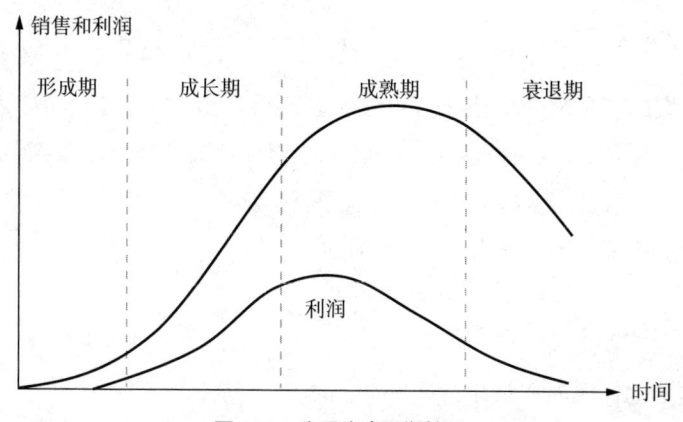

图 10-2 产品生命周期管理

所谓产品生命周期管理，就是指从人们对产品有需求开始，到产品淘汰、报废的整个生命历程管理。

在做产品生命周期管理时，可以用另外一个非常重要的工具——波士顿矩阵。波士顿矩阵（见图 10-3），又称市场增长率—相对市场份额矩阵，由美国著名的管理学家、波士顿咨询公司创始人布鲁斯·亨德森于 1970 年创立。波士顿矩阵主要用相对市场占有率和销售增长率进行优化组合，评估目前的产业结构，最终帮助企业实现产品优化和收益平衡。

基于上述管理工具，我们简要分析一下产品生命周期四个阶段各自的营销策略。

1. 缩短导入期

导入期的产品对应波士顿矩阵中的问题产品，即成本高、销量低、毛利低的产品。属于本公

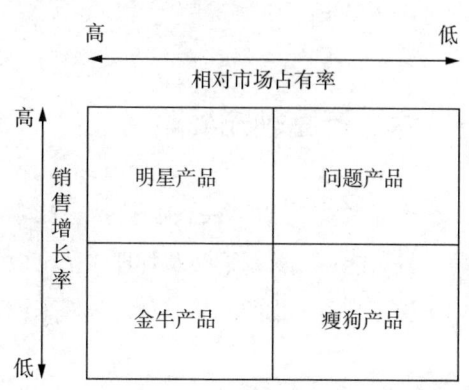

图 10-3 波士顿矩阵

司有排他性竞争优势的产品，可以采取撇脂定价策略，即高价格、高促销、高宣传；如果属于竞争比较激烈、市场价值敏感度高的产品，则可以采取快速占领市场法。

2. 加快成长期

成长期的产品对应波士顿矩阵中的明星产品，该类产品销售增长率高，盈利能力持续提升，市场占有率也不断上升。对于此类产品，营销重点应该放在保持并且扩大自己的市场份额上，可以用整合营销、线上线下同时发力、强化消费者触点等策略实现快速上量。

3. 延缓成熟期

成熟期的产品对应波士顿矩阵中的金牛产品，市场占有率（内部占比）高、增长率低、利润较为理想。此时的基本策略是尽可能延缓该类产品的销售周期，并尽可能增加金牛产品数量。对于成熟期的产品，如无更好的换代产品，切忌随意降价或低价促销。

4. 加速衰退期

衰退期的产品对应波士顿矩阵中的瘦狗产品，产品此时处于低增长率、低市占率状态。此阶段利润率逐渐下滑，处于保本或亏损状态，负债率增高，大部分情况下已无法为企业带来正向收益。对于这类产品，建议采用撤退战略，快速淘汰退市。

六、产品领先战略

产品领先是指产品核心技术、技术含量、性能、客户感知、品质、品牌、盈利能力、营销策略及管理体系全面超越市场主流竞争对手。产品领先对内来说，是系统化的产品成功；对外来说，是持续的市场成功。

1. 技术领先

（1）产品研发创新：规划产品技术的发展路线。清楚了解客户的需求，形成差异化创新产品，从外观设计、功能、品质等方面提升产品的档次，使其成功转型为高端、盈利能力较好的产品。

（2）制造技术创新：明晰制造技术的发展路线。优化布局，实现更简单的线体、更柔性的制造、更顺畅的物流、更快捷的交付、更优良的品质、更省力的操作、更自动化的装备、更透明的系统、更目视化的现场、更稳定的员工、更可靠的物供、更完善的计划等。

（3）技术组织机制创新：创新技术，创新组织，引入先进的创新、研发方法和软硬件工具，建立合理的多层次研发和制造技术创新体系，形成系统化、机制化的高效运作，做到构思一代、研究一代、设计一代、制造一代。

2. 性能和客户感知领先

即消费者关心的能效（节能）、核心性能（如空调的制冷制热静音、冰箱的保鲜、机器人的智能化）、数字化产品落地能力均能领先于主要竞争对手。为保证客户体验领先，产品及服务要人性化，要能抓住消费者的心智，并形成强有力的黏性，使其产生强烈的共鸣及满意度，从而最终对品牌产品忠诚。

3. 品质领先

即产品对消费者的服务体系和服务承诺领先，敢于承诺和超期质保，这本身也是对自我品质有信心的表现。耐用性、可靠性在同行中处于领先优势，并形成"经久耐用"的品质口碑。

4. 品牌领先

即产品的品牌知名度、美誉度、消费者的价值感知度都处于市场领先位置，企业不仅能在产品技术上获得溢价机会，在品牌上同样能获得高溢价机会。

5. 产品理念及管理领先

主要表现在：产品紧跟时代，紧跟消费者及变化趋势；产品智能化，朝着万物互联、尽享科技、尽善尽美的方向发展；从产品开发管理理念上，能真正做到构思一代、研究一代、设计一代、制造一代。

比如，美的于2012年启动产品领先战略，以"产品领先"为战略核心，致力于转型研发和创新驱动，采用CDOC方法论打造"爆品"，推进事业部改革朝向产品高端化；致力于占领研发和创新制高点，家电商业逻辑由依赖成本优势和要素投入转向创新驱动，其中产品创新成为核心的聚焦点。美的对研发的投入在中国家电行业中首屈一指，从2012年到2017年，5年累计投入200亿元研发资金，在8个国家建成20个研发中心。2017年9月发布的《2017全球创新报告》显示，美的发明专利的数量在家电领域连续三年稳居全球第一。2023年1月，美国商业专利数据库发布全球250强专利领导者的数据，其中美的专利数64 895件，全球排名第七位。

CASE 案例一

美的新型研发"四级研发体系"组织和"三个一代"技术架构

从"跟跑"到"领跑"，美的解开了中国家电崛起的密码，成为引领中国制造业企业转型升级的一个新样板。在科技创新方面，美的5年时间累计投入研发资金超过450亿元，并攻克了一系列"卡脖子"技术，进入"无人区"。美的科技领先的背后隐藏着数字研发厚积的力量。

2020年，美的将战略主轴升级为"科技领先、用户直达、数智驱动、全球突破"，其中"科技领先"为核心主轴，在科技研发方面每年的投入均占年度营收的3.5%以上，过去5年来累计投入超过450亿元，2021年超过120亿元。

美的通过构建"四级研发体系"，在全球布局研发体系和科学家人才体系，研发人员超过1.8万名，同时不断聘请行业资深专家与顶尖人才，实现了行业领先的"三个一代"研发模式。目前，美的已建立"2+4+N"的全球化研发网络，在全球拥有35个研发中心和35个主要生产基地，产品和服务惠及200多个国家和地区，用户超过4亿。

长期聚焦行业核心技术研究，美的近三年完成了超过 3000 项高质量专利布局，实现了 33 个关键技术领域全面布局。其中代表性产品热泵采暖压缩机的市场占有率达到 59% 以上，"一桶洗"高端市场占有率达到 40%，突破性产品近三年销售额超过 286 亿元。与此同时，美的又在汽车核心零部件、伺服系统等多个领域攻克行业"卡脖子"技术难题，实现了关键核心技术自主可控。

从产品概念产生到成功上市售出的全过程中，用户既是来处，也是归途！而传统制造业研发模式备受掣肘，深陷距离用户远、产品效率低、核心技术少、流程断点多、管理难等困局。这个时代是用户高度自主的时代，用户需求多样化加剧了市场竞争格局的演化，这让企业对研发体系愈加高要求，新产品在满足用户需求的同时，还要做到品质好、成本低、交付快，"多快好省"地帮助企业建立核心竞争力。

基于此，美的从 2014 年开始构建"四级研发体系"组织架构（见图 10-4）与"三个一代"技术架构（见图 10-5），让创新更为高效且具备可持续性。"四级研发体系"组织架构通过技术研究与产品开发在组织上的分离，确保将资源投入前沿产品与技术布局，从而实现长期战略与短期经营的平衡。

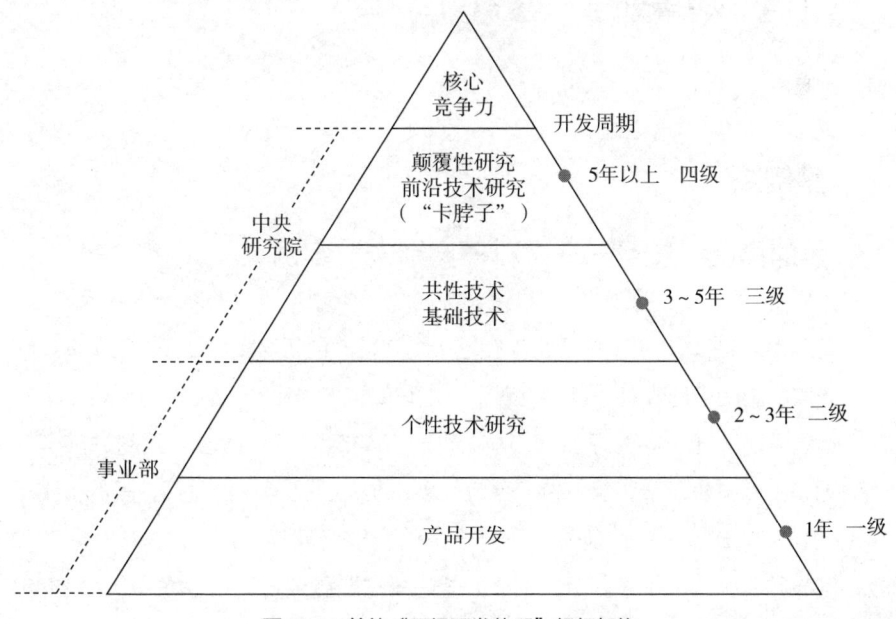

图 10-4　美的"四级研发体系"组织架构

"三个一代"是指产品开发一代、平台储备一代、技术研究一代,这样的架构实现了用户画像、品牌矩阵、产品平台、核心卖点及技术的有效互联,从而让整个体系形成合力,进而驱动产品研发的创新与高效。

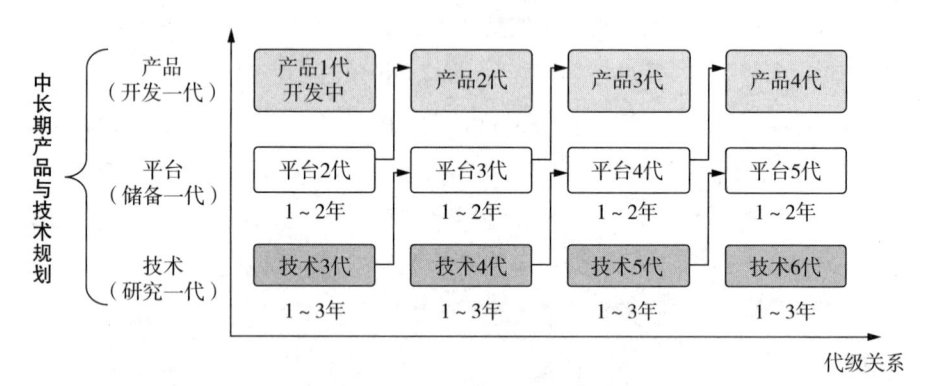

图 10-5 美的"三个一代"技术架构

美的从产品跟随策略转变为产品领先策略,把产品决策模式前置,提前进行产品与技术的规划,布局未来,从而构建从战略、趋势、需求、竞争到卖点、平台、技术、产品,拉通"研销"端到端的创新流程,是战略落地的重要路径。

(以上部分内容摘自美云智数公众号)

CASE 案例二

美的集团科技月——"科研奥斯卡"案例

每年 10 月中旬,整个中国家电领域最为独特的创新盛宴都会在美的上演,这就是在美的集团内部素有"科研奥斯卡"之称的科技月活动。这是一场长达 26 年的"造星运动",基本囊括了行业的前沿科技。科技月活动最早要追溯到 1996 年,当时为了不断突破创新,勇攀技术高峰,创造更加舒适美好的生活,美的提出了全新的科技战略,并由此诞生了一年一度的科技盛宴——科技月。科技月的设立,既鼓励着美的人不断创新,也让为美的科技发展做出贡献的每一个人都能够得到相应的回报和荣誉。

1996 年，美的开展了第一届科技月活动，奖金高达 87 万元；

1997 年，科技月奖励金额高达 100 万元；

2000 年，家用空调事业部产品研发工程师邓名义获得汽车奖励，并成为美的历史上第一个全国人大代表；

2006 年，科技月规模扩大，参与人员达到 1000 人。

2008 年，家用空调事业部"一晚一度电奖"的奖金为 500 万元；

2015 年，首次增设消费者研究大奖、客户体验大奖，将"以客户为中心"落实到对研发的引导上；

2016 年，科技月除了颁奖，还增加了科技交流活动，交流活动催生了更多明星产品；

2017 年，首次设立品质制造科技明星，并首次将库卡、东芝家电纳入"科技月"活动范围；

2018 年，首次将信息技术纳入"科技月"，与当年"人机新世代"的转型一脉相承；

2019 年，首次邀请战略合作伙伴参加"科技月"大众展区展示，体现开放式创新格局；

到 2020 年，第 25 届"数智科技，全球突破"科技月活动从研发技术、数字化智能化、制造技术、创新方法等十大方向，组织开展了 56 场各种类型的内外部技术交流活动。2020 年美的科技月不仅霸气地将总奖励金额增加到超过 4100 万元，创下历史新高，更特别的是在展示内容中划出"半壁江山"作为数智科技展区。展区中展示了对 5G、Wi-Fi6 在产品上的应用，以及蓝牙一键配网和支持鸿蒙系统的"一碰即连"技术，还有兼备超高集成度、宽电压、低能耗、高安全性的美的 IoT 芯片等。

美的董事长兼总裁方洪波又一次亲临现场，他在此次科技月活动上说："美的要坚持科技领先战略，这是我们的核心和基石，我们走在正确的方向上，坚信这是通往未来的光明大道，美的未来持续成长的唯一路径就是创新。"可以说，美的在结合人工智能、安全技术、大数据，对设备端、云端、移动端持续改造方面有着毋庸置疑的长线实力。

将科技月上的创新技术不断应用到产品上，让客户的生活变得更美好，是美的科研人努力拼搏的动力。

2021年，在美的集团第26届科技月上，美的专利授权维持量达5.7万件，授权发明专利连续四年居家电行业第一。在本次美的科技月上，一大批搭载"黑科技""强大脑"的家电亮相，这些产品都来自美的智能家居事业部群的各个单位。

在智能家电展区，一款多功能创新压力锅成为焦点，这款被称作"重新定义压力烹饪工具"的家电产品，凭借着丰富功能，成功吸引了不少专业观众驻足。另外，一批斩获美的内部产品创新奖的产品也集中"亮相"，如获得金奖的空气管理套系，凭借首创的"U型"窗机、管中管移动空调等技术，在市场价值上获得了极高的肯定。据悉，该产品拉动美的空调自有品牌成为北美市场占有率第一，"科技驱动力"可见一斑。

在科技月上，美的还提出了"元家居"这一新概念。所谓的"元"，就是弱化客户的使用感知，实现智慧家居的"完全智能"。

2022年，美的集团一年一度的"科技奥斯卡"，主题为"聚力·协同敢创未来"的第27届科技月暨第23届质量月颁奖大会在位于顺德北滘的佛山美的全球创新中心隆重举行，共评选科技明星33人、卓越技术贡献人才3人，以及质量明星5人。"科技领先是美的集团的核心战略，"方洪波在颁奖大会上强调："美的正是因为有好的机制，对科技长期重视、投入和传承，才能走到今天。"方洪波认为，要做到"科技领先"，首先，"一把手"是关键，高管战略思路的清晰与坚定是全集团形成共识的基础；其次，要进一步加大科研投入，抓住时代机遇；第三，落实研究体系的完善，研究院保持初心，加大基础及应用研究，攻关基础共性、差异性技术；第四，进一步加大海外高端研究人才的引入力度，要有长远的眼光，建立开放、包容的评价体系；第五，推动海外研发的本土化，融入当地文化，研究当地需求；最后，进一步加大对科技创新的奖励，持续改革激励机制，对原创性、引领性的研究成果给予重奖。

截至2022年，美的科技月对项目最高奖励达500万元，个人最高奖励超过100万元，累计奖励已超过4.5亿元。

Chapter 11 第十一章 新零售新营销

营销行业近3年的变化远超过去30年,零售与营销领域正在以光速发展与升级。这一变化基于三个关键变量:一是随着数字化、新媒体技术不断被应用,营销行为必然要应对各种新的趋势;二是消费者变了,Z世代的"90后""00后"群体成为消费主流,其消费行为及心理发生了深刻的变革;三是市场从VUCA时代向BANI时代切换,由于市场与竞争风格切换太快,营销思维、方法、手段也必须随之发生变化。

但是,零售与营销的本质没有变,营销的本质仍然是发现需求、创造顾客价值、实现企业价值。本章主要围绕新零售、新营销等问题展开。

一、什么是新零售

1. 新零售的定义

新零售是以消费者体验为中心、数据驱动的泛零售形态，阿里巴巴马云指出，"未来的十年、二十年，全球没有电子商务这一说，只有新零售"。新零售是企业以互联网为依托，通过运用大数据、人工智能等先进技术手段，对商品的生产、流通与销售过程进行升级改造，进而重塑业态结构与生态圈，并对线上服务、线下体验及现代物流进行深度融合的零售新模式。结合盒马鲜生和沃尔玛这两种零售方式对比来看，前者代表新零售，后者代表传统零售。

2. 新零售的特点

特点一：全渠道实现一体化深度融合。新零售模式下，线上线下门店，如PC网店、手机App、微信商城、社群、抖音、直营店、加盟店完全融合，以及渠道、商品、库存、会员、服务、信息、物流等环节皆贯穿为一个整体。开设新零售店时，应做到线上线下融合。美的"一盘货"就是线上线下融合的代表。

特点二：数字化智能化，重构人货场。新零售通过数字化技术、互联网及人工智能等重构零售卖场空间，将终端转变为数字化、智能化的门店，依靠数据技术完成消费者、商品、营销、交易、物流五个环节的数字化。

特点三：门店综合化。在新零售模式下，门店不仅仅是买卖场所，而是体验场所、社交场所、娱乐场所及货找人的场所。

特点四：商品生态化、无边界化。新零售的商业生态建设将涵盖在线页面、实体店面、支付终端、数据系统、物流平台、营销路径等多个方面，内含购物、娱乐、阅读、学习等多样化功能。新零售通过线上和线下平台、有形和无形资源的高效整合，模糊业务流程中各主体的现有边界，使企业全方位消除零售渠道之间的各种障碍，促进人员、资金、信息、技术和商品的合理顺畅流动，打破过去传统业务模式中存在的时空边界、产品边界等现实障碍，实现整个商业生态链的互联互通和共享。依靠"无界"的零售企业系统，消费者能随时随地以任何可能的方式与企业或其他消费者进行全方位的咨询、互动、交流、产品体验、情景模拟及商品和服务的购买。

3. 新零售的优势

新零售是商业模式的进化，有利于精准营销，提升营销效率，降低营销成本，降低整个价值链的库存，同时，对提升用户的黏性、提高产品开发成功率等都有着明显的优势。比如，盒马鲜生门店就是经典而又成功的案例，它采用"超市＋餐饮＋物流＋App"的复合功能体，被称为"一店二仓五中心"。"一店"指一个门店；"二仓"指前端消费区和后端仓储配送区；"五中心"指超市、餐饮、物流、体验和粉丝运营五大中心。这种新零售领域的"超级物种"在中国乃至全球市场中将层出不穷。

二、为什么会出现新零售

1. 消费升级

Z 世代的消费者已经成为市场消费的主力。Z 世代通常是指 1995 年至 2009 年出生的一代人，他们一出生就与网络信息时代无缝对接，受数字技术、即时通信设备、智能手机产品等的影响巨大，他们的消费能力不断提升，或将成为新时代的消费主力军。Z 世代不同于以往的 X 世代（1965—1980 年出生的一代人）Y 世代（1980—1995 年出生的一代人），他们自信、自由、内心强大，有着个性化的消费价值观、消费习惯和消费偏好。并呈现出以下六大特征：一是不关心产品价格，而关心产品性价比及价值感受，对产品本身的价值及功能有着根本要求；二是注重娱乐和体验，他们愿意为体验付费，追求新鲜、时尚、刺激的活动，比如剧本杀、VR、密室逃脱等；三是看重圈层文化，有着共同爱好的人无论在物理世界还是数字世界里都能彼此信任，相互影响；四是颜值主义，他们在人际交往上是真正始于颜值，敬于才华，合于性格，久于善良，终于人品的一代；五是爱国自信；六是属于互联网原住民。

2. 产业升级

人口红利和要素红利时代、增量时代已经结束，存量时代到来，同时，"以我为主"的大规模生产制造模式已经不适应新时代要求，即时需求、个性化需求大幅度增加。在这样的时代背景下，企业必须主动适应经济宏观、中观、微观的变化，强化敏捷制造、卓越运营等时代要求。

3. 移动互联网及支付技术升级

移动互联网的兴起，带领人们进入了知识与信息"爆炸"的时代，彻底改变了消费者的认知、习惯和需求，人们接受新事物的能力及学习效率大幅度提升。消费者永远在线是移动互联网的基本特征，加上移动支付，如支付宝、微信、手机银行等具有方便、及时、安全等特点，都为新零售插上了腾飞的翅膀。

4. 数字化技术

数字化和人工智能实现了万物互联，彻底解决了传播时代零售信息不对称、线上线下打不通等问题，重构了人货场的关系，为优化消费者体验感，提升转化率提供了可能。而数据的打通真正实现了消费者、产品、体验、购买、服务一体化，从而倒逼零售业进行升级。

三、新零售、新营销进化趋势

1. 万物互联催生商业与零售快速迭代

5G+人工智能使人、产品、服务链等要素无缝对接，并通过智能机器人进行智能化处理，使中国商业界、零售界不断进化，不断催生新产业、新岗位、新机会。同时，这些新的商业模式不断接受跨界升维打击，使原有的、落后的商业模式逐渐土崩瓦解。比如，家电行业巨头格力电器早期一直以线下渠道利益被冲击为由拒绝电商模式，而今董事长董明珠也开始直播带货，这说明旧的落后的商业模式已不适应时代发展趋势。在商业模式进化升级的时代趋势下，故步自封、人为保护是没有意义的，顺势而为才是王道。

盒马鲜生就是数字化与互联网时代催生的超级物种,并且不断地跨界打击其他传统落后的商业模式。它靠"即时服务"并借助互联网技术连接了海鲜市场、蔬菜供应商,连接了厨师,连接了社区居民,连接了消费者。除了可以现场选购食材由厨师现场加工,盒马鲜生还为消费者和社区居民提供紧急救援服务,如提供电池、充电线、插座灯泡、毛巾、牙刷、雨伞、卫生巾、防溢乳垫、安全套、体温计、退热贴、成人纸尿裤等日常产品和服务。这个"新物种"在和谁竞争?和饭店!和超市!和菜市场!也和社区物业!这不仅是跨界打击,还是升维打击。

万物互联时代,企业不主动连接别人,用户就会被别人连接。"重视连接,学会连接,尝试万物互联"是未来的生存哲学。制造业用数据连接、信息连接,深度洞察消费者的痛点及需求,制造"新连接器",去连接更多的人、更多的物、更多的信息。

2. 全民娱乐

全民娱乐时代的到来,使商业形态由"消费为主,休闲为辅"变成了"休闲为主,消费为辅"。比如,你可以看到书店在卖咖啡,咖啡店在卖"生日、聚会、纪念日场景",购物中心的体验业态越来越多,如珠宝店里有美甲区、求婚表白区,商场里甚至有儿童剧场,西贝莜面村在教孩子们做莜面。购物休闲娱乐化的本质就是新零售、新营销模式,其核心是打造消费场域和IP,而不是简单卖产品,而是把产品嵌入统一打造的IP场景中供消费者去体验。

在全民娱乐时代,企业要学会邀请消费者一起创造场景感、仪式感、体验感、荣耀感,就是创新服务内容,以享受的名义来占用消费者的时间,培养消费者对品牌的忠诚度。营销方向就是,要么占用消费者的时间(培养忠诚度),要么节省消费者的时间(便于购买)。占用时间是为了更好地刺激需求,节省时间是为了更好地提高交易效率,实现更好的消费体验。

3. 消费主权时代兴起

移动互联网兴起后,消费者的学习成本越来越低、信息掌握能力越来越强,加之商品进入了存量时代,竞争更加激烈,以往人找商品的时代结束了，变成了商品找人。这是消费者主权时代的一大特征。比如今日头条、抖音、京东等一系列平台都在想方设法为消费者推送其喜欢的内容或产品。

消费者主权时代到来的另外一个特征是，买卖体验呈现出互动化和可视化的特点，基于互联网的传播性，商品或服务一旦存在问题，很快会传播开并影响其他潜在消费者。因此，企业以消费者为中心，把产品做好，才是王道。

4. 数字化时代替代工业时代思维

数字化时代使传统的工业时代"以我为主"的经营模式转化为"以客户中心"的经营模式。从企业管理的角度看，工业时代与数字化时代的主要区别在于，工业时代的经营"以我为主"，以规模成本取胜，生产讲流水线，管理讲权威和科层制、关键绩效考核，营销讲人找货、建门店；数字化时代则表现为碎片化和连接，生产讲精益，制造讲柔性敏捷，管理讲开放、平等、尊重、快乐，营销讲娱乐化、个性化。

很多企业里中高层干部多是"60后""70后"群体，他们在经营管理中经常要面临两方面困惑。一是"90后""00后"员工有激情、有想法，但留不住；二是老员工没激情、没创新，但赶不走。有些企业老板可能认为，是因为企业文化好所以老员工忠诚度高，而年轻人留不住则是因为他们太浮躁了，却没有反思是否公司的管理思想已跟不上数字时代了。

年轻人身上固然存在浮躁、随性等问题，但我们不得不承认，年轻人在学习、创新、开放、连接能力上更趋同于时代要求，甚至有超前思想。如果不与年轻人为伍，企业一定会落后。如果企业还停留在"以我为主"、大规模铺货压货、做高空广告、讲人海战术这种工业时代的营销思维上，其营销效率势必会越来越低，转化率也越来越低，目标任务的完成会越来越难。

5. 社群圈层化

社群是在自媒体兴起下，因共同需求、兴趣、爱好和文化特征而聚集起来的群体。社群是超级连接器，把人与人及信息大规模地组织起来，打破了地域空间的界限。"同胞、同乡、同学、同事、同行"被连接起来，他们在意识形态、价值观、消费偏好等方面有着一致性，是精准营销的最佳目的地。

四、如何做新营销

可以说，新零售重构了人货场，颠覆了传统工业时代的营销思维，要求我们用全新的思维看待营销工作。什么是新营销？目前还没有非常权威的定义，笔者认为，新营销是在万物互联与数字化时代，以消费者为中心，注重场景、IP、社群等基本要素，更高效、低成本地完成消费的过程。我们基于4P框架来分析新营销与传统营销的区别。

产品——过去产品是交付客户价值的主体；现在则由以消费者为中心的场景来打造，产品只是其中一个道具，场景才是占领消费者心智模式，实现产品、品牌、功能与场景强关联，从而形成长期营销成功的关键。比如江小白喝的是情怀、怕上火买王老吉的场景等。

价格——过去价格是产品价值的体现，现在价值体验感，以及给消费带来的娱乐感受、快乐指数、痛点解决程度等才是产品价值的体现。当消费者获得价值感时，产品价格已经不具有弹性，消费者不再过度在意价格。

渠道——过去渠道是销售的通路，现在万物互联后，渠道社会化了，凡是消费者能触及的地方都是渠道，包括物理世界和数字世界。它们既是渠道，也是场景。

传播——过去的推广包括广告推广、人员推销、公关推广和促销推广等，采取"以我为主"的方式将产品信息传递给消费者；现在的推广包括IP、社交、社群和直播等全新的形式，以产品在使用场景中的体验为主。需要提示的是，新营销要求决策者转变"以我为主"宣传产品、消费者找产品的传统思维，向以消费者为中心的"货找人"模式转变，比如WEB3.0就是用数字化技术精准地让商品找人的传播过程。

基于万物互联，以及数字化时代兴起、消费者主权时代到来、新零售快速进化的背景，我们从以下几个方面来探讨如何推进新营销商业模式创新。

1. 以消费者为中心

新零售从时空上重构了人货场，消费者变得异常重要，场景的打造及全链路服务，均要围绕消费者的痛点与需求去布局、展开。因此，产品设计与研发要建立长效机制，从消费者出发而不是从企业或设计师出发。全链路的服务都必须围绕消费者体验来设计。

2. 爆品思维下的产品领先

产品领先在新零售时代更为重要，产品力的打造分为两个层面：一是产品的物理层面，产品的质量、性能、科技含量必须要高，这是基本功，也是常识性要求。靠以次充好，低质低价是走不远的。二是消费者的精神层面，即价值体验感，要让消费者购买的过程愉悦化、享受化，并超越产品物理意义的上价值感。比如美的"产品领先"战略就强调品牌价值。好的产品是一个放大器，投入1块钱的营销资源，能够产生10块钱的结果；差的产品是一个黑洞，投入1块钱的营销资源，却可能得到1毛钱的结果。这就是数字化时代的爆品、精品思维。抓住爆品的五个核心点，形成爆品就不是问题，这五个核心点就是高性价比、尖叫品质和体验感、时尚IP、符合个性化需求、夺人眼球的外观。

3. 线上线下深度融合

新营销有一个重要变化，就是线上线下深度融合，线上线下同款同质同价。如果我们的营销思维和策略还停留在依靠线上冲击线下、同价格不同质、以次充好、设线上专款及线上线下老死不相往来的模式，那就急需营销升级了。正是基于以消费者为中心，在新营销新零售模式下，线下体验线上买、线上体验线下买均能同时存在。

这里有一个大家非常关心的问题：如何实现线上线下同款同质同价？如果以牺牲厂家和商家利益为代价，是不符合商业逻辑的，且说明我们还处在工业时代的营销思维上。其实，只要重构营销渠道体系，缩短业务链，即将线下渠道商层级进行压缩，将物流商信息拉通，减少周转，将仓库云化，将送装（服务）一体化，将支付方式互联网化，线上线下的成本链基本可以一致，效率同样可以提高。美的就是以"T+3"以销定产模式为契机，推进营销变革，缩减中间环节，实现仓储一体化、送货一体化、仓干一体化后，彻底重构了营销模式，实现了线上线下深度融合、相互赋能，从而使美的的市场占有率、盈利能力、客户满意度均获得大幅度提升。

4. 敏捷供应链与服务

何为敏捷供应链？在新零售背景下，要想以消费需求为中心，敏捷、高效地满足需求，就要实现以需求为导向的订单管理模式。在这种模式下，整个价值链，包括研发设计、采购、制造、物流等都要围绕客户需求、订单来高效、快速响应，完成交付。敏捷供应链区别于传统的"以我为主"、以预测为基本方法，大规模采购、大规模制造、大规模存货来满足市场需求的营销模式，而是在对消费者进行精准画像的基础上，先做研发设计，在产品没有上市之前将产品IP及价值链提炼出来，并在合适的场景、社群进行传播，同时做蓄客管理，一旦正式订单下达后，研发、采购、制造基于数字化链接快速响应订单，并实现采购、制造、物流送达一站式敏捷服务。美的、海尔、大族激光都属于在这方面有成功实践的企业。

在消费者购买产品前，要占用消费者的时间，与消费者做强关联；但一旦消费者做出了购买决策，则要节约消费者的时间，即支付、送货、安装、使用、服务都要高效低成本地实现。

五、企业营销升级之路

新零售时代的到来，逼迫企业必须进行营销转型。接下来，我们从新营销思维、新营销组织、新营销全价值链策略三个维度来分享企业营销升级方法。

1. 新营销思维

（1）场景、IP、圈层、传播

无论是做产品企划，还是做营销传播；无论是研究消费者的决策过程，还是最终完成交易的服务过程，都需建立场景、IP、圈层、传播框架。

（2）消费者的决策模式

企业做营销升级，要思考你的客户是哪一类人群，其决策模型是什么。我们可以基于美国广告学家E.S.刘易斯的AIDMA模型到AISAS模型的转变（见

图 11-1）来探讨消费者的决策模式。比如，要买一款自己不熟悉的智能手表产品，如何收集信息做决策？"60 后"会问朋友，"70 后"会百度搜索，"80 后"会淘宝搜索，"90 后"会借助抖音、视频号、B 站。不同代际的消费者，其找信息的决策模式不一样，下单的决策模式也不一样，不同代际的消费者各自有不同偏好的电商平台或者消费业态。

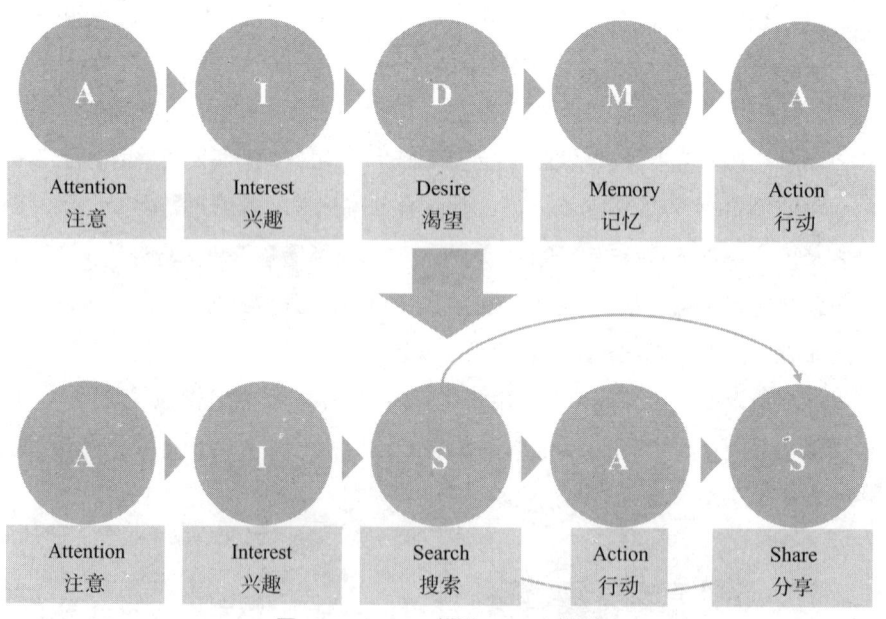

图 11-1　AIDMA 模型 -AISAS 模型

（3）营销链路管理

以前，消费者触达、互动、转化、服务四个环节基本是割裂的；而在新营销模式下，时空基本都连接起来了，企业要做的是将触达场、互动场、转化场、服务场进行基于以消费者为中心的全链路管理。比如直播带货，从刷到视频、直播间互动、转化下单，到售后服务应该一气呵成，营销管理者必须精准设计这些环节。

（4）货找人

什么是货找人？通俗来讲，就是你在互联网上搜索过的信息都会留下痕迹，商家会根据你的偏好，精准推送相应的信息给你，下次打开 App 时也会接收到之前你浏览的信息的同类型信息；甚至你和别人交流的信息也可能被手机"偷听"，等再次打开手机 App 时，App 也会推送你们聊天话题里涉及的商品信息，这就是"货找人"。

（5）爆品

我们在前面的章节做过分析，这里不再赘述。

2.新营销组织

传统的营销，"营"跟"销"是割裂的，意味着"营"的人做产品策划、市场策划、内容策划、广告投放、品牌建设，最后把产品做出来交给销售人员，让他们去线上线下售卖，这是"两张皮"。新营销则是营销全价值链一体化管理，从触达、交互、转化、到服务的链路视角出发，把"营"与"销"的组织进行融合，融合成一个个"产品经营团队"，每一个经营团队围绕一个爆品去经营一组链路矩阵。这就是产品经营组织基于消费从触达到服务的端到端打通。

因此，新营销背景下，营销团队应将产品企划、营销推广、用户运营、线上线下销售、计划管理、仓库物流、送装服务等组织全链路打通，通过责权利匹配实现敏捷化管理。

3.新营销全价值链策略

前面我们从营销组织上分享了新营销组织拉通形成敏捷运营能力的重要性，接下我们从 IP 化、数字化选市场（产品）、商品企划、全场景传播、平台化营销、以圈层为核心的用户运营、敏捷交付等方面分享新营销全价值链策略。

（1）IP 化

数字时代营销首要的工作就是 IP 化，企业、品牌、用户、员工都要 IP 化。所以新营销有两件相辅相成的工作：一手抓用户（流量），另一手抓供给（好产品），二者在营销组织链中敏捷流转。关于如何打造 IP，有一个简单的公式：

$$IP = 标签热度 \times 有效流量 \times 种草力$$

其中，标签热度是指时下该标签占据消费者心智的主流程度；有效流量是指该标签下的产品或服务销售量；种草力即二次传播力。

（2）数字化选市场（产品）

无论是新创业者选赛道，还是企业做新品类扩张，都要基于数据而非经验决策，用数字化的手段选市场、选产品。

（3）商品企划

商品企划也要基于大数据从消费者的偏好及自身的 IP 等角度综合做出产品设计与企划，这样才能真正实现产品销售的成功，甚至使产品成为爆品。

（4）全场景传播

什么是全场景传播？在数字化时代，新营销基本理念是"万物皆为传播场"，从触达消费者，到最终服务，所有的消费者可能到达的场域都是传播场。

（5）平台化营销

无论是线下还是线上，无论是平台电商还是内容电商，都需要平台化，具备线上线下同质同款同价的能力及实现全链路融合，才能真正实现营销效率最大化、消费者体验最佳化。比如，消费者要买一台智能冰箱，其可以在线下体验、线上交易，也可以在线上交流、线下体验、线下购买，或者在线下扫码、线上完成服务，等等。

（6）以圈层为核心的用户运营

从企业的角度看，圈层是指与品牌及 IP 用户相似或相近的同一类用户或潜在用户。在传统营销管理中，圈层用户运营同样放在首位，其次是品牌推广与传播。只是在互联网时代，在数字技术的支持下，企业营销和用户走得更近，营销策略可以更精准，转化率会更高。

要做好圈层用户运营，需要考虑三个关键因素：一是圈层化，找出核心目标用户群体；二是情感化，用情感共鸣打动核心目标用户；三是参与感，让用户参与关键节点的产品讨论和品牌建设。

用户圈层可以分为核心层、影响层和外围层，其关系如图 11-2 所示。

外围层（品牌知名层）

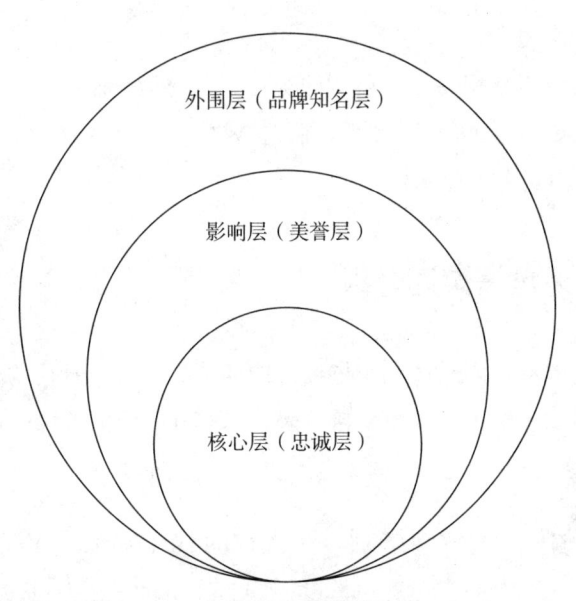

影响层（美誉层）

核心层（忠诚层）

图 11-2　用户圈层

首先，核心层是对产品和企业 IP 有着较高忠诚度或兴趣的群体，一般叫粉丝。他们对本公司的产品、服务、品牌有两个核心需求：一是功能性需求，属于物理层面的；二是情感需求，属于心理层面的。所以企业一方面要做好产品；另一方面要提升品牌，而这两点也是拉升溢价的核心所在。

其次，影响层是核心层外围的更大范围的粉丝群体，其准入条件相对于核心层来说要宽松一些，主要是相关领域的关键意见领袖，通俗的叫法为网红。网红一般有产品领域专业度强、个人 IP 影响力大、爱尝鲜、爱分享四个特质。

最后，我们看看外围层。在移动互联网与数字化时代，管理用户时，先找到一个特定圈层的人群，通过特定圈层扩散到的范围更大、更广的人群就是外围层，他们跟企业的品牌、产品、服务有千丝万缕的联系，如果经过一系列的运营使他们成为潜在用户，我们的工作就成功一半了。

核心层、影响层、外围层与传统营销时代的品牌美誉度、忠诚度、知名度有一定的对应关系。

（7）敏捷交付

一旦消费者确认交易后，后端的交付一定要是快速的、高效的、一体化的。这时候，必须拉动后端的采购、制造、物流、服务一体化高效快速无缝对接，从而给予消费者最佳体验。

六、线下营销渠道升级

在中国经济从计划经济到市场经济的变革过程中，时代的变迁、生产工具的转变，引发了渠道的变革。接下来，我们分析中国市场中市场化程度最高、竞争最激烈、发展比较早的家电产业的渠道变迁过程。

第一个阶段：大户网络制——大户时代（2000年以前）

2000年之前，实体经济处于蓬勃发展时期，主战场在省会及发达的地级市，获取优质渠道成为市场成熟的关键，各品牌商主要争夺的是当时最强的代理商、批发商，他们在当地有着良好的人脉、优质的线下渠道、良好的市场口碑。谁拥有优质代理商资源，谁将拥有最好的发展机会。在大户时代，企业的核心力量聚焦于发展全国优势批发商、代理商。大户最大的特点是资金雄厚、网络发达、客户背书能力强、囤货能力强。一个大户可能搞定一个分公司30%以上的任务和发展目标，所以获得大户就相当于获得了最根本的市场资源。

但是大户制有几个天生的缺陷：一是占山为王，割据思想重，品牌忠诚度低，甚至公开叫板品牌商，随时切换品牌，对厂商来说风险极大；二是市场混战，低价放货，导致中小渠道无法生存，严重影响渠道中长期培育与发展；三是服务消费者的意识淡薄，甚至在一定程度上会损害消费者利益。

第二个阶段：区域代理制——渠道为王时代（2000—2004年）

渠道规范与否和秩序好坏会直接影响到顾客的利益，进而影响到品牌的可持续增长，与此同时，还会影响到渠道的成长和价值链的安全，窜货、乱价会损害渠道利益，最终损害自身发展。这一时期，大代理商逐步缩小批发范围，各省地级市场新代理商如雨后春笋，二批商逐步消失，渠道走向规范化,恶意低价竞争和窜货逐步减少。

第三个阶段:精耕细作渠道下沉——小区域代理+专卖店+超级大卖场多业态并存阶段(2005—2011年)

2005年以后,中国经济进一步提速,中国农业逐步现代化,农村闲置人口大量进入城市,为城市基建、工业做出了巨大的贡献,他们获得的收入比在农村要高出5~10倍。2001年,中国加入WTO,快速融入全球化,带动了中国各行各业的发展,老百姓购买力大幅度提升,使相对单价较高的空调、冰箱、洗衣机等家电迅速在县、乡、镇得到普及,因此,更灵活的小区域代理+直营专卖店在县、乡、镇快速发展。县、乡、镇经济快速发展,农村市场异常活跃,乡镇市场渠道和网点进一步扩张。这一阶段渠道操作的关键词是:迅速铺开网点,强化无缝覆盖,提升渠道质量。美的、格力、海尔三大白电企业均抓住了这一阶段的关键矛盾,并实现了突破性发展,从而奠定了中国白电行业前三强的格局。

第四个阶段:线下与线上从无序竞争到有序协同深度融合阶段(2012—2022年)

2012年,电商业务进一步发展,占比持续提升,平台电商、内容电商、社群电商进一步活跃,尤其是2020年后,疫情进一步利好电商平台,导致线上销售额占比进一步扩大,对线下进一步形成冲击。靠传统线下渠道生存的品牌商纷纷寻求战略转型和营销升级。美的在2011年就积极顺应营销新趋势,拥抱变化,大力推进线下渠道变革,以"T+3"为核心,重塑商业模式,优化业务链,缩短线下渠道环节,提升效率,实施敏捷运营,完成线上线下深度融合,线上线下一盘货(同价同质),保证了线下渠道利益的同时,也保证了美的在线上渠道的持续发展,从而为美的最终超越多年竞争对手创造了条件。

而同期的另外一位家电巨头格力采取了不同的战略,其对新兴互联网电商崛起整体上采取"抵制"策略,重点保护线下渠道,以保证其营销根基。但是新渠道的崛起、行业新趋势的到来从来不会以个人意志为转移,这就使格力最终被其老竞争对手美的超越。

第五个阶段：数字化营销——基于数字化的价值链一体化（2022年至今）

除了少数新兴行业与新兴市场在短期内存在增量市场和蓝海市场，对大多数企业来说，所有的行业都会走向红海市场。近年来，产业资本的介入使一个行业从导入期到成熟期的周期大大缩短，大多数行业瞬间从蓝海市场跳转到红海市场，增量市场变为存量市场。在这种背景下，企业后端要与供应商进行战略协同，前端要与代理商、零售商进行战略协同，实现纵向产业链一体化，这种一体化包括信息流、物流、商流、价值流等的一体化，实现高效低成本快捷运营，提升价值链营运能力，实现整个价值链的成本最优、效率最高化。而数字化技术的兴起加速了这一趋势，这是未来中国制造业企业都必须经历的过程，数字化营销是不二法宝。

CASE 案例

美的营销数字化实现红海到蓝海的升华

美的数字化的价值在于在构建价值链一体化的同时，实现了营运的高效低成本化。不夸张地说，数字化重构了美的的商业模式与价值链。数字化转型的本质是效率革命、成本革命、决策革命这三大革命。

美的原三大战略主轴为产品领先、效率驱动、全球经营。其中，效率驱动踩中了数字化转型的关键点——效率。美的围绕效率革命，进行了长达8年的探索，借助数字化技术，对美的价值链进行了重构，对商业模式进行了创新。

美的营销与渠道变革可以总结为两套体系："T+3"和"1+3"。首先，产销模式上实行"T+3"数字化价值链运营，即以T为基准点，3天为阶段周期，总共分为4个阶段，分别是订单、备料、生产、交付，一个循环周期为12天。其次，渠道模式"1+3"，即一盘货+三张网，将线上线下渠道的库存融合为"一盘货"，促进库存的充分共享与快周转;"三张网"分别为前端零售干线网(满足订单碎片化运营)、城市仓配网(干仓配一体化运营)、末端送装网(直接入户服务)。比如,美的集团旗下的安得智联是一盘货,新业务模式的核心是用户直达。数字化改变信息流、订单流程、资金流相对容易,改变物流很难,安得智联的"一盘货"恰恰通过数字化改变了物流体系。

在"T+3""1+3"模式下,美的通过数字化技术实现数据拉通、流程拉通,从而实现了价值链运营的拉通,真正实现了效率、成本、交期的最优化。

一、线下渠道链的冗长

过往线下渠道链很长,从制造商到消费者,需要经过 5 级,厂家(F)→营运商(O)→代理商(B)→零售终端(b)→用户(C)。中国消费品企业正常的全链路是:F2O2B2b2C,其中不包括二批商,比如格力的线下渠道就是制造商→分公司→代理商→零售店→消费者,正因如此,以往中国企业渠道模式效率很低,需要庞大的渠道资源、费用、人力来支撑渠道的正常运营。

二、线上电商的崛起

2008 年次贷危机波及中国,加之中国商业地产快速高价化,线下渠道举步维艰。2011 年前后移动互联网兴起,各类社交媒体如微博、微信兴起,平台电商、内容电商开始发展,电商去中间化、个性化的特点,迎合了年轻的消费者,线下渠道链过长的弊端使拥有优势的线上业务崛起。2012 年,空调产品线上市场份额很低,部分人对电商的威力还抱着怀疑态度。美的和格力是两家典型的公司,美的主动拥抱线上渠道,格力坚守线下渠道。

三、用线上思维改造线下渠道链路

线上渠道有六大功能,涉及订单、推广、配送仓储、资金、市场运营及售后服务,承载订单流、信息流、物流、资金流、政策流、服务流于一体。但是由于渠道链路长,端对端的流程并没有打通,导致消费者的需求无法被感知,用户响应时间长,厂商间博弈多。

在数字化技术没有兴起之前,中国企业为了解决这一问题做了很多努力,包括美的在内,但效果都不尽如人意,尤其是对采取压货模式的家电产业来说更是陷入窘境。而数字化技术的兴起，对数据、流程的打通提供了助力，加上人工智能、机器人流程自动化的兴起，为线下业务线上化提供了可能。传统渠道模式和新渠道模式的区别如图11-3所示。

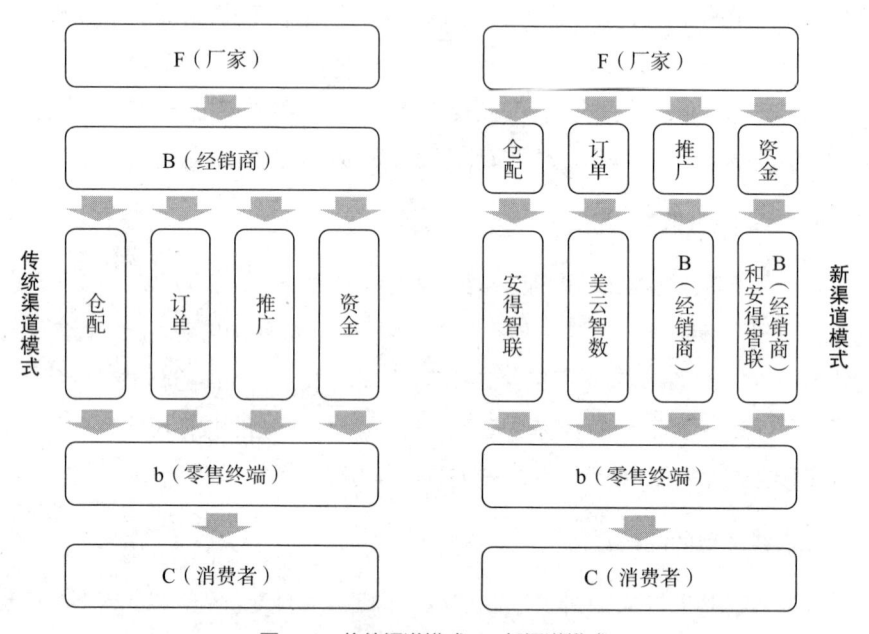

图 11-3 传统渠道模式 VS 新渠道模式

四、基于"T+3""1+3"的数字化营销浮出水面

如果说"一盘货"是分销数字化的话，那么"T+3"则是供应链数字化。"T+3"就是把原来的"以产定销"变成了"以销定产"，实现订单制生产，客户下单、打款、锁款，之后工厂再敏捷柔性化生产。以T为基准点，3天为一个周期，总共4个周期，一个周期收订单、一个周期备料、一个周期生产、一个周期物流交付、一个循环周期为12天，各个循环周期可并行。"T+3"模式理论上一个完整周期是12天。美的还将订单交付周期从原来的45天下降到20天。战略和管理专家施炜老师说，数字化的价值主要在价值链运行上。美的在同等能效下能实现成本压缩，背后是供应链效率的支撑，而数字化对供应链效率起了一定作用，如价值链"T+3"战略。

"1+3"是指"一盘货"和"三张网"。把线上线下渠道的仓库云化，融合为

"一盘货",从信息和流程上打通,促进库存的充分共享与快周转;"三张网"分别为前端零售干线网(满足订单碎片化运营)、中端城市仓配网(干仓配一体化运营)、末端送装网(直接入户服务)。

在"T+3"和"1+3"的加持下,线下渠道实现扁平化一体化运作,扁平化是指原来的代理商转型服务商、运营商,从渠道链路中被优化掉,订单流、价值流、信息流、政策流从厂家直接到零售商,代理商转型为营运商,承担推广、服务和部分资金功能;一体化是指制造商将信息流、物流、订单流等全部拉通,实现端到端的闭环管理,可以说数字化技术的到来,对渠道价值链的变革是颠覆性的。

仓干配一体、送装一体是美的新业务模式突破的两个亮点,前提是美的安得智联的"一盘货"模式,如图 11-4 所示。

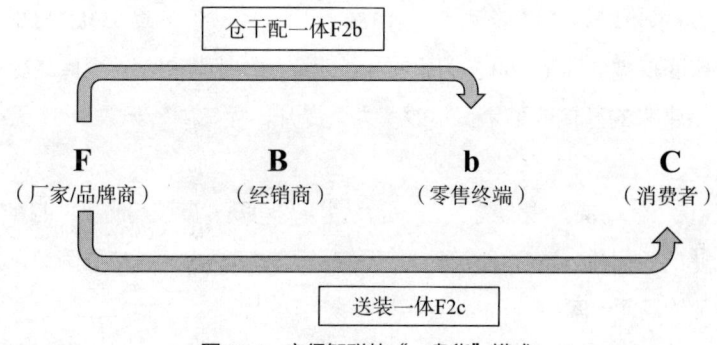

图 11-4 安得智联的"一盘货"模式

从图中可看出下列变化:

- 经销商(B端)已经从仓配体系剥离,其将聚集其核心职能,成为服务商、运营商;
- 仓干配一体:安得智联成为"仓干配"服务的第三方;
- 消费者直达:现已直达零售终端(b),未来还可能直达消费者(C);
- 送装一体:家电送货与安装以往是两条线,导致用户体验不佳。现在已经能够做到淡季电商购买送装一体,送装一体可以大大提升用户体验,解决了"门到门"的最后一公里配送、安装及其他增值服务。

五、美的仓干配一体解决了渠道的运营效率和成本问题

线下代理商之前聚焦了大量功能，容易产生堰塞湖效应，带来渠道效率与成本问题，如资金紧张、仓库面积不足等，进入旺季后这些问题更加显著。在新模式下，代理商变营运商，其功能与价值点被仓干配一体化的安得智联替代。安得智联是一家干线物流与智能云仓服务提供商，也属于美的集团的业务板块。仓干配一体化后，实物无须进入代理仓库，而是直接进入零售商仓，这样全链路装卸次数由原来的 5~6 次下降到 2~3 次。装卸次数减少后，渠道效率提升，成本下降，残损率降低。

"一盘货"的另一个商业创新是线上线下融合，库存共享，并且实现制造商仓、区域仓、代理商仓、零售商仓云化，即在数字世界里，仓库数据完全打通，形成统一虚拟仓，发货时自动根据地址识别具体出货仓。在"一盘货"模式下，美的在全国的仓库从 2200 多个减少到 138 个，仓库数量下降 95%；550 多万平方米的仓库面积减少到了 160 多万平方米，仓库面积下降 70%。仓库减少、装卸次数减少，带来的直接效果是资金效率大大提升，存货周转天数从 51 天缩短到 35 天。

"一盘货"还解决了线上线下抢产能及资源的问题，真正实现了采购、制造、物流、仓储的一体化、数字化管理，从而使资源效率更高、制造更简单，大大提升了供应链的运营效率。

六、数字化解决了标准化与个性化的矛盾

标准化是制造业降本增效的重要手段，也是实现数字化的必由途径，但是消费者对产品和服务的需求越来越个性化，这与标准化产生了冲突。未来的品牌制造商对外要满足个性化需求，对内要通过标准化实现经营管理的简单化，如何解决这一矛盾呢？

美的以用户直达作为新的战略主轴，用户直达的本质是与用户建立直接触点，减少中间环节，建立全面的交互关系，以及提升响应速度和响应规模。在传统模式下，物理世界环节多，信息衰减明显，渠道响应速度慢，零单订货多且算力不足。用户需求满足过程是渠道的反向运行过程，即 C2b2B2F，用户响应经过长渠道，响应速度就会变慢。美的关键绩效考核中有一个反映用户响应规模的指

标：零担订单占比。"用户直达"从物流方面讲是减少装卸次数，从订单形成方面讲是减少订单渠道环节。具体如图 11-5 所示。

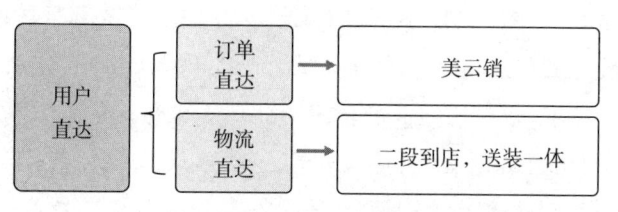

```
           ┌─ 订单直达 ──→ 美云销
用户直达 ──┤
           └─ 物流直达 ──→ 二段到店，送装一体
```

图 11-5　美的"用户直达"系统

美的借助美云智数的全链路数字化，一方面通过美云销解决订单直达问题；另一方面通过送装一体解决快速满足客户需求的问题。这两套体系在没有改变渠道结构的情况下，通过信息拉通、流程打通，解决了用户响应速度和规模问题。

如图 11-6 所示，传统渠道是一个漏斗，厂家的 SKU 很多，代理商从中选择一批 SKU，零售终端再从代理商的选项中选择一批，用户最后选择一个。漏斗的每次滴漏，都会有一批 SKU 消失。

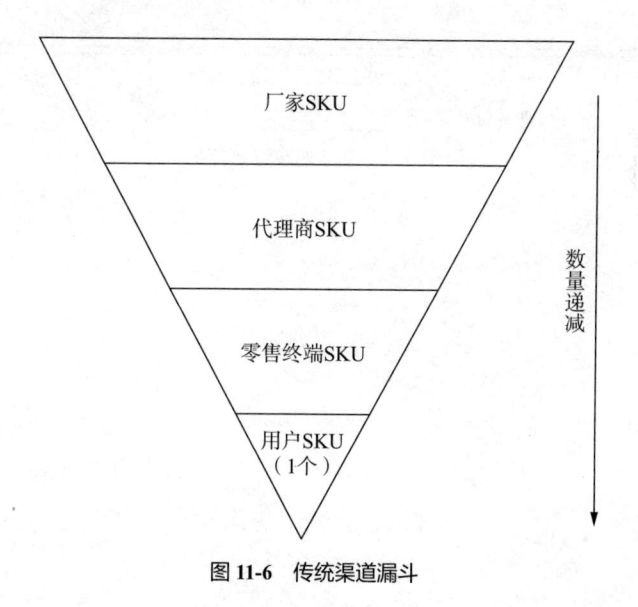

```
┌─────────────────────────┐
│        厂家SKU          │
├─────────────────────┤   │
│     代理商SKU       │   │ 数
├─────────────────┤       │ 量
│   零售终端SKU   │       │ 递
├─────────────┤           │ 减
│ 用户SKU     │           │
│ （1个）     │           ↓
└─────────────┘
```

图 11-6　传统渠道漏斗

在上述渠道漏斗中，代理商扮演零售终端的代理人，零售终端扮演用户的代言人——这就是传统渠道的逻辑。出于成本和经营简单化的考虑，经销商对 SKU

的选择过程，也是 SKU 在渠道中的减少过程。渠道商作为中间商，对用户需求的分析与选择，自然导致"屁股决定脑袋"——漠视零单、小单等非规模化的订单需求，但这些订单，在美的大数据之下又显得非常重要，符合互联网时代的基本特征（需求碎片化），正所谓互联网时代用户千人千面，用户定制恰恰就是要发现用户个性化的需求。美的将线下渠道数字化后，其业务链与线上层级一致，使渠道漏斗效应明显减小，制造商无限接近于用户，实现了规模化制造向规模化定制到最终的个性定制的转向，这是对于美的多年以来运营方式和商业模式的颠覆与创新，而这一创新商业模式真正使美的将自己的红海业务变成蓝海业务。图 11-7 为美云智数订单流程。

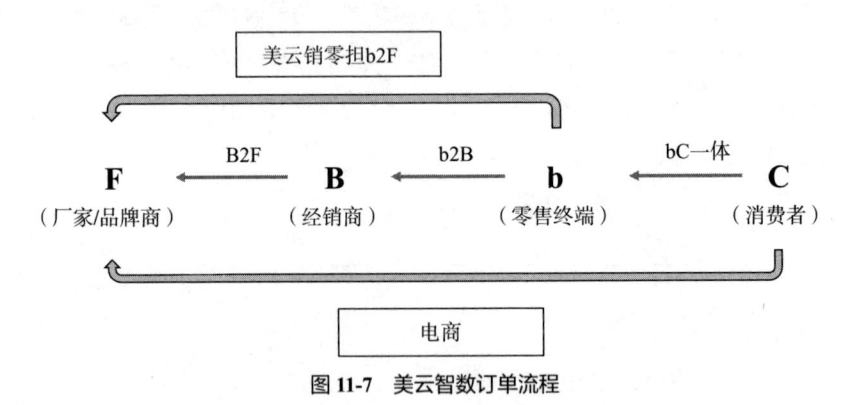

图 11-7　美云智数订单流程

Chapter 12
第十二章 精益制造与供应链管理

大供应链管理包括采购、生产制造、品质管理、产销协同管理、计划及仓储物流管理。大供应链的运营效率、质量及成本管理能力是制造业的基础,也是基本盘,决定了制造企业的基本竞争力。本章主要围绕大供应链的降本、增效、提质及敏捷交付等核心经营点展开。

一、精益制造管理

1. 精益制造的概念

精益制造也叫精益生产，但其范围更广，并不局限于生产。精益制造，源于丰田 TPS 生产方式，欧美称之为 LPS 精益生产方式，是日本丰田汽车公司在 20 世纪 50 年代到 70 年代约 30 年的实践基础上，又经过 80 年代至今的 30 多年深化和扩展而形成的系统化的企业高效运行管理体系。

各国优秀的企业围绕丰田 TPS 进行了大量的探索、实践与创新，创造了符合自身发展需要的精益系统，如大众的 KPS、丹纳赫的 DBS、雷诺日产的 APW、戴姆勒的 TOS 系统，霍尼韦尔的 MOM 系统，海尔的"零库存"管理及美的的 MBS，都非常具有代表性。

在精益制造的思想体系中有两大原则：一是自动化，围绕质量（不仅包含实物质量更包含工作质量）问题，强调有质量问题必须停下来，绝不因质量问题影响下道工序，确保各道工序的质量；二是准时化，围绕效率问题强调只在必要的时候以必要的量生产和搬运必要的物品。这两大原则有一个基础支撑，就是以尊重人性为本的持续改善。比如，丹纳赫的 DBS 主要输出的是效率、成本工具，丹纳赫公司收购标的后，用 DBS 工具对标的企业进行整合"手术"，实现成功赋能。美的的 MBS 本质上也是从人的主观能动性、潜能出发，以机制驱动员工，用先进的精益工具驱动企业经营的持续改善。

美的 MBS 的底层理念与丰田 TPS、丹纳赫 DBS 是一致的。

精益制造方式外在的基本特征表现为两个方面：一是生产组织和管理系统使物品、信息、资金不间断地快速流动；二是持续进行改善的改良型企业文化的呈现。

伴随着工业化时代、大量生产时代、信息时代等经济发展阶段的更迭，工业管理科学实践也经历了从点的科学管理（动作效率分析、时间分析等）到面的二维的科学管理（空间布局效率、供应链整体运行效率等），再到体积的三维的科学管理（通过对过程周期时间、节拍时间、工作循环时间的三维时间管理使受控资金量的体积不断变小）的演变。精益生产方式带领全球企业进入体积管理的新时代，掀起了全球管理革命。精益生产方式所提示的质量观、成本观、效率观、人才观等已经对过去的企业管理观念形成颠覆性的冲击。

精益生产方式是企业高效运营管理模式的杰出典范，其巨大的经济效益和对地球人文及自然环境友好的示范效应，使全球企业对精益生产方式的深入学习和借鉴日益升温，正在深刻改变着全球企业的运行方式和秩序。比如美的、海尔等企业进行的制造转型，自动化、信息化、智能化及集成的"灯塔工厂"，其前提与基础就是精益化，最终落脚点也是精益化。

TPS也好，DBS也好，MBS也好，都集成了一个庞大的精益系统。如何构建这个系统？笔者根据多年实践，建议从以下逻辑点思考构建精益管理系统。

▶ 什么是精益生产方式？就是降本增效，开源节流的生产方式。

▶ 什么是浪费？所有对一个流的阻碍都是浪费，所有人、财、事、时间的延迟都是浪费。

▶ 什么是流动？实物一个流、信息一个流、政策一个流是精益管理的核心，其中所有流程实现端到端的打通是核心中的核心。

精益制造以高周转为基本内核，如碧桂园的"高周转模式"、美的的"T+3"、丰田的"及时生产"都强调高周转。而人、财、物的协同是高周转的关键。

精益制造总体上分为三个关键步骤。

第一步：前三年降成本主要围绕要素降本，包括生产降本、研发降本、采购降本；

第二步：第4～6年降成本主要围绕系统降本，包括流程再造降本、四化降本、库存降本，比如美的"T+3"就是订单流创新降本。

第三步：数字化降本，围绕自动化、智能化降本，核心是效率革命、决策革命，由机器代替人手，由人工智能代替人脑。

精益制造的四个核心思想是：从价值的角度出发、持续不断地改进、以客户为中心、使价值链利益最大化。

精益制造的内涵可总结为以下几点。

价值：产品的价值只能由客户定义。产品与服务必须满足客户的需求与期望的交货期、质量水平和价格承受力，且是安全且可持续发展的。制造企业必须辨识精益生产的活动与方式，优化过程、流程，明确附加值，避免一切不附加价值的工序，实现操作作业标准化和准时交货。

持续改进：持续不断改进产品、过程与服务，减少浪费，实现使竞争对手吃惊的业绩提升和改进组织的精益能力。

以客户为中心：使企业的一切业务工作、业绩与质量以客户的满意为目标和最终的评价标准。

追求卓越：以精益求精的工作精神和态度，利用各种提升资源效率与效应的机遇，以最低的成本、最高的质量和最短的交货期实现顾客的全面满意。

价值实现：精益的最终目的是超越竞争对手，占领更多的市场份额，夺取竞争优势，实现价值创造最大化。

2. 精益制造为什么那么难

在制造业中，在产品创新和品牌溢价没有成为企业核心竞争力之前，生产上的精益能力是基本功，也是未来能在自己的赛道"跑赢大市"的关键。中国制造企业推行精益制造的难点如下。

难点一：思想难以达成共识，行动难以同步

上至高层下至一线员工，对精益制造的本质、推进的必要性等的认识都不同频，导致行动力不足，从而严重影响精益工具与思想的落地。

难点二：协同力弱，导致精益效果大打折扣

精益生产方式不仅仅是一种生产工具，更是一种全新的经营管理理念与体系，涵盖企业价值链管理的所有环节。可以说，精益是一种思想、一种经营哲学。

难点三：精益制造缺乏激发机制

精益制造强调员工之间的团结协作和积极主动性。如果企业管理机制缺失，员工本职工作积极性不高，公司这时突然引入精益制造，就会使员工不得不投入大量的精力及时间，而又不能得到直接收益，导致精益制造遭到员工抵制。因此，无论是 DBS、MBS、GMS，还是 TIPS，它们不仅提供方法论与工具，还设计了系统激发员工潜能和动力的机制，从而充分地激发员工的创造力、主观能动性。比如，美的 DBS 就充分利用"7+3"机制，通过责权利匹配和利益分享机制，大大提升了精益管理水平。

3. 精益制造的十大工具

（1）准时化生产

准时化生产方式起源于日本，其基本思想是"只在需要的时候，按需要的量生产所需的产品"。这种生产方式的核心是追求一种无库存的生产系统，或使库存量达到最小的生产系统。企业在生产时要严格按照标准作业，按需生产，现场需要多少就送多少材料，防止库存异常。美的"T+3"数字化项目正是源于准时化生产思想，并上升到价值链管理的一套系统。

（2）6S 与目视化管理

6S（整理、整顿、清扫、清洁、素养、安全）是现场目视化管理的有效工具，同时也是员工素养提升的有效工具。6S 成功的关键是标准化，通过细化的现场标准和明晰的责任，让员工首先做到维持现场整洁，通过问题暴露解决现场和设备的问题，进而逐渐养成规范的职业习惯和良好的职业素养。

（3）看板管理

看板管理亦称"看板方式""视板管理"，是在工业企业的工序管理中，以卡片为凭证，定时、定点交货的管理制度。随着信息技术的飞速发展，当前的看板管理呈现出逐渐被电脑、移动互联网应用程序所取代的趋势。比如，钉钉就是用电脑来代替准时化生产之间的看板工作，每一道工序都进行联网，指令的下达、工序之间的信息沟通都通过电脑来完成。

（4）标准化作业

标准化是高效率和高质量生产最有效的管理工具。生产流程经过价值流分析后，根据科学的工艺流程和操作程序形成文本化标准，标准不仅是产品质量判定的依据，也是培养员工规范操作的依据。这些标准包括现场目视化标准、设备管理标准、产品生产标准及产品质量标准。精益生产要求的是"一切都要标准化"。不仅在生产系统，在所有管理环节中都要用标准化作业工具推进经营管理提升。

（5）全面生产维护

以全员参与的方式，建设优良的设备系统，提高设备利用率，提升安全性和质量，防止故障发生，从而使企业达到降本增效、开源节流的目的。

（6）运用价值流图来识别浪费

在生产过程中，浪费有时候产生得非常隐蔽，而价值流图是实施精益系统、消除过程浪费的重要工具和方法。

（7）生产线柔性化生产

柔性化、敏捷化是数字化时代制造业企业的关键能力，企业一定要基于快速交付、高产能利用率、个性化、碎片化订单，实现柔性、敏捷生产。

（8）拉动生产

所谓拉动生产，是以看板管理为手段，采用"取料制"，即后道工序根据市场需要进行生产，针对本工序中在制品短缺的量从前道工序中取相同的在制品量，从而形成全过程的拉动控制系统，绝不多生产一件产品。准时化生产需要以拉动生产为基础，精益制造追求的零库存也主要通过拉动生产的作业方式实现。

（9）快速切线

快速切线的理论依据是运筹技术和并行工程，目的是通过团队协作最大限度地减少设备停机时间。产品换线和设备调整时，最大限度压缩前置时间，快速切换的效果非常明显。减少停线等待，缩短设置时间的过程就是逐步去除和减少所有的非增值作业，并将其转变为非停线时间的过程。美的完成"T+3"订单与供应链变革后，7秒钟完成切线，这大大提升了美的的产能利用率和交付能力。

（10）持续改善

持续改善不仅仅是精益制造的基本工具，也是整个经营管理的基本工具。

4. 企业成功推进精益制造的六个关键点

在推进精益制造时一定要将其当作一次文化升级与管理变革来看待，用变革管理的理念来推进管理，并且需要结合组织管理一起来推进，才能形成精益变革的文化氛围，从而有效促进精益生产工具及流程的改善，最后形成精益成果。企业成功推进精益制造有六个关键点。

关键点一：一号位重视，全员参与

光靠几个专家或管理人员是无法实施的，光发动生产部门而不要求其他职能部门参与也是没有效果的。因此一定要一号位重视，通过5S、目视化等工具的应用来推动全员参与，不仅能消除变革带来的阻力，还会进一步促进跨部门沟通，提升精益效果。比如，美的MBS的推行就与方洪波充分重视并亲自推动有关。

关键点二：思想共识与文化升级前置

在推进精益制造前，一定要让全员思想统一，并形成精益文化氛围。笔者在部分章节反复强调思想共识的重要性，因为没有思想共识，就无法产生心智模式的改变，更不会有行动结果。例如，高层思想共识是中梁实现精益管理的关键，为此，中梁地产每周四有一个学习会，这个学习会在很大程度上帮助中高管达成思想共识，快速复制标杆的成功，这是中梁地产用5年时间挺进全国地产25强的重要原因。

关键点三：不以一步到位的改善为推进精益制造的目标

应更加推崇"今天比昨天好一点，明天比今天好一点"的渐进式、持续性的改善，这样不仅可以降低改善的门槛，让更多人不再对改善望而生畏，还更容易促成持续改善行为的养成。

关键点四：精益知识标准化

精益知识的标准化即将精益制造推进过程中的相关流程文件都按照公司的标准化要求进行收集，这样一方面便于将精益制造的知识由隐性的变成显性的；另一方面标准化后的精益制造知识更加容易追溯，且更容易融入公司的管理体系中，保证了精益成果的固化与传承。标准化是知识管理的必由之路。

关键点五：将精益制造纳入公司战略层面

精益制造应被纳入公司战略层面，并在公司内部取得一致的认可。一旦精益制造成为企业战略，一般不会随意变化，这也就避免了因为领导者的变动造成精益战略的中止。系统规划、痛点切入是精益管理的基本方法论。

关键点六：管理机制贯穿全过程，以激发机制为主、约束机制为辅

只有充分激发人的潜能与创造力，精益目标才能实现。同时，批量人才的培养也是精益制造成功的保障。

二、成本效率管理

降本增效是大供应链、大制造管理的核心目标。影响产品成本的因素包括设计、制造、制材、外包、物流及其他（见图12-1）。制造成本最终反映在报价上，如果不包含供应商的制造成本，采购成本就可能高于内部制造成本。另外，包装费用、加工精度等也会影响产品的成本。

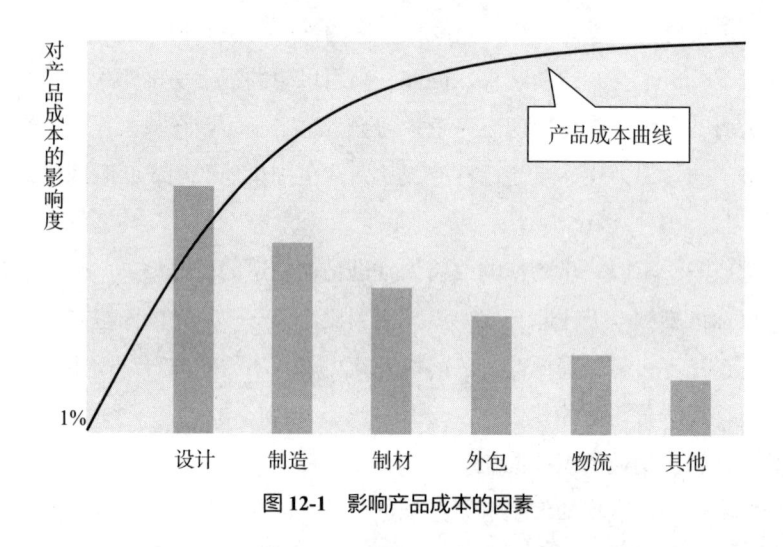

图12-1 影响产品成本的因素

供应链成本包括企业在采购、生产、销售过程中为支撑供应链运转所发生的一切物料成本、劳动成本、运输成本、设备成本等。供应链成本管理可以说是以成本管理为手段的供应链管理方法，也是有效管理供应链的一种新思路。供应链成本管理是一种跨企业的成本管理方式，其视野超越了企业内部，而是将成本的含义延伸到了整个供应链上企业的作业成本和企业之间的交易成本上，其目标是优化、降低整个供应链上的总成本。通常包括以下领域。

1. 研发设计降本

研发降本有 6 个方向：

（1）提高命中率是最主要的降本方式，因此，要求研发强化市场导向；

（2）提升项目效率，刚性执行新品上市计划；

（3）减少独家供应商供货比例；

（4）联合采购、制造降本，拉通是研发降本的关键措施；

（5）强化产品周期管理；

（6）通过"四化"（平台化、标准化、模组化、结构化）推进最小存货单位数量的持续减少。

2. 制造降本

制造业是一座金矿，根据微笑曲线的基本理论，一个产研销采一体化的企业，制造成本、效率是其基本功。数字化技术兴起后，制造企业的竞争力将进一步拉开差距，笔者着重从以下几个维度启发大家的思维。

（1）平台化、标准化、模组化、结构化

平台化、标准化、模组化、结构化是自动化的基础工作，也是数字化所必须进行的前置工作。这"四化"还有利于减少最小存货单位数量，提升产能利用率，减少物料、仓储、配送成本。笔者早在十年前就参观过德国宝马的无人车间，并惊叹于其自动化水平之高，其背后就是"四化"的功劳。

（2）自动化、数字化

比尔·盖茨有句名言一针见血："企业采用自动化设备的第一条原则是，如果将其应用到高效的流程中，自动化就可以大幅度提升生产效率；第二条原则是，如果流程本身效率低下，则自动化会导致更大的浪费。"在数字化转型时，企业要做的第一件事就是流程再造和数据拉通。低效的生产作业流程是制造成本高、效率低的重要原因。

（3）要素降本

要素效率最大化是降本管理的关键点，具体包括以下方面：

- 固定资产周转率：包括厂房、土地、生产设备、研发设备等，都要实现高效率使用；
- 流动资产：主要包括存货、原材料库存、模具、客户库存、应收，都应实现最高效率运行；
- 产能利用率：要确保有竞争力，产能利用率要达到 90% 以上；
- 订单交付率和准确率：均要在规则内达到 90% 以上。

3. 采购降本

在制造企业大部分产品的成本中，原材料成本占了其中的 60% 以上。可以说，降成本就是控制好大宗原材料的采购成本。采购降本包括以下关键点。

（1）采购降本需要用"化学式"手段，而不要用"物理挤兑"。"化学式"降本的主要思路是在产品设计阶段融入供应商的协同管理，实现系统降本。

（2）材料降本。要不断尝试新材料，优化降本。

（3）新技术降本。

4. 人工降本

在生产活动中，人是最富有弹性的因素，其中驱动激发机制非常重要。企业构建一套能最大化激发员工工作活力、激情、主动性等的机制，将对生产效率、人均产出、生产材料节约都产生积极主动的影响。企业可以从以下方面推进人工降本：

- 提高生产节拍；
- 工时标准化；
- 减少不必要的动作浪费和搬运；
- 一个流管理；
- 淘汰落后工序；
- 推进一人多岗、一人多能；
- 推进少人化、自动化；
- 加大计件工资激励以提高生产效率；

▶ 内部"比学赶帮超",实现外部竞争内部化,内部竞争市场化。

三、产销计划管理

价值链管理是制造业管理的核心,价值链管理的着力点是产销计划管理,通过计划管理拉通整个价值链,通过"五流合一",即订单流、信息流、营销政策流、物流、资金流一体化,提升整个价值链的运营能力。

1. 产销计划模式

产销计划模式有三种,分别是以产定销、订单供货、以销定产,三种模式的适应场景及特点与关键点见表12-1。本节主要介绍以销定产模式的操作要领。

表 12-1　产销计划模式

产销计划模式	适用场景	特点与关键点	典型企业
以产定销	供不应求	按产能生产,关键在于生产效率、成本管理	格力
订单供货	供过于求长周期、非标准化	按订单配置设计、采购、生产,关键点在于产品开发及齐套交付	华为(非标产品)
以销定产	供过于求、标准化	用大数据分析市场需求,对生产、采购等提前谋划,重点在于数字化转型及柔性生产、敏捷运营	美的

2. 以销定产模式

以销定产模式的核心思想是在"小批量、规模化"的产品需求导向下,企业根据产品特点,将自身产品做"标准化、模块化"处理,依据市场订单需求,采用模块化组合、提前备货的方式安排生产。只对于少数个性化需求的部分采用追逐式生产方式,比如美的"T+3"模式、海尔的"零库存"模式都属于此类。

实施以销定产模式的企业一般会面临以下几个困难:

▶ 组织分散化、生产资料多样化、交付形式多样化;

- 零部件基本靠外协;
- 业务规模逐步扩大,市场及客户对于产品交期、质量等方面的要求日渐提高。

而对于订单供货方式,虽然在短期内解决了浪费的问题,但每个订单都在签约之后完成,无法提前准备,交期拉长,影响项目整体的验收回款。

此外,产品规格、种类繁多且无明显规律,还会导致项目履约的各个环节的工作量成倍增加,效率降低。

3. 如何实践以销定产模式

以销定产适用于大多数企业,对提高效率、降低成本、提升交付能力都有重要意义。我们将实践要点整理如下:

- 产品研发设计标准化,并统一客户端企划标准;
- 物料标准化、通用化,并大幅度减少最小存货单位数量;
- 建立责权利匹配的订单流程管理体系;
- 拉通整个价值链数据;
- 建立安全库存机制,针对使用频率高、通用性强、采购周期长的物料做好安全库存设计,依据安全库存要求做好提前采购与备货;
- 根据实践,建立一整套以销定产的运营规则,包括责权利的匹配,包括时间、数量要求等,并建立相应的营运机制;
- 用软件系统或数字化技术固化管理规则;
- 建立以销定产的管理文化及契约机制;
- 拉通经销商和采购商,实现数据、流程协同。

四、采购管理

采购管理是大供应链管理中非常重要的一环,影响成本、交期、品质及产销协同,是价值链向上游打通的最重要的环节。在全球化、多元化或跨区的企业中，如何做好供应商体系管理，如何搭建一个左右打通、上下打通的采购管理组织和体系至关重要。

1. 价值链、信息链协同

制造企业的产业链非常长，业务前端到消费者，后端到供应商，在VUCA时代，其经营的难度非常大。因此，作为价值链的主导者，品牌商一定要通过新的数字技术拉通价值链上下游的各个环节，以减少价值链各主体的风险，实现整体利益最大化。所以品牌商要讲经营方向、产品结构和预算信息。品牌商和供应商应保持同频，订单流一定要拉通。美的"T+3"模式、海尔的"零库存"管理都是以这种理念为基础的。

2. 实现从"供给侧"到"需求侧"的转化

在没有精确需求的条件下，通过粗略推断的方式进行采购，这种采购方式蕴藏很大的市场风险，采购的产品很有可能堆在仓库里成为库存品，甚至有可能成为一堆废品和呆料。在制造型企业经常能看到大量堆在现场的物料、仓库里的长库龄产品。对此，一般建议快速处理，或当废品处理。

从"供给侧"到"需求侧"转化的核心思想就是以销定产，把复杂留给自己，把简单留给客户，这从营销的角度看是对的。尽管对后端形成巨大的挑战，但这也是制造业发展必经之路。比如，美的在2011年就是从需求侧改革，通过"T+3"变革，接通了客户订单、生产订单、供应商订单的所有的信息，实现了战略协同，大大提高了订单的运行质量和效率。

3. 强化供应商资源的管理

精减供应商数量，与供应商建立一种长期、互惠的合作关系，进而摒弃传统采购管理的不足。相融共生是供应商管理的方向，在数字化时代，一定要将供应商管理纳入数字化转型的业务流再造，并构建深度协同的供应商管理体系。

4. 供应商体系管理

供应商管理系统，通常也称作SRM系统。SRM系统是面向供应链前端，用来改善公司与其供应链上游供应商关系的系统，旨在通过完善信息化系统控制，优化双方之间的信息流、物流和资金流，提供便捷、高效的协同平台，降低企业的采购成本。SRM 系统的功能主要包含供应商引入、采购寻源、供应商门户协同、绩效考核等几大模块。供应商体系管理有以下几个关键点。

关键点一：供应商引入与淘汰策略

对于引入供应商环节，从五个维度进行量化评估即可：一是产品方案，二是品质可靠性，三是送货及时性，四是合作意愿，五是团队管理与企业治理水平。同样，淘汰供应商与引入供应商一样重要，建立引入优质供应商与淘汰不合格供应商的管理机制，使供应商的质量提升，强化供应链的安全性。

供应商准入时要遵循准入管理规定，尤其是各类利益相关方不得进入供应商体系，一旦利益相关方被准入，会对供应链体系的市场秩序、公平公正性产生极大的破坏性。比如，美的严禁高管及其亲属投资的供应商进入美的供应链系统。

关键点二：合作的关键点

除了前面提到的价格、品质、交期、意愿及管理能力，供应商在新品开发、自动化、标准化等方面的协同能力非常关键，这些不仅要写入合作协议中，还要有机制牵引。机制是通过利益调节激发供应商合作意愿的关键管理举措。

关键点三：数字化协同

库存数据、产能、订单、物流、仓库数据拉通和流程拉通是供应链管理的主要方向之一，也是真正发挥协同价值的关键点。

关键点四：合作绩效管理

针对供应商的交期、价格、质量、服务配合度等指标，可参考业务系统（ERP 系统）的业务数据进行统计、分析，得出评分结果。针对服务态度、售后质量等指标，寻找相关人员对其进行人为、主观的打分。企业对供应商的考核通常分为季度考核和年度考核，由考核成绩决定供应商的等级，或淘汰不合格的供应商。例如，美的对供应商的各项指标进行动态量化评价，并将供应商分为 A、B、C、D 多个级别，将管理机制与之配套，比如 A 类供应商在供货比例、免检、采购价格、付款方式等方面与 B、C、D 类供应商有着非常大的差异。这样从机制上引导供应商与美的形成战略共同体，强化供应链的安全性，以及成本效率上的优势。

不同行业、不同规模的企业对供应商的管理规范并不相同，企业应根据本身的具体情况借鉴与参考。需要特别提示的是，"7+3"机制不仅可以应用于组织力建设与员工动力激发，还可以应用在经销商、供应商等合作伙伴上，这些合作伙伴本质上也是人，只要是人，激发机制与约束机制就会对其产生价值。

五、品质管理

质量是企业的命脉，所以品质管理是企业管理中一项艰巨、复杂的系统工程。笔者从五个角度做简要分享。

1. 品质意识，自上而下

从上至下，领导先行，这是关键。一把手的品质意识决定着全体员工的品质意识。高级领导者不仅要有管理水平，还要有质量技术知识，懂得产品的工艺和品质管控手法。当主要领导有品质意识时，必须让全员跟随，这是质量攻坚战成败的关键因素。比如，美的在2008年就启动全员品质管理，用六西格玛工具强化品质体系，强化PDCA循环管理。

2. 质量不良，刚性处理

在权力、流程、体系上要强调品质管理的刚性。比如，美的一个普通现场品质管理员可以因为品质问题，叫停生产线，拒收来料，否定量产。这是对质量管理的高压政策，用来保证客户的利益，当然也是在保证企业的利益。

3. 完善体系，实施标准

这个过程是为了确保经营系统不出现风险，确保过程可以得到有效控制，确保有完备的监测和管理手段。运用先进的管理工具，按行业标准制定企业标准，且不能使其成为躲在柜子里做摆设的文件，必须予以坚决执行，这就是标准的力量。

4. 谁产出谁负责，谁决策谁兜底

设计者、开发者、生产制造者、决策者必须为自己的产品负责，实现绩效挂钩，奖惩结合，同时对属地管理、当班管理、批号管理，也要负责到底。这一条应该成为企业刚性管理文化，闭环追责是品质管理方面非常有效的方法。

5. 一票否决

在品质管理上实行一票否决制，这是美的品质管理的重要文化，品质一旦出问题，一号位、经营团队在奖金、激励、晋升上都会受到影响。这种强关联、强应用的品质管理模式会持续改善产品质量，这也是近年来美的产品质量持续提升的主要原因之一。

六、仓储物流管理

随着数字化技术兴起，现代仓库向物流信息化、自动化和智能化，零库存和价值链整合一体化方向发展。

1. 信息化

基于 WMS 等软件对仓库物流的支撑，所有仓库物流数据线上化、电子化，既提升了效率，又强化了风险控制，这是仓库物流管理的基本要求。

2. 作业自动化与少人化

随着数字化技术的提升和自动识别、自动控制等技术的发展，产生了大量的自动化设备，仓储物流行业应用的各种自动化设备提升了企业的自动化程度。自动码垛机、引导车、无人叉车等设备在提升工作效率的同时，帮助企业减少了人工需求。产品从下线到仓库到发运的整个过程，机器会广泛替代人工，无人仓库将是发展趋势。

3. 管理智能化

除了现场作业大量运用机器人推动自动化、无人化，未来整个仓储、物流的管理工作也将趋向智能化，具有更高算力与算法的人工智能将替代人脑完成仓库规划、存储策略、库存周转率管理、长线物料管理、呆滞物料管理、配料管理等工作。

4. 仓储的最终目标是实现零库存

这种零库存是指存在于某个组织的零库存，指组织把自己的库存向上转移给供应商或向下转移给零售商。零库存实际上含有两层意义：其一，库存对象物的数量向零趋近或等于零；其二，库存设备、设施的数量及库存劳动消费同时向零趋近或等于零。比如，美的实施数字化转型后，仓库面积减少70%以上，80%以上产品下产品线后直接进入干线物流运输，无须进入周转仓或基地仓。真正实现"零库存"管理，要求企业推进更高效的订单管理、更敏捷化的生产、更智慧的物流等配套管理。

5. 仓库云化

云仓是物流仓储的一种形式。与传统仓、电商仓不一样，云仓是利用云计算及现代管理方式，依托仓储设施进行货物流通的全新物流仓储方式。云仓一般为第三方运营，作为电商卖家、品牌商的第三方货品仓储管理和代发货服务商，云仓不仅要实现系统化仓储管理、系统化订单处理、系统化物流发货等，还要做到在全国核心区域分仓覆盖，这才是真正意义上的云仓，而不仅仅是简单的仓储加发货全托管。

云仓与传统仓、电商仓相比，主要的区别在于仓内作业的高时效及精细化管理，还有自动化装备和信息化系统。先进的技术及管理模式的使用，导致云仓的建设成本比较高。但是在云仓的作业流程中，入库与出库效率高、速度快，云仓出库作业，即从接到订单到拣货再到出库，时间非常短，并且每一步都在后台系统显示，为消费者提供了极佳的购物体验；而且准确率很高。云仓的底层逻辑是基于数字化实现订单流、物流、信息流、财务流的打通。我们可以想象：用户或经销商只需将订单推送到云仓的系统，云仓仓库操作人员就能完成货物的分拣、打包、发货、配送等一站式服务。

美的的安得智联就是一家典型的集智慧物流与云仓于一体的数字化服务商，其用独创的"1+3"模型建起了全渠道、全链路的高效协同物流网络，实现了"端到端"的数字化与智能化。这里的"1"指"全链路"，"3"指"一盘货""制造物流""送装一体"。"1+3"模型助力安得智联实现了节省仓库成本，降低运输成本，提高送货及时率，提高库存周转率的目标。

CASE 案例

丹纳赫 DBS 框架与工具箱

丹纳赫是全球最成功的实业型并购整合公司，也是"赋能式"并购之王。丹纳赫的精益管理能力在西方企业中排名第一，全球排名第二，仅次于日本的丰田汽车，并发展出独特的 DBS 管理体系。

丹纳赫 DBS 的五大重点为：

- ▶ 最好的团队才会赢：培养员工的独特性、合作性和竞争性，并以结果为导向；
- ▶ 创新定义未来：提高世界的生活品质；
- ▶ 为股东而战：吸引更多的股东投资；
- ▶ 倾听顾客的声音：不断超越客户的期望；
- ▶ Kaizen 生存之道：通过持续改善，创造持久价值。

与此同时，丹纳赫 DBS 还有三大核心。

- ▶ **增长：** 分为三个具体领域——梦想、发展、交付。DBS 的增长工具被统称为丹纳赫的 3D（Dream、Develop、Deliver）框架，DBS 增长工具是确保公司表现超越市场表现的关键工具。
- **精益生产**：在最大限度为客户创造价值的同时，最大限度地减少浪费；
- **领导力**：获得知识、技术和行为，在公司成为一个伟大的领导者。

企业如果要推行DBS商业系统，一定要重视DBS体系建设，如图12-2所示，要从组织架构、体制机制、人才管理和DBS工具四个角度着手。接下来，我们简要分享DBS工具箱中几个常用的工具。

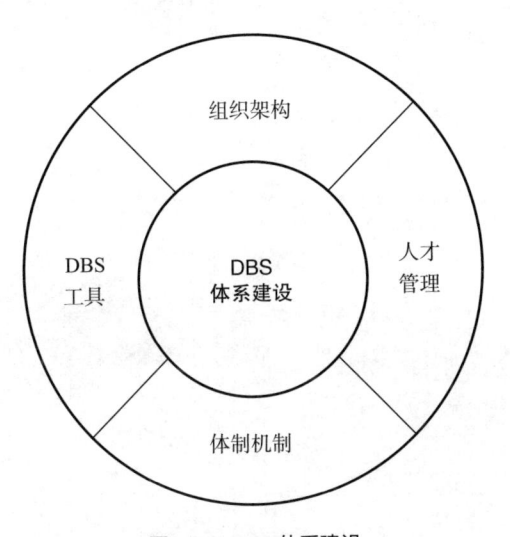

图 12-2　DBS 体系建设

"工欲善其事，必先利其器"，丹纳赫从丰田学习TPS后进行了大量的吸收创新，形成了一套非常有实践价值的工具箱，如表12-2所示。

大多数读者可能对这些工具非常熟悉，我们挑选几个最重要的且在实践中能够发挥巨大作用的工具做简要点评。

（1）5S/目视管理。5S/目视管理能确保生产安全、减少工伤补偿和缺勤损失；提高产品品质，降低因误用材料或工具而造成不良品的概率；提高生产力，减少寻找工具所花费的时间。制造业其实就是把最简单的事重复做，做成专家，就能比友商更进一步。

（2）标准作业。标准作业定义了一个产品或服务流程中人、机、料的最佳组合，是持续改进的基础，是DBS的一大支柱。

表12-2 DBS工具箱

8+1基础工具	倾听客户声音(VOC)	价值流程图(VSM)	标准作业(SW)	事务性流程改善(TPI)	日常管理(DM)	5S	解决问题流程(PSP)	改善活动基础(Kaizen)	
4大模块	战投		领导力		增长			精益	基础设施
13个商业要素	战略部署	创新策略	体制机制	打造人和团队	打造组织	创新执行	商业营销	商业销售	商业服务和客户体验	可靠	运营	采购	物料
基础		同题到产品组合		教练基础	组织人才评估周期2	可视化项目管理	销售线索处理和评估	漏斗管理	客户体验	客户缺陷追踪及解决方案	生产准备流程	成本及漏斗管理	动态看板
		以客户为中心产品定义		关键对话	员工敬业度调查	快速设计评审	数字营销	核心客户管理		质量体系基础	快速换模		现场库存管理
		用户体验DNA		情境自我领导		加速产品开发	电子商务			可靠性设计	环境、健康、安全		
				加速信任			目标客户营销			客户服务支持			
				培训及辅导技巧						减少波动改善			
				DBS沉浸									
中阶		基于开放式创新的战略依伴增长	领导力要素	领导力发展提名项目	产品规划小组	变革营销	增长作战室		测量系统分析	价值分析/价值工程	货物及品类管理	均衡生产	
		价值主张和新产品开发		优聘管理	组织人才评估周期1	卓越产品发布	市场知名度		潜在失效模式及后果分析	全面高效制造	货运及物流管理	集成生产销售及库存	
				情境领导			市场进入						
				能力发展									
				绩效提升									
				选拔评价工具箱									
高阶	战略规划												
	战略部署												
	战法模型												
其他工具		体制机制管理工具										供应基地管理	

（3）价值流图。价值流图是从客户的角度定义价值，可视化地描述一个产品或服务的物流、信息流、商流、时间流的过程，发现企业存在的浪费和改进机会，用改善周的工作机制提供改善的方向、内容、方法、目标，并绘成价值流图，指导实践，跟进目标结果。

（4）全员制造。全员制造基于从一线员工到高层管理者全员参与的原则，利用有计划的停机进行有预防性和有预测性的生产资源维护、清洁和改良，提高机器的可用率。它是将机器、员工和材料等资源充分利用的一个过程，也是将品质和寿命周期成本最佳化并消除作业浪费的一个过程。

（5）事务性流程改善。大多数企业80%的流程属于事务性流程，事务性流程改善综合运用精益思维消除非制造流程中的各种浪费，推动企业实施标准化工作，减少流程变异，提高品质和效率，降低成本，并因此完善企业的管理流程，形成精益的管理系统。

需要提示的是，精益工具是推行精益制造的重要条件，但不是必要条件，最重要的仍然是价值创造和团队激活。

Chapter 13 第十三章

第二增长曲线
构筑持续成功

关于战略管理，我们在之前的章节做了深入分析，本章主要聚焦企业规模化、多元化与生态化战略，探讨企业如何做第二增长曲线的专项战略问题。公司要保持基业长青、永续经营，就要构建自己的梯队战略，不断跨越非连续性，实现第二曲线的增长。

"创新理论"的鼻祖约瑟夫·熊彼特说："无论把多少辆马车连续相加，都不能造出一辆火车来；只有从马车跳到火车的时候，才能取得十倍速的增长。"第二曲线之所以被称为"增长的圣经"，就是因为它提倡的不是在原有曲线里连续性地进步，而是要非连续性地跳到第二曲线里取得十倍速的增长。

第二曲线的提出者是英国最负盛名的管理大师查尔斯·汉迪，其著作《第二曲线：跨越"S型曲线"的二次增长》对第二曲线进行了深入的阐述，其理论可帮助企业分析赛道发展。比如，亚马逊的第一曲线是网上书店，第二曲线是电商，第三曲线是云计算，第四曲线是物流。苹果的第一曲线是iMac，第二曲线是iPad，第三曲线是iPhone。微软的第一曲线是PC操作系统，第二曲线是移动互联网，但没能做起来，第三曲线是云计算。奈飞的第一曲线是DVD租赁，第二曲线是流媒体，第三曲线是自制内容。我们如何确保第一赛道成功以后，将第一赛道的成功复制到其他赛道，实现第二、第三增长曲线的成功？本章节主要讲解此部分内容。

一、确保第一赛道的成功

企业往往根据环境的变化、本身的资源禀赋和实力，选择适合的经营领域和产品，形成自己的核心竞争力。通常来说，几乎所有企业的基本成功路径是：选择自身资源、能力比较集中的某一细分市场，采取差异化定位，形成独特的产品及服务优势，保证自己在行业内能活下来。这种竞争在一定意义上是一种你死我活的生存法则。在任何时候进入一个行业都要面临竞争，只是强度大小不同。

因此，活下来成为企业进入一个赛道的基本战略。要想活下来，就必须找到自己的活法。战略就是在想要达成的目标上设定限制他人参与的方法，建立价值链的特色等，使得他人难以模仿，从而形成自身优势，深耕自己的优势市场，形成竞争壁垒，完成1.0的成功。但是要想活下来，还必须在以下三个战略中选择一个或者多个同时进行。

1. 总成本领先战略

总成本领先战略通常靠规模化经营来实现，前面的章节将其总结为卓越运营战略，即开源节流，降本增效。所谓规模化，通俗的说法就是"造大船"。"大船"必须同降低单位产品的成本联系起来才有意义，如果仅强调规模之大，而不注重成本之低，那么这种所谓的"规模"就同古埃及法老造金字塔、中国秦始皇筑长城，不具备经济学上的成本分析意义。类似福特汽车在 20 世纪初期通过流水作业线把 T 型车的价格降到 200 多美元，以及更早期的卡耐基把每吨钢材的价格降到十几美元的举措，才是真正的规模化经营。富士康把工厂开到全球各地，执行的也是总成本领先战略。

规模化的表现形式是"人有我优"，但这个"优"不是以追求高质量作为唯一条件，而是指在同等净利水平下价格更低。所以，在激烈的市场竞争中，低成本水平的公司仍可获得高于本产业平均水平的收益。换句话说，在你的品牌不具备高溢价能力的前提下，如果你把成本做到极致，那么别的公司在竞争过程中已经失去利润时，你的公司仍可以获利。一个公司在执行总成本领先战略时，一般不是率先开发性能领先的高端产品，而是要先开发简易、便宜的大众产品。正所谓"大道至简"，这种思想使工业化前期的企业往往选择这一战略，它们通过提高效率、降低成本、开源节流，让原本价格高昂的产品逐步进入了平民百姓家。特斯拉于 2023 年 1 月针对 Model 3、Model Y 降价就是基于其制造成本进一步降低带来的总成本领先。

2. 差异化战略

总成本领先战略尽管容易获得成功，但是往往容易被人模仿，一旦被模仿，激烈的市场竞争将导致企业经营利润非常薄弱，甚至影响企业生存。这时，企业必须同步寻求差异化，以摆脱"针尖对麦芒"式的竞争。差异化战略由此浮出水面。

差异化战略，说简单一点就是做到"与众不同"，即根据自身的能力和条件，躲开红海的激烈竞争，找到一块细分市场进行"深耕细作"。凡是差异化战略，都把成本和价格放在第二位来考虑，首要考虑的是能不能做到标新立异、独占消费者的心智。比如，浙江慈溪的家电产业群就采取了明显的差异化战略，对抗珠三角的美的、格力、TCL 等，同时也抵挡住了青岛的海尔、海信等家电企业的挤压。

在锂电池行业，宁德时代是绝对的头部企业，它对第二、第三名企业具有碾压性的规模优势。在这时候，其他企业采取技术、设计等的差异化战略就是基本的发展路线了。

另外一种方法就是做细分领域，做到极致，这也是一种有效的战略。比如，公牛插座在这一领域就碾压了所有的竞争者。

除了局部的细分市场，在大众化赛道也可以通过差异化的品牌定位来实施差异化战略，比如海尔做卡萨帝，美的做凡帝罗和COLMO，都是差异化战略的典型做法。它们不仅把新品牌与原有的品牌做了差异化，还通过差异化定位打击友商，获得更多机会。

除此之外，大众开发奥迪品牌、丰田开发雷克萨斯品牌，都属于同一策略。因此，如果一个公司在原有细分市场中的规模已经足够大，通常可以通过产品及品牌差异化设计，获取更生态化的市场机会，从而在同一市场中获得更大的份额。

差异化的表现形式是"人无我有"，以经营特色获得超常收益。当然，差异化不是不讲成本，只不过成本不是首要战略目标。差异化的实质是实现客户满意的最大化，从而使客户对本企业产品忠诚。忠诚一旦形成，消费者对价格的敏感程度就会下降，因为人们往往会有"便宜没好货"的思维定式，同时，也会对竞争对手造成排他性，形成竞争壁垒。但这一战略通常是与市场份额相冲突的，二者不可兼顾。市场份额的扩大，一般会意味着产品特殊性的下降。但有一点是非常明确的，在完成规模化后，企业一定要寻求产品、技术、品牌、细分市场的差异化，完成竞争位移，从而逐步避开白热化的规模化竞争。

3. 目标集聚战略

目标集聚战略同市场细分紧密关联，把经营战略放在某个特定的客户群、某个产品生态链的特定区段或某个地区市场，专门满足特定对象或者特定的细分市场的需要，就是目标集聚。

目标集聚与前两种基本战略不同，它的表现形式是以客户为导向，为特定的客户提供更有效和更满意的服务。所以，实施目标集聚战略的企业可能在整个市场上并不占优势，却能够在某一比较狭窄的范围内，要么在为特定客户服务时实现了低成本，要么针对客户的需求实现了差异化，还有可能在这一特定客户范围内兼顾低成本和差异化。比如波司登在羽绒服行业，傲胜在按摩椅行业，都是如此。在一定意义上，目标集聚战略类似于差异化战略，不过是调换了位置（即站在客户角度而不是企业角度）的差异化而已。

这种战略思维与"定位之父"特劳特的理论是相吻合的。不过，特劳特强调的是营销中关于消费者心智模式的定位问题。根据美国定位专家艾·里斯和劳拉·里斯在《二十一世纪的定位》一书中的一些经典思想，聚焦战略非常有利于未来的竞争。其部分观点如下：

- 市场越大，产品线就越要收窄；
- 所有主要的、成功的互联网企业都使用了全新的品牌名，如果将原来线下的品牌直接搬到线上，可能会有概率失败，至少会影响线下客户的利益；
- 在聚焦移动互联网的新互联网品牌中正大量涌现发展机会，这本身就是一种细分定位能力；
- 在定位的过程中，视觉相较于语言文字更能产生强大的影响力；
- 把你的品牌以国内品类领导者的定位在全球市场上进行营销；
- 如果你想通过革命性的新产品占据用户的心智，那么就要给革命性的新产品启用一个新的品牌名；
- 开创一个新品类，并在新品类中推出新品牌。这几乎总能够获得成功。

聚焦战略的本质其实是从消费者出发，进行心智模式定位，并通过商业模式的构建，实现最终商业价值。里斯还有一些经典的观点和案例，这里分享给大家。

（1）关于营销定位，有四个重要原则。一是营销不是在市场上胜出，而是在顾客的心智中获胜，比如波司登在羽绒服行业就做到了这一点。二是在顾客的心智中寻找一个空缺的位置，并率先推出一个新品牌来占据这个空缺的位置，而不是延伸既有品牌的产品线，比如2023年1月5日比亚迪高端品牌仰望的发布。三是可以创建一个由新品牌主导的新品类，比如能量饮料中的红牛、智能手机里的iPhone、电动汽车中的特斯拉。四是永远不要把既有品牌延伸到一个新的品类中，这是许多品牌都曾犯过的错误，事实上你需要的是建立一个新的品牌。

（2）关于根据心智模式确定品类战略，值得注意的是，并非每个掌握领先技术的先行者都能把握成为品类主导者的机会，比如诺基亚就是一个反面例子。从商业史上看，相当比例的技术领先者最终并未成为品类之王，关键原因在于企业未能根据心智规律率先制定品类战略——清晰地定义品类或者使用全新的品牌——最终赢得了技术之战，输掉了心智之战。比如，海尔全新高端品牌卡萨帝成就了海尔新的增长动力，也在高端品牌上打败了其主要竞争对手。

因此，定位最重要的原则是：市场越大，产品线就越要收窄。为什么美国企业能在日本企业苦苦挣扎的时候持续繁荣？这就是品牌的力量。品牌咨询公司英图博略称，在全球100个最具价值的品牌中，有50个来自美国，只有6个来自日本。这6家日本公司中的2家即索尼和松下一直在亏损。与索尼和松下一样，苹果也生产各种各样的产品，笔记本电脑、音乐播放器、平板电脑、智能手机和智能手表，但苹果在每一类产品中都使用不同的品牌名，如iPod、iPhone、iPad和Macintosh等。除了苹果，所有的智能手机制造商都在智能手机名称中使用自己的公司名称，我们称之为"产品线延伸陷阱"。特别有意思的是，品牌越强大，产品线延伸的效果就越差。

在当今世界中，你能使用的最好的定位战略是什么？这就是全球化的第二条原则——在你的品类中占据领先地位，把你的品牌以国内品类领导者的定位在全球市场上进行营销。比如，顺丰快递采取的就是聚焦战略，他们的思维是将需要快递服务的客户进行分类，找到对价格敏感度低、对时间和安全性要求高的客户，通过卓越的运营能力打造最佳的客户体验，成就了顺丰快递在国内的霸主地位。宁德时代聚焦新能源电池，做全球最安全、密度最高、续航能力最强的汽车电池，全球市场占有率超过40%。

二、纵向产业链生态化是增加利润的有效方法

什么叫纵向产业链生态化？即垂直整合产业链，它是指核心企业通过向产业链上游和下游的纵向一体化扩张而形成的产业链。产业链中的企业同属于一个企业集团或总公司，有着产权的关系纽带。总公司或集团公司通过控股或自

建等方式对其他企业保持着强有力的控制，靠企业间的产权纽带形成一条产业链。这是一种在产业链内部进行"自给自足"的模式，能够将产业链的各个环节纳入同一个经营体内，形成风险共担、利益共存、互惠互利、共同发展的经济利益共同体。

从行业调控的维度来看，纵向一体化式产业链由于将市场交易生产转化为企业集团内部生产，用集团内部的生产计划取代市场交易，所以生产更加稳定。但也导致企业集团内部管理的难度加大，不利于产业链整体效率的提高。这种模式往往和产业特性有关。一般来说，钢铁、石油、煤炭、汽车等行业壁垒高、容易产生垄断企业的产业往往易形成一体化式产业链。

家电行业的美的、海尔、格力都进行过产业链整合，以提升经营品类的竞争优势。比如，美的通过并购控制了空调核心零售部件品牌——美芝（压缩机）和威灵（电机），构建产业链的优势，后来海尔也并购了电机业务，格力则做了凌达压缩机和凯邦电机，这三个品牌都在空调领域构建了自身优势，成为中国空调行业的前三强品牌。

在新能源行业，比亚迪是中国汽车品牌的头部企业，在新能源电机等核心零部件上构筑自己的护城河，进一步强化了其整车在中国乃至未来在全球范围内的竞争力。

由此可见，要想在某一产业链中获得独特的优势，必须将本产业链里附加价值高的零部件予以控制，形成产业链生态优势，让其他竞争者无法进入，或使进入者"为他人做嫁衣"。

三、横向多元化战略是规模化的重要路径

企业在某一领域完成规模化，实施了撇脂策略与差异化经营，形成了独特优势之后，构建起了相对的护城河，这时候，大多数企业会跃跃欲试——实施横向多元化战略。此战略能否成功取决于以下条件是否成立，成立的条件越多，企业横向多元化战略成功的概率越大。

第一个条件是拥有人才梯队建设能力，也就是我们通常说的人才密度和厚度问题。企业在发展自家产业时，必须学会一整套培养人才的体系，尤其是经

营性人才和管理性人才，也就是第一因人才，必须由自己打造、自我孵化。

第二个条件是具备先进的管理体系，即复制自己的能力。要实现这一点，就要有一套先进的管理机制，比如美的的"7+3"机制。有了先进的管理体系以后，企业无论进入哪个产业、哪个赛道，其经营语言、核心能力、组织力都可以进行横向复制。

第三个条件是拥有产业链资源，包括供应链资源、市场资源、渠道资源、客户资源、品牌资源，且这些资源能够迅速在即将进入的产业中复制、共享。比如，伊芙丽在母品牌获得成功后，先后创立了诗凡黎、麦檬等女装品牌，均获得了成功。

第四个条件是具有其他能力优势，包括产品技术能力、制造能力、设计能力、消费者需求的挖掘能力等。这些能力从表面上看是软性的，但是对产业成功的影响是不可逆、无人能替代的。

第五个条件是拥有一号位经营人才。多元化战略要想获得成功，一号位经营人才不可或缺。这种一号位经营人才必须有内部企业家精神，必须有老板思维，必须有创业心态。创业可谓九死一生，所以大多数时候企业家要进入一个多元化市场，要么亲自操刀，要么成功地找到一个一号位人才作为自己的代理人，从事多元化经营。

美的在家用空调和生活电器赛道获得成功以后，基本拥有了以上5个核心条件，所以后来在整个小家电、大家电的其他品类，如中央空调、冰箱、洗衣机领域攻城略地，获得了多元化的成功。华为、阿里巴巴、腾讯的多元化的成功模式基本上和美的是一致的。

四、场景生态化战略构建平台化发展

场景生态化战略与多元化战略不一样。如果说多元化战略主要是从企业及产业链优势的角度出发的，那么场景生态化战略则是从消费者需求的角度布局的。这与特劳特、里斯的定位战略如出一辙。

的确如此，从消费者的消费场景出发做产业战略、场景生态化战略，成功率会高很多，这也是这些年营销界强调消费需求导向的理论胜利。企业最容易犯的一个错误，即我在某一领域获得了成功，一定在另外一个领域也能获得成功。这种以我为中心而非以需求为中心的想法很容易导致失败。

场景生态化战略成功的典型企业，如阿里巴巴、京东、腾讯等，它们基本上把网民在同一场景中所有的生态化产品都做了，这不仅给客户带来极致体验，还构筑起了自己的产业护城河。场景生态化战略成功的核心是能抓住消费者的心智，且原有的成功品类背书能力强，品牌美誉度高，获取消费者信任的成本低，且生态化同样给客户带来了极致体验。否则，还是要非常谨慎地推进此类战略。

五、开辟第二赛道，建立高质量发展护城河

第二曲线由英国管理思想大师查尔斯·汉迪提出，其核心思想是世界上任何事物的产生与发展都有一个生命周期，并形成一条曲线。在这条曲线上，有起始期、成长期、成熟期、衰败期，而为了保持高质量增长，企业必须寻找第二增长曲线，如图13-1所示。

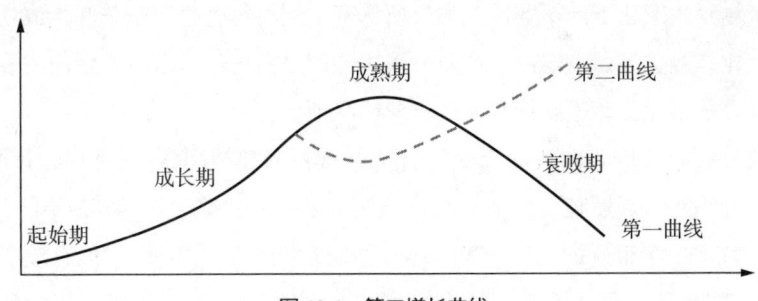

图 13-1 第二增长曲线

查尔斯·汉迪在《第二曲线：跨越"S型曲线"的二次增长》中写道："在第一曲线达到巅峰之前，找到驱动企业二次腾飞的第二曲线，并且第二曲线必须在第一曲线达到顶点之前开始增长，企业永续增长的愿景就能实现。……在寻找第二曲线的路上，成功的管理者必须向死而生、另辟蹊径，一次次越过那些由成功铺设的'陷阱'，开辟一条与当前完全不同的新道路，为组织和企业找到实现跨越式增长的第二曲线。"

持续高质量增长是每一家企业所追求的目标,如何做到?第二曲线创新性地给出了两个方法:第一,尽量延长第一曲线的生命;第二,在第一曲线到达极限点之前,启动独立的第二曲线。

持续增长的秘密是在第一条曲线到达巅峰之前开始一条新的曲线。在这时,企业的时间、资源和动力都足以使新曲线度过它起初的探索挣扎期。

美的把这种开辟第二增长曲线的基础能力称为"复制自己、融合他人的能力"。结合美的在高端制造、工业技术、数字化业务等第二赛道开辟成功的案例,第二增长曲线的成功有以下公式:

> 第二增长曲线的成功 = 组织力 × 赛道选择力 + 拉开组织

第一个成功因子是组织力。组织力不是简单的人的成功,而是类似于美的"7+3"机制的成功,这样的组织力才能拥有复制自己、融合新赛道的能力。

第二个成功因子是赛道选择力。赛道选择必须具备以下两个条件的其中之一,所选赛道要么属于风口行业,要么是生态产业链的子赛道,即价值链上下游或者场景生态化下的子赛道。如果所选赛道同时符合这两个条件,成功概率更高。比如,美的做高端制造产业时采用的就是向价值链上下游延伸的发展模式,开辟数字化新赛道则符合风口行业的特征。

此外,第二增长曲线的成功还有一个重要的加持因素——拉开组织。如果不拉开组织,新赛道、新业务很可能被老业务"边缘化",微软这十几年的发展,就是一个很好的例证。Windows 系统是微软的"主业",但它成了这个"家庭"的全部,扼杀了其他"子产业"出生的权利,甚至连已经出生的"弟弟妹妹"的命运也被牢牢地绑定在了它的身上。因此,微软错过了互联网普及浪潮,如以谷歌为代表的搜索引擎公司的崛起;错过了互联网社交浪潮,如以 Facebook 为代表的社交软件的逐渐兴起;错过了移动互联网浪潮,导致微软虽然在个人计算机操作系统市场中占据 90% 市场份额,但在智能手机操作系统市场中仅占 1%。直到 2014 年,第三任总裁萨提亚·纳德拉——微软第二曲线的刷新者出现,微软才意识到"Windows 既是光环也是枷锁,卸下它才能走得更远。微软只有忘掉过去的辉煌,打破原有的认知,才能在新时期找到新的发展方式"。由此，微软才有了后来的重回巅峰。

拉开组织才会具备迅速成就第二赛道的机会。比如，美的冰箱在只有2亿元营收时被从美的空调事业部拉出组织；美的中央空调业务也是在有4亿元营收时被从家用空调事业部拉出组织的。不过，这里有一个非常重要的条件——必须有复制自我、融合他人的能力，而美的的这个能力的背后就是以"7+3"机制为内核的组织力，即组织力强大了，做第二、第三、第四曲线的成功率都会更高。

每一项业务、每一个产品都是一条曲线。任何一条曲线都有两个重要的点，一个叫破局点，一个叫失速点。业务一旦过了失速点，下滑是必然结果。产品的生命周期过了失速点之后，如果没有第二个业务承接，就很痛苦。

跨界生态化是战略的最高境界，也是开辟第二增长曲线的必然要求。要想实现第二增长曲线的成功，必须使企业在管理、人才、组织、技术、资源上形成复制成功的能力。美的、丹纳赫、步步高、京瓷等都属于这类企业，由于这类企业具备复制自己、融合他人的能力，所以只要加入资本的杠杆，这类企业基本可以做到在进入第二、第三赛道时所向披靡、战无不胜。比如，美的系其实包含6家上市公司，经营产业涉及家电、房地产、医疗、环保、投资、新能源、高端制造等领域，美的在这些领域采取同一套管理语言、管理体系、经营文化，从而形成了系统性优势，这种跨界生态化发展能力就是复制自己、融合他人的能力，其背后的底层逻辑就是UMC3+3管理系统和"7+3"机制。

要想获得第二增长曲线的成功，企业必须在管理机制、组织能力、人才梯队、文化体系、运营能力上形成一脉相承的优势及生态能力。在所有的优势当中，管理机制是底层优势。

本章节我们主要探讨的是规模化、生态化、跨界生态化等战略问题，这些战略的背后仍然是管理机制、人才、组织力这些无形但又发挥着重大价值的软实力，而土地、货币资本等这类硬实力并不会给企业带来真正的战略成功。企业要想获得战略上的成功，仍然要从以管理机制为内核的组织力、人才的成功上下功夫。

美的从一家家电企业转型成为一家集智能家居、楼宇科技、工业技术、机器人与自动化和数字化创新业务五大业务板块于一体的全球化科技集团，成功地开辟第二、三、四曲线，其背后有着以下多方面的原因。

第一，顺势而为，与时俱进。"势"即选合适的赛道，这个赛道即属于未来可做的部分。

第二，具备经营赛道的能力。其核心是组织力。有了人才与机制的匹配，就不用重复摸着石头过河。

第三，拥有面对危机、变革的能力。所有伟大的公司都有很强的危机感。

第四，强化组织力建设。开辟第二增长曲线、发展第二赛道，前提是组织力强。

第五，文化再造，让团队与组织永葆生机。

Chapter 14
第十四章 并购与整合管理

最近十年，全球掀起了并购热潮。当经济处于高速增长期时，各行各业的景气指数非常高，企业能通过并购缩减经营周期，减少培育期，快速实现产业成功，并获得并购协同效应。但是如果全球经济处于下行通道，企业想并购的企业处于产业逆周期、存量市场时期，并购是否还会带来预期结果和协同效应？

一、是并购还是内生式增长

企业到底是通过并购快速实现规模化、多元化，还是内生式发展新产业？在哪种情形下选择并购，在哪种情况下内生式发展新产业？接下来我们进行简要探讨。

第一种情形：当产业处于顺周期且高速增长时，以下情况出现越多，企业越适合采取并购方式实现规模化、多元化。

▶ 当企业和行业均保持快速增长时，并购能帮助企业实现产业快速布局。这是一种跑马圈地式并购，有利于帮助企业快速实现多元化经营。

▶ 当企业组织能力强时，并购可以帮助企业快速在新产业及配套产业复制成功。

▶ 当企业现金流非常好时，可通过并购方式获得弯道超车的机会，借助资本的力量快速赢得市场。

▶ 当企业经营性一号位人才充裕时，通过并购可以迅速形成经营领导班子，实现并购标的快速复活，为企业插上腾飞的翅膀。

▶ 当原有（企业）产业与被并购（企业）产业能达成战略协同、资源协同和服务协同时，并购将产生巨大的协同优势。

我们列举了在产业处于顺周期时，实施并购战略不仅可以帮助企业快速实现规模化、多元化，且并购成功率会大大提高的五种情况。如果同时具备以上五种情况，企业可以毫不犹豫地采取并购方式，实现快速规模化、多元化。

第二种情形：生产业处于逆周期的背景之下，即便是上述情况都出现，也要采取谨慎性策略。

俗话说"行业好的时候猪都会飞，行业不好的时候鸟儿都可能撞上枪口"。如果出现下面一种或多种场景，无论在什么行业周期下，企业都要谨慎选择并购战略。

- 企业内部管理比较混乱，没有自成体系。这类企业有几个特点，一是摆脱不了对老板的依赖，二是基本靠人治和吼叫式管理，三是运营能力明显低于行业标杆。
- 企业没有形成人才梯队，企业经营主要靠老板，组织力弱，自我人才培养能力低，作战遵循团伙主义而不是团队主义。
- 机制缺失，尤其是在责权利匹配能力弱的情况下，企业基本对并购业务不具备整合能力，甚至会比原有团队和股东更弱。
- 文化能力弱，不具备文化整合能力，尤其是并购方本身文化融合能力弱，团队凝聚力低，这类企业去并购其他公司，其整合成功率非常低。

因此，我们在选择是否通过并购来完成企业规模化、多元化时，必须分门别类地分析，在不同场景下做出不同的选择，盲目并购会导致失败，甚至动摇企业原有产业根基，造成全盘皆输。

二、投并购过程中的陷阱

即便是选择通过并购战略推进企业规模化，并购后的整合仍是拦在并购者前面的一条鸿沟。根据权威机构统计，企业并购并实现整合运营的成功率不到30%。中国并购大师俞铁成老师于2020年出版了《并购陷阱》一书，书中列举了8个环节、75个陷阱、200多个子陷阱。可见，并购看起来是一朵美丽的花，结果如何还要看企业的整合能力。下面我们列举8个典型的并购陷阱。

第一个陷阱：标的被过度包装。出售方为了获得一个好价格，利用信息不对称的优势，过度包装标的，将稻草包装成金条。

第二个陷阱：无实质性有价物。有些出售方将标的包装成香饽饽，但是拆开看，无论是产品和技术，还是市场和客户，抑或是供应链，基本上没有值钱的东西。

第三个陷阱：金蝉脱壳。主要是指标的公司最有价值的资产是团队，但其核心团队在被并购前已决定离职，或另起炉灶。

第四个陷阱：文化整合能力弱。并购方本身的管理能力、文化能力弱于被并购方，倘若只通过资本的力量进行并购，并购后缺乏文化向心力的企业是很难融合他人的。

第五个陷阱：尽调陷阱。第三方公司或中介方有利益关联，导致两方联合侵蚀并购方利益。

第六个陷阱：交易结构与合同。因缺乏专业并购顾问导致交易结构与合同存在各类潜在的风险。

第七个陷阱：控制权风险。即收购后，并购方并没有采取实质性举措控制经营权，而被并购方原有团队因企业易主，其归属感、战斗力、忠诚度、敬业度大打折扣。

第八个陷阱：整合陷阱。并购完成后，收购方没有采取积极的整合策略，发挥并购前的战略协同、资源协同、管理输入、人才加持等作用，导致被并购方无法得到赋能。

三、并购整合成功的九个法则

结合美的在并购过程中实施整合的成功案例，我们总结出以下九个法则。

第一个法则：明确并购战略与目标

并购之前，一定要论证这项并购是基于什么协同，是资源协同还是能力协同？要明晰并购战略与并购方的资源、能力、产业、供应链的赋能可能性，如果做一项风马牛不相及的并购，通常来说，整合成功率非常低。

第二个法则：交易前论证并制定整合方案

并购之前一定要先做整合方案论证，并列出详细的整合计划、财务结果模拟演练，重点是改善计划——并购过来以后，凭什么比之前经营得更好？要做哪些赋能？要控制哪些风险？比如，美的于2008年收购小天鹅，在完成收购协议签订时，整合方案已经形成，并得到快速、有效实施，最终实现成功整合，成就了美的在洗衣机行业数一数二的市场地位。

第三个法则：迅速解决组织结构及人员派驻问题

值得一提的是，在并购过程中，并购方对被并购方原有团队的识别、任用可以说是整合阶段的第一件大事，要充分重视，并积极做出安排。再好的局面都会因拖延而延误时机，甚至被颠覆。并购后第一时间要做的事就是安抚人心，确定组织，任命核心干部。任命干部有一个讲究，如果标的存在经营不良的问题，则通常启用"1+3+1"派人法，即一个总经理、一个财务负责人、一个战略营运负责人、一个人力资源负责人，以及审计合规负责人（派驻）。对于其他专业干部，即第一性干部，应以需求为导向，企业哪里有短板就派驻哪个领域的干部。如果企业经营基本面较好，管理比较健康，就不一定要用"1+3+1"法，只派驻财务及人力干部即可。比如美的在并购库卡后，对原有经营团队基本未做调整。

第四个法则：在宣布交易的同时启动整合

一旦宣布交易，并购方应按顺序处理以下重要事项。

一是召开中高层干部会议，宣布人事与组织架构方案，稳定团队和军心，对于前期摸排发现思想有波动的核心骨干要进行一对一交流。

二是要宣布整合后的组织政策，如工资、奖励、绩效、社保、年假、组织结构、决策方式、与总部的职责定位等政策，保持现状还是调整，以及要明确如何调整，并正式发文。

三是要明确标的公司的发展战略、业务策略、经营方向等，并以正式会议的形式与中高层干部进行共创、共识及宣贯。

第五个法则：以"鼓点决策"管理整合

整合工作是否卓有成效决定了并购最终是否成功。在整合阶段，稳定军心后，就要将工作重点从"人"转向"事和财"，要通过赋能模式，将公司的管理、制度、流程、效率、成本、技术、制造、营销各领域的资源进行融合与交互，在决策过程中以简单、务实、高效为原则，决策链要短，可以采取"鼓点决策"。

2016年，通用电气同意把它的家电部门卖给海尔时，对于该部门的员工或者拥有通用家电的数千万美国家庭来说，其未来是模糊的。近6年过去，通用家电不断发展，自2017年起在美国的市场份额每年都在增加。而这桩并购是由张瑞敏亲自主导的，就是通过"鼓点决策"实现了快速整合，为海尔带来了整合红利。

第六个法则：精选整合团队的领导小组

决策管理办公室要由一个强大的领导者来管理，他需要具备足够的权威将决策归类，协调工作组并掌控进度。比如美的在进军新产业时，一般会派内部最强的经营团队一号位出马。一般来说，被选中的人必须熟悉战略、营运及流程，必须对整合后的经营结果承担完全责任，而不是临时责任。同时，对于被并购企业中的意见领袖，最好也将其一并纳入整合小组，完成初期的维护人心、文化及团队安全感的工作。

第七个法则：致力于一种先进文化

每个组织都有自己的文化，即一系列员工日常行为的准则、价值观与预期，其本质上是一套先进的管理机制，如"7+3"机制。如何处理企业文化，几乎是每项并购都无法回避的巨大挑战之一，也决定了整合的成功率。一般而言，收购方希望保留自己的文化。只有在少数情况下，收购方希望将目标公司的文化融入本公司。不过，无论是哪种情况，一定要用先进文化替代落后文化。

无论最终选择哪种企业文化，以一号位为核心的所有管理层都要积极参与管理这种文化。公司可以设计开放的价值共享、明确的文化导向，以及积极的奖励机制来倡导先进的文化行为，组织架构和决策原则的建立也必须与期望中的文化相一致。负责整合的一号位还应当抓住每个机会身体力行，树立榜样。同时，管理层还要在决定留下哪些员工时仔细考虑这些人是否与新文化相符、是否会支持并遵循这一新的企业文化。值得一提的是，一旦倡导新的文化，领导团队、外派进入被并购公司的团队更要严于律己，只有自己做得好，被整合的团队才会相信好事即将发生。

第八个法则：用先进机制、整合红利、业绩赢得人心

整合小组要在进驻前明确整合策略，在正式整合时要发文并一对一宣贯新政策，使全体员工吃上定心丸。如果出现并购企业的收入水平、福利待遇比被并购企业还低的情况，要明确以"就高不就低"的原则确定原来团队的收入。此外，还要防止各类小道消息横行，这些小道消息往往会干预公司正常的整合工作，导致人心惶惶。所以，保证信息的一致性也非常重要。整合小组要把并购给公司带来的优势、机会明确地贯彻给每一个团队。

并购后，要尽快拿出整合红利、业绩鼓舞士气，激发斗志，提振信心。

第九个法则：对并购标的进行体检和整合"手术"

并购一旦完成法定手续，工作小组的工作重心就要从并购转移到整合，整合的目的就是发挥协同效应、赋能效应。整合一般可以从以下几个维度开展。

第一，组织协同与整合，以提升组织力。被整合企业一方面要共享集团组织本身的各类优势；另一方面要发挥整合的优势，提升组织效率。

第二，核心干部盘点与任命。对于优秀干部要尽一切可能维持其心态稳定，并进行正式任命；对于冗余员工，该分流的要分流，对不称职员工一味地保护其实是对优秀员工的不尊重。

第三，文化与机制协同。要把先进文化、先进机制引入被并购企业，以激活组织、人才，激发员工动力和潜能。

第四，产品设计与研发整合。要将集团公司的产品、设计、研发、技术优势整合到新团队中，要通过人事安排实现核心能力的横向拉通和复制，最好的方法是将集团的二把手调入被并购企业做一把手。

第五，市场、客户、渠道整合。通过两边客户资源的横向拉通、市场与客户资源的共享，实现"1+1>2"的效果。这种整合要想快速获得优势，最好的办法仍然是将两边企业营销系统的干部做相互交换式任命，以进行相互融合与渗透。

第六，供应链资源整合。一般来说，被并购企业嫁接了集团供应链上的规模和成本优势后，其供应链成本会呈现下降趋势，很快会产生协同整合效应。

四、数一数二战略

数一数二战略来自通用电气，在竞争激烈的全球市场中，只有领先对手才能立于不败之地，任何事业部门存在的条件就是在市场上"数一数二"，否则要被砍掉、整顿、关闭或出售，这正是通用电气的产业战略。保持市场占有率第一或第二的原则是杰克·韦尔奇心中最具威力的经营管理理念。杰克·韦尔奇的理想是获得全球市场的头部位置，实现数一数二战略，凡是未达标准的企业一律关停并转。这一产业政策帮助通用电气成为全球最伟大的公司之一。不过，通用电气的继任者杰夫·伊梅尔特没有很好地传承这一做法，使通用电气跌下神坛。

数一数二战略是通用电气在20世纪80年代后奉行的产业政策，在今天是否还有实践意义呢？答案是：更有实践意义。相较于40年前，现在全球产业周期更短，不确定性增加，经营难度更大，产业资源进一步向头部企业集中。因此，要想切入一个新产业并获得成功，必须向头部靠拢，这就是数一数二战略的意义所在。

数一数二战略的逻辑起点是企业要想进入一个新产业，要么成为头部，要么就放弃，关停并转。其原因很简单：未来规模以上的产业中第三名以后的企业，基本难以获得理想的利润。一旦不能造血，该产业业务就会变成企业的经营负担，长此以往会削弱主业。

美的是执行数一数二战略非常成功的企业，在过去50多年的发展中，美的系大大小小的并购近30起，大多数进入了行业前三名，对于没有实现目标的项目，如客车项目就很快做了关停并转。正如竞争战略之父迈克尔·波特所说，战略的本质就是定位、取舍和建立活动之间的一致性。

简而言之，竞争战略就是创造有利地位。最后还要注意的是，并购就像买股票，不是股价越便宜越好，而要看趋势和未来。行业有前途、企业有未来、自己有协同价值的标的才有价值，否则就要收住并购的欲望。企业要坚守常识和初心，切不可投机，更不可成为"虚胖"的企业。

Chapter 15 第十五章 | 变革与创新管理

变革管理,即当组织成长迟缓,内部不断出现熵增,无法应对经营环境的变化时,企业必须拿出组织变革策略,对内部层级、工作流程以及企业文化进行必要的调整与改善管理,以实现顺利转型,持续成功。

一、为什么要变革

管理大师德鲁克在《为成果而管理》一书中强调：企业随着时间的推移，一定会变老、变旧，企业的发展是不断走向老旧的过程，因此，变革是所有企业必须具备的能力。

企业变革的核心是管理变革，而管理变革的成功来自变革管理。变革的成功率并不是100%，甚至更低，常常使人产生一种"变革是死，不变也是死"的恐惧。但是BANI时代的非线性变化、市场竞争的压力、技术更新的频繁和自身成长的需要都表明，"变革可能失败，但不变肯定失败"。因此，知道怎样变革比知道为什么变革和变革什么更为重要。过去三年，经营环境、产业环境出现了非线性甚至突发性变化时，很多企业没有觉察到，导致最近三年营收下降，净利下降更快，这是典型的未能卓有成效地推动经营管理变革造成的。

较大型的企业和发展时间比较久的企业往往会形成固定的文化茧房和组织弊病，部门墙高，暮气沉沉，这就是典型的大企业病。华为的任正非将这种现象称之为"熵增"现场，美的称之为"机制退化"。

当企业出现大企业病，出现熵增时，责权利边界随之被打破，员工的思维和行动力被束缚，人浮于事，唯上主义，没有希望的现象和文化大行其道。

成功地适应环境变化对于一个组织的重要性与它在自然界中的重要性完全一致。人类社会每时每刻都面临着巨大的不确定性和变化，越有效地处理变动和不确定性，企业就越有可能持久发展，基业长青。美的文化中有一句话：美的唯一不变的就是变。美的现任董事长兼总裁方洪波说过："过去的成功法则需要全面迭代，不仅要重构，而且要剧烈重构。没有任何竞争优势是永恒的，而且优势越来越短暂。美的没有东西可守……我们要捍卫未来，而不是驻足过去。"不要与变动作对，而应试着利用这种变动。因此，变革是为了适应环境的需要，是为了适应企业内部发展规律的需要，更是企业走向持续成功的必然要求。

二、为什么变革很难成功

变革是要改变现状，打破现有的利益、权力、心理舒适区的平衡，每个人都希望自己是变革的受益者，不希望为变革付出代价和改变，更不愿意迎接个人的不确定性。但这是一种悖论和矛盾，变革意味着打破常规，打破利益边界，主动走出舒适区。因此，变革一般来说都会遭遇到一系列反对与抵制，这也是变革难以成功的原因。2012年，美的的方洪波启动变革时，引起了各方非议，包括资本市场、媒体领域等等，但美的顶住了压力，完成了变革，否则美的不可能有今天的成功。企业变革很难成功往往存在以下多方面原因。

1. 高层干部往往是变革的最大障碍

高层干部是组织变革最大的受益者，但往往也是组织变革的最大障碍。这是因为，从人性的角度来看，高层干部也会成为固有利益守旧者、思想固化者，也不希望被变革的未知性、不确定性影响自身。因此，一旦变革遇到困难或触及自身利益，高层干部很可能在变革中打退堂鼓。

2. 不能识别组织问题的核心，无法找到变革方向

有一部分高层因为自身不能有效认识到问题的核心，对于组织碰到的问题感到很迷茫，在各种渠道的信息交错之后，更加糊涂，加上缺少决断力和决策力，最后干脆拖延变革或者不变革。这是部分高层管理能力和领导力不足造成的。

3. 组织变革具有一定的风险性，部分高层不愿承担变革风险

根据约翰·科特的变革模型，没有任何变革在初期就能被预见一定会成功，而且大多数变革都会有一个短痛期或业绩停滞期甚至下滑期，如图15-1所示。现实中大多数的变革都是失败的，所以有一部分中庸的高层在面对压力时选择鸵鸟政策也是可以想象的。

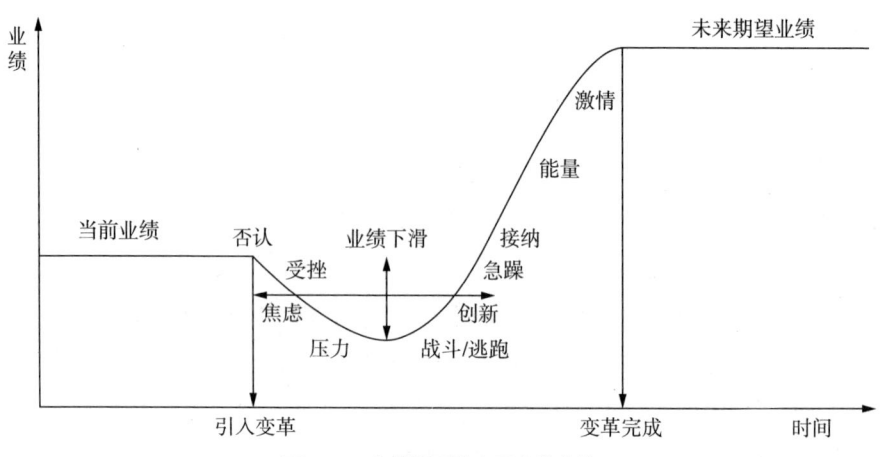

图 15-1　变革期团队心理变化曲线

4. "屁股决定脑袋"式的权衡

这部分高层往往多是职业经理人。变革往往不会在短时间内看到成效，大部分要通过打破格局，经历较长时间才可能带来收益。而职业经理人的利益往往是短期效益，他们看中的是短期绩效，所以就没有动力去谋划变革。

5. 既得利益者的反对

除了企业的领导者因为能力、勇气和格局不足，往往从变革的推动者变成变革的阻碍者，另外一群阻碍变革的人就是组织中的既得利益者。组织变革涉及利益的重新洗牌和再分配，而首当其冲的可能就是既得利益群体，一般来说变革后往往他们的利益会最先受到冲击。华为之所以成功，是因为任正非甘愿舍弃自身利益以推动变革。任正非曾回忆："当年我们向IBM学习管理变革时，IBM顾问跟我讲：管理变革最终就是'杀'掉你，让你没有权力，你有没有这个决心？我说我们有。"所以既得利益者最有可能成为组织变革最坚定的反对者。这种反对一部分来自对职位的安全感的缺失，另一部分来自对经济利益损失的忧虑。何享健在1997年锐意推动变革时明确强调，美的只有搞事业部才有出路，事业部是美的必须走的一条道路。1997年美的销售收入第一次出现下滑，变革成为必然出路时，何享健在一次宣布进行组织变革推进事业部体制时，却遭到内部反对，可见变革的阻力之大。

6. 冷漠的"骑墙草"

相较于以上几种"积极的反对者"，还有一种反对者可能更加隐性，更加消极，但也会成为变革中的阻力，这类人可称为"冷漠的旁观者"或"骑墙草"。他们往往是企业中的多数人，对企业中发生的多数事持无所谓的态度，对企业没有忠诚度和向心力，像墙头草，风吹两面倒，随波逐流。这类人最大的危害就是麻木不仁、不表态、不行动，但是一旦变革稍微触及自身利益，他们就会激烈反对，甚至到处传播变革的危害，散播各类谣传，使得在变革期间，小道消息、负面消息等不利于变革的声音到处飞，从而使变革的支持者心存疑虑。

以上我们仅从人性的角度，就看到了高层、既得利益者及旁观者在变革过程中带来的阻力。当然，任何变革都会有支持者、先行者和驱动者，同一个身份在不同的企业里也可能表现为不一样的力量，不是所有的领导者都是懦弱的，成功的变革往往是由睿智领导者披荆斩棘开创出来的。美的2012年启动的一系列变革，正是方洪波以壮士断腕的决心来推动的，才有了今天美的的成功和市场地位。

所以按照组织发展的奠基者勒温的观点，任何组织变革都是在相反方向作用的各种力量的一种能动的均衡状态，也就是说，一项变革既有动力，也有阻力。所以勒温提出了著名的力场分析法（见图15-2），以此来分析变革中的动力和阻力，从而为变革寻找突破口。

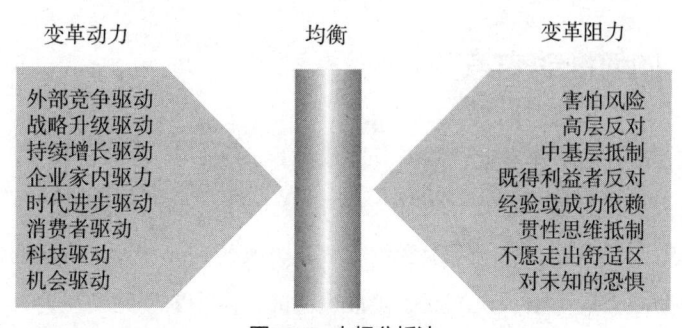

变革动力	均衡	变革阻力
外部竞争驱动 战略升级驱动 持续增长驱动 企业家内驱力 时代进步驱动 消费者驱动 科技驱动 机会驱动		害怕风险 高层反对 中基层抵制 既得利益者反对 经验或成功依赖 惯性思维抵制 不愿走出舒适区 对未知的恐惧

图 15-2 力场分析法

在这个分析法中，我们要找到变革动力，即推动变革的力量，可以是人，也可以是事、物或者环境。另外还要找到试图保持原状的力量，即变革阻力，同样可以是人，也可以是事、物或者环境。把这两种力量放在一起进行对比，甚至通过一定的评分标准，对两种力量进行稍微精准的评估，我们就可以对不同变革模式的优劣做出更好的分析。

在实际变革过程中，变革时机选择不当、没有建立真正有权威的变革组织、对组织变革的行为（人）听之任之、在一定时间里变革红利无法产生等原因，都可能导致变革早早夭折。

三、谁来推动变革

变革一定是一把手工程。杰克·韦尔奇作为通用电气总裁，亲自领导变革，成就了通用电气 30 年的辉煌。美的历史上的几次重大变革，也是由当时的最高领导者发起并亲自部署、推动的。组织变革很少是自下而上的，从历史上来看，自下而上的变革能够获得成功的情况不多见。真正的变革，主动权往往掌握在领导者手上，他们可能是企业的创始人或者是勇敢的职业经理人。

外部顾问是变革的重要力量。外部顾问有着非常多的优势：一是外部顾问一般精于变革之道与方法论，且经手过成功的案例；二是外部顾问一般不会置身企业内部的各种利益关系之中，更能从客观视角推动变革；三是外部顾问的权威性使内部很难提出反对的声音——除了"咨询公司变革方法论不适应我司特殊情况"这一笼统话术。

四、如何推动变革

变革管理有两个非常重要的工具。

第一个工具是勒温模型（见图 15-3）。美国学者勒温从探讨组织变革中的组织成员的态度出发，提出组织变革"解冻、改变、冻结"三阶段的理论。勒温认为，在组织变革中，人的变革是最重要的，组织要实施变革，首先必须改变组织成员的态度。组织成员态度发展的一般过程及模式反映着组织变革的基本过程。解冻是指刺激个人或群体去改变他们原来的态度，改变人们的习惯与传统，鼓励人们接受新的观念。改变是指通过认同与内在化等方式，使组织成员形成新的态度，接受新的行为方式。冻结是指利用必要的强化方法，使最后被接受和融合的、所期望的新观念和行为方式长久地保持下去，融合为个人价值观中永久的组成部分。

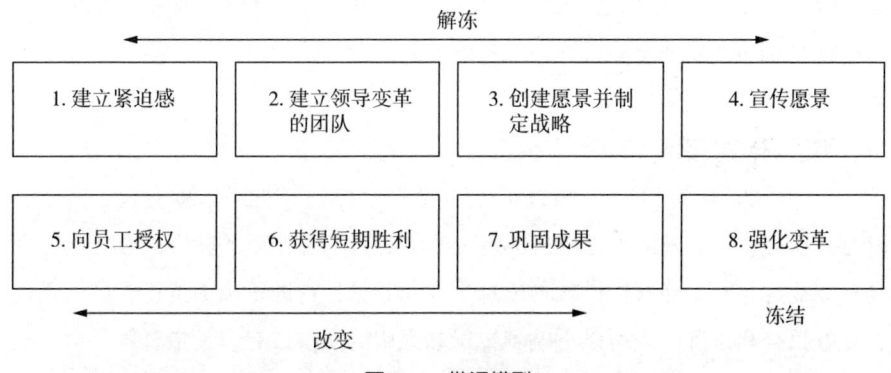

解冻

1. 建立紧迫感	2. 建立领导变革的团队	3. 创建愿景并制定战略	4. 宣传愿景
5. 向员工授权	6. 获得短期胜利	7. 巩固成果	8. 强化变革

改变　　　　　　　　　　　　　　　　　　　冻结

图 15-3　勒温模型

第二个工具是约翰·科特的变革八步模型。约翰·科特是哈佛大学商学院终身教授、世界闻名的领导力大师，变革八步模型就是由科特创立的，这是一种权威的变革方法论。科特认为，只要深入理解组织为什么会抵制变革，就能采取相应的步骤来克服这种惯性。成功的变革表现出两种模式：一是通常需要多个步骤来积累足够的势能，用来克服原来的惯性；二是只有在出色的领导的带领下，才能有效实施变革。其中最重要的就是维持良性的内部关系，营造友好信任的氛围。

五、如何正确地领导变革

变革是企业管理中非常难的管理项目，非常考验企业家和一号位的管理智慧。我们根据约翰·科特的变革八步模型，来说明企业家和一号位如何领导变革。

第一步：树立紧迫感

团队中一旦产生骄傲、自满情绪时，变革就要快速启动。美的创始人何享健曾说："企业最成功、最辉煌的时候，往往就是其走向衰败的危险时刻，只有不断地调整和提高才能幸免于难，因此要时刻保持危机感和紧迫感，保持组织的活力、机制的活力。"与此同时，管理好团队的思想非常重要，方洪波在内部会议中多次表达自己的想法："我对企业的成功视而不见，每天思考的都是失败。"团队要有危机感和紧迫感。紧迫感该怎么树立呢？有三个方法：一是持续树立远大的理想和目标；二是由外向内看，认知自己的不足；三是反求诸己，塑造自省文化。

第二步：组建领导团队

领导团队需要四类人，可以称为"四有"人才，"四有"即有权、有才、有德、有力。有职权的人通常是关键人物，可以消除变革的障碍；有才，特别是有专业特长的人能够提供各种信息、专业意见，帮助正确决策；有德，是指有良好信誉和口碑的人可以影响到怀疑和观望的人群；有力是指有领导力，经验丰富的领导人有助于推进改革进程。

把人聚集到一起，不等于形成了团队。团队的形成还需要两个基础条件，一个是拥有相互信任的关系，另一个是拥有共同的目标与愿景。

第三步：设计愿景战略

科特说："愿景是一幅关于未来的画面，明确地解释了应该为这样的未来努力的理由。"清晰且得到广泛认同的愿景可以让所有人停止纷争，但实际情况比较复杂。很多公司并不缺少愿景、规划，但好像没有什么用。这引出了一个重要问题：什么样的愿景才是有效的，并能得到团队认同？

首先，共创才能共识，共创、共识出来的愿景才有效，才能得到团队认可。

其次，愿景要简单易记，有可实现性。

最后，愿景需要足够聚焦，还要有一定的灵活性。聚焦的愿景可以告诉人们该做什么、不该做什么，灵活性是能够跟上环境变化的基本保证。

第四步：共创、共识、变革愿景

只有被公司绝大多数人理解和认同的愿景，才会释放出巨大力量。从沟通角度看，应该围绕三个控制点采取有力行动。第一个控制点是沟通内容，简单、形象的内容更容易传播。第二个控制点是沟通方式,最高效的沟通方式是重复,再重复。第三个控制点是以身作则,行动是愿景落地最有力的证明。

第五步:分权赋能

怎么扫除组织障碍?一般来说,需要以分权为目标做三个动作,分别是调结构、转机制、提技能。首先是调结构。组织结构的本质是权力的配置系统,包括决策权、用人权和资源匹配权,对结构进行调整就是重新配置权力。需要提示的是,重点是分权,而不是授权。分权表示责权匹配,授权则授权不授责。其次是转机制,用无形的手牵引团队推动变革,如优胜劣汰、树立先进典型等。最后是提技能,新的目标、岗位、业务需要新的技能。

第六步:变现短期变革红利

短期胜利得来的变革红利会让所有人相信,为愿景付出是值得的、有效的,从而激励更多的人参与其中。那么,如何取得短期胜利呢?从小痛点切入,并制订强大、详细的实施计划及闭环营运管理目标。通过强有力的管理确保行动能够产生实际成果,有了成果,变革思想也就统一了。

第七步:持续推动变革深入

日益激烈的竞争环境让部门之间的相互依赖性不断增强。比如要想建立以客户为中心的组织,就要求各个流程、部门必须以更快的速度、更低的成本、更紧密的协作来满足客户需求。2012年,美的的变革伴随着去中心化、去权威化、去科层制的组织变化,这样的大趋势意味着变革绝不是局部的改造,而是革组织系统的命。一项改革措施根本没有用,可能要同时推进20项行动才有用。那么要如何同时运作众多项目呢?科特认为有两个条件:第一,高管负责总体领导工作;第二,尽可能把管理权下放。

第八步:将成果融入文化与机制

文化指公司的行为规范和价值观,机制是文化的灵魂。公司文化与变革愿景不协调,就会让变革倒退。那么,如何破除文化的阻碍呢?约翰·科特的回答简单、明确:升级公司文化与机制。例如,美的在每一次重大变革前都要进行文化升级。美的2012年文化升级的主题是:一个美的、一个体系、一个标准。通过"三个一",实现了文化的统一,为变革提供思想协同。

塑造新文化需要满足两个条件:第一,要尊重文化的延续性,将好的文化基因和价值观保留下来；第二，只有成功地改变行为并且产生实际的效果，人们才会相信行动改变是有益的，从而体会到行动背后的文化力量。

六、创新管理

1. 什么是创新

熊彼特在 1912 年发表的著作《经济发展理论》中，首次提出了影响深远的创新理论。熊彼特所说的"创新"是一种从内部改变经济的循环流转过程的变革性力量，本质是"建立一种新的生产函数"，即实现生产要素和生产条件的新组合。创新包括以下 5 种情况。

- ▶ 生产一种新的产品，或者开发一种产品的新属性。
- ▶ 采用一种新的生产方法，新方法既可以是出现在制造环节的新工艺，也可以是出现在其他商务环节的新方式。
- ▶ 开辟一个新的市场，不管这个市场以前是否存在。
- ▶ 控制原材料或配件的一种新的供应来源，不管这种来源以前是否存在。
- ▶ 建立任何一种产业的新的组织，比如形成一种垄断地位，或者打破一种垄断地位。

2. 如何建立创新能力

如何建立一个创新的组织或团队？这是所有管理者都关心的事情。结合全球创新型公司的成功经验，可总结出以下方法。

一是企业家及高管改变心智模式。只有心智模式升级了，企业家及高管才会提升认知，才会突破天花板，才会摒弃对经验的依赖。企业最高管理者进步了，组织和团队就打开了创新的大门。

二是建立开放、创新的机制。通过先进机制的牵引，激发组织主动创新、求变，机制的核心是成奖败不罚，这样，创新的氛围和文化才会形成，从长期来看，一定会产生创新红利。美的每年都会举办一个高规格的"科技月"活动，无论是创始人何享健，还是现任董事长方洪波，都会全程参加并发表重要讲话。在这个活动中，美的会对研发创新、技术创新、制造创新、营销创新等进行重点奖励。

三是建立容错机制。鼓励创新，一定要允许试错。美的强调，只要同样的错误不犯两次，创新再试错也不会被批评，甚至会被鼓励。

四是建立学习型组织。要让全体员工思维是开放的，内心是谦卑的，思想是追求进步的。在这种环境下，个体持续追求进步，组织的能量就会持续提升。

五是倡导开放的文化。只有在充分开放的环境里，创新的能量才会被释放，组织的活力才会被激发，人的主观能动性才会绽放。

CASE 案例

变革主题分享实录

2023年，全新大幕即将开启，我们再次站在历史的交汇点上。面对百年未有之大变局，我们要如何做好企业转型升级，迎接新机会，开创新局面，实现高质量发展？

过去三年，疫情打断了正常的经济发展和企业经营，给大家带来了困局。但疫情终究会结束，2023年应该会有一个新的起点。当然市场永远具有不确定性，面对存量市场，面对国内外复杂的经济形势，面对全新的2023年，企业家和高管如何做好企业转型、变革升级，迎接新机遇？很荣幸受北大心理学博士、上海交大陈景秋教授邀请，和大家一起交流、分享企业转型、变革的话题。

我一直在企业界，与各位同学在企业中做创始人、中高管一样，每天遇到的困难、挑战、业务场景基本是一致的。因此，我今天不讲大道理，主要讲案例，通过案例来演绎企业转型与变革之道。

我们先通过美的的案例，看看50多年来美的是如何通过转型、升级实现企业持续高质量增长的。

年报显示，2021年美的营收3434亿元，营收同比增长20.18%；归属净利润

285.7 亿元，同比增长 4.96%，其营收、利润等财务数据稳居全球白电首位。不仅如此，美的在过去的十年间，通过数字化转型与战略变革，已升级为一家覆盖智能家居、楼宇科技，工业技术、机器人与自动化和数字化创新业务五大业务板块为一体的全球化科技集团。

美的是一家敢于自我否定、不断变革、创新的企业，不仅始于 2012 年的数字化转型。美的一直以来有一个惯例，遇到逆周期时，通过转型、变革来对冲外部困境，提升竞争维度。

1997 年，美的推进事业部组织架构体制变革，开始构建"7+3"机制，驱动经营重心下移，推动权力下移，同时，通过"3+1"管理抓手，实现纵向拉通，确保战略落地、风险可控。在事业部体制变革完成之后，美的左右拉开组织，陆续成立了多个事业部，推进多元化战略落地，迅速获取家电产业的蓝海机会。美的事业部体制变革给美的带来了变革红利——13 年增长 30 倍。到 2010 年，美的集团正式进入千亿时代。

对于"唯一不变的就是变"的美的来说，变革永远在路上。2011 年，美的迎来了以"产品领先、效率驱动、全球经营"三大战略主轴为标志的数字化转型变革，与互联网、数字化时代同频共振，积极进行战略升级，推动组织再造和文化升级，用 8 年时间实现了 1000 亿到 3000 亿的进化，也正是在这 8 年里，美的由传统的家电制造型企业跃升为全球化数字化科技集团。

2020 年底，美的升级三大战略主轴，新的四大战略主轴为"科技领先、客户直达、数智驱动、全球突破"，核心标签为"数智时代"。业界普遍认为，美的是中国制造业数字化转型最成功的企业之一。这一点可以在著名管理学家杨国安老师的著作《数智革新》中得到印证。杨国安老师在书中写道："方洪波问咨询公司的老总，能不能提供一个中国或者全球做数字化转型比较成功的案例让我们来学习一下？咨询公司老总想了半天也没有想到。"

54 年来，美的面对外部环境变化，不断自我否定，锐意变革，深度转型，日变日新，越变越强，不断地将企业推向卓越和高质量发展。美的转型变革还给业界留下了非常多的经典管理工具，如事业部体制、"7+3"机制、"T+3"价值链运营、"一盘货"、"632"数据治理、MBS 精益管理、"灯塔工厂"等。

不仅仅是美的，华为、京东、海尔、步步高系、霍尼韦尔等也是通过转型变革穿越下行周期,实现逆势增长、高质量发展的。笔者研究了这些持续卓越发展的公司,总结了他们转型变革成功背后的 10 个底层逻辑,分享给大家。

第一,尊重常识。常识是什么?它是普遍规律,是科学真理,是事物运行的第一性原理。华为的任正非说:"坚守常识是华为管理的奥秘和本质。"华为秉持为客户创造价值、为奋斗者提供舞台、推动可持续发展为企业宗旨,以客户为中心,以奋斗者为本,聚焦主业、长期投入,倡导奋斗精神和分享文化,这些其实就是管理常识。美的的何享健曾说:"企业家的本职工作就是做好企业,做好企业什么都有了。"步步高系创始人段永平将坚守常识写入企业核心价值观,正是这一核心价值观孕育了 OPPO、vivo、拼多多等的持续稳健的成功。

坚守常识的本质是尊重科学,敬畏规律,科学决策。看似简单,但实则易攻难守。

第二,坚守战略。战略就是坚持做正确的事。何为正确?即要有三个坚守。第一个坚守是指坚守产业初心,坚持产业梦想,长期深耕细作。比如美的对白色家电产业坚守而不为手机、黑电等产业所动;华为对电信业务坚守而不做汽车;丹纳赫对投资领域坚守而不做从 0 到 1 的创业等。第二个坚守就是对持续进步的坚守。华为在 20 年前的小灵通产品,用今天的眼光来看,简直上不了台面,但是20 年后的今天,其手机在全球仍然定位为高端手机。第三个坚守就是对战略本身的坚守。美的在 2011 年确定三大战略主轴后,持续十年坚守。阿里巴巴持续坚守"让天下没有难做的生意"。为此,阿里巴巴构建了天猫平台,直击货真价实、检验难的痛点;构建菜鸟,直击物流慢的痛点;创立支付宝,直击信任难的痛点,等等。

第三,坚持长期主义。长期主义是相对于短期功利主义而言的,就是不为短期利益所动。2001 年 11 月,美的何享健接受日本媒体采访时说:"1984 年,美的尝试过涉足家电主营业务以外的贸易领域,遭受损失很大。我们从那次失败中吸取的教训是,绝不能被短期利益蒙蔽双眼而采取短期行为,美的应该踏踏实实地围绕主营业务长期发展。"

全球做长期主义做得非常好的标杆企业之一霍尼韦尔在高德威时代将这一特点发挥到了极致。前董事长兼 CEO 高德威在 2013 年被《巴伦周刊》杂志评为"全球最佳首席执行官"之一。他认为,既要关注短期业绩,更要关注长期投资增长。他还认为，要关注长期主义，要聚焦客户和增长，发挥领导力，坚持结果导向，成就他人，拥护变革，促进团队多样性和协作；要有全球化思维，进行必要的智慧冒险、自我反思与认知，有效沟通，系统思考，以及精耕某一领域。

第四，持续学习。持续学习是一个企业家、一个组织跟上时代的最好方法，也是企业不断精进、走向卓越的关键。人民大学博导、华夏基石董事长彭剑锋教授明确提出，企业家精神中最重要的特质就是持续学习，一把手、企业高管作为内部企业家也要持续学习。只有持续学习、更新知识，做时代的主人，企业才能跟上时代，个体才能满足组织发展的需要。海尔创始人张瑞敏也是持续学习的典范，平均每周读两本书，他曾表示："读书是我的决策参考"。美的何享健曾经对媒体坦言："我原本读书少，为了实现目标，自己要有一个适应过程，要不断学习，接受新事物，要更新观念，树立现代意识。办企业后，我的'书本'是堆积如山的文件，要熟读、领会，再批复。"

持续学习的最好方式就是建立学习型组织，带动全体员工一起学习、一起进化，学习的最终目的是运用于实践，要提高学习质量和效率，就要由单循环向双循环进化。美国心理学家克瑞斯·阿吉里斯因为他的著作《教聪明人如何学习》而闻名，他强调学习有三条铁律，也就是双循环学习思维。第一，找第一原理；第二，敢于质疑，由线性思考转向非线性、开放性思考；第三，反思和转化，从而学以致用。

第五，领导变革。领导变革是企业转型、升级的最重要的工作，也是现代企业必要的核心价值观和能力。南非已故领导人、非洲之父纳尔逊·曼德拉就是我们这个时代变革型领导的榜样，他用非凡的领导力"愈合"了国家，让国民有了愿景，让年轻人有了希望。何享健曾说过："我要不断否定自己，推动企业变革。"美的现任董事长兼总裁方洪波说过："美的没有东西可守，加速年代，一切都在快速重构。因此，面对不确定性要快速决策。"华为任正非认为，变革的成功离不开公司高层领导的决心，要勇于革自己的命，把权力逐步放下去。通用电气的杰克·韦尔奇就是一位领导变革的高手，从1980年到2001年，他将通用电气带向伟大的成功。

企业家和中高管要培养自己的变革领导力，就要自我否定，持续学习，推动公司战略转型、组织再造、文化升级，以适应时代的高度不确定性。

第六，投资人才，开放用人。投资人才是实现企业战略转型成功、持续增长的奥秘，人才是企业里唯一具有指数级权变的生产要素。因此，管理人才要用投资思维而非成本思维。华为、美的、京东这些公司长期从985类院校选拔有潜能的年轻人，并通过"721法""三导师培养法"，形成企业人才的密度和厚度。人才发展要遵循"流入流出"法则——对于有潜能、有业绩的人要大胆起用。不少企业的老板在用人上放不开，一是文化不自信，使自己的人才长期蜗居，提拔不起来，离开公司以后摇身一变，成为友商对付自己的"桥头堡"；二是外面高手进来以后，用人机制不开放，用怀疑的眼光看新人，一顿操作猛如虎后，把人才废了，把企业机会浪费了。

美的的开放用人机制在业界非常有名。美的坚持"能者上、平者让、庸者下"，在美的，有能力、有业绩者晋升得非常快。华为也是人才的黑土地，用人不问出处，要求简单，只要能创造价值。任正非在2006年签发的16号文件就明确了用人标准——简单。当然这里的"简单"不是指头脑简单、四肢发达，而是指思想简单，心里不长草，行动如飞。

第七，做"造钟人"而非"报时人"。"造钟人"和"报时人"是两个完全不同的概念。对于一个企业而言，企业家本人和公司里各个部门的一把手非常重要，他们往往决定了企业是否能持续成功和高质量增长。但是，再伟大、出色的企业领导者也会老去。正如德鲁克所说，企业的现状是渐渐变老。有的企业在最高领导层换届后，依然能够保持基业长青，生产、管理井然有序，继续向前发展，如美的方洪波接班何享健；而有的企业则相反，逐步走入了混乱和无序，如山西最大的民营企业海鑫钢铁。所以，这里就引申出两个概念，"报时人"和"造钟人"。

"报时人"型的领导者，更多的是凭借领导者个人的独到的领导力管理企业，通过个人的才华和天赋，对企业的发展战略做出重要的判断，并通过个人魅力聚合整个团队。因此，他的个人决策能力对于一家企业非常重要。当"报时人"型的领导者换届后，如果不能够找到具备同样能力的接替者，企业就可能会逐步丧失市场领先优势，甚至开始陷入困境和危机。同时，"报时人"型的领导者由于过于出色，在企业管理中可能会压制其他人才的成长。因此，基于"报时人"型领导者的特点，企业所面临的风险会比较大，企业在市场上处于领先优势地位的时间也会比较短。

而"造钟人"型的领导者，更多的是给企业建立文化和机制。通过文化和机制的建设，将个人的能力在整个企业范围内弱化，让企业不再依赖某个人的领导力，正如美的提倡的"英雄的团队"，而非"个人的英雄主义"。一旦企业有了比较强的企业文化基因和先进的管理机制，就有了一套比较好的制度来保障整个企业正常运行。美的"7+3"机制就是何享健作为"造钟人"留给美的的宝贵财富，其先进的治理机制、组织机制、营运机制、责权机制、考核机制、激励机制及人才机制是激活人的潜能、活力、创造力的原始动力，而三大约束机制则不断给企业做熵减，是防御与抵抗风险的保障。这正是美的50年来不断走向卓越的关键，何享健本人在美的也被员工称为"机制派"。

一旦这种机制建立成功，"造钟人"型的领导者就会比较轻松，他剩下的工作就是监控、督促这套体系的正常运行，以及持续优化、精进。

第八，分享价值。复地集团董事长张华说："企业只有先为员工、社会创造价值，才能实现自己的价值最大化；共赢的发展才是可持续的发展。"美的的核心价值观是价值为尊，利益共享。华为的任正非更是直言"钱分好了，问题就解决了一半"。研究发现，但凡成功的企业家，都会在致力于最大化创造价值的同时，最大化地分享价值。

分享价值的背后其实是将每一位员工视为"内部企业家"，并尊重员工最基本的物质财富追求及"创业梦想"，这正是"90后""00后"的年轻一代职业者的追求，他们不再满足于可以预见的"薪酬和成功"，而是需要像企业老板一样享受价值创造和高度富有弹性的"价值收益"。

第九，文化引领。文化是企业家精神的组织化过程，是机制的思想表现形式，是制度的灵魂。文化对于企业转型变革的成功起着关键性作用。尽管很多人认为战略与文化是两个维度的问题，但笔者认为，它们一脉相承。文化是企业家精神的抽象与深化，会对企业战略方向、愿景、价值观及经营赛道产生直接影响，而企业每天面对外部变化，必须做出战略升级，要想战略升级得到全体员工理解和共识，文化必须先行。在改革开放初期，针对人们对市场经济与社会主义市场经济体制的偏见，邓小平同志一针见血地指出：一切向前看，解放思想，实事求是，并提出了"市场经济不是资本主义的专利，社会主义也可以搞市场经济"的著名论断。文化洗礼成为改革开放、社会转型的重要前置条件。同理，美的在进行数字化转型时，为了确保数据一致性治理，提出文化升级，即一个美的、一个体系、一个标准的著名"三个一"，此次文化升级为后来美的数字化的顺利进行发挥了举足轻重的作用。华为在2022年8月23日发布的一篇文章——《整个公司的经营方针要从追求规模转向追求利润和现金流》广为流传，任正非在文中表示，全球经济将面临着衰退、消费能力下降的情况，华为应改变思路和经营方针，从追求规模转向追求利润和现金流，保证度过未来三年的危机。这正是华为转型升级前的文化思想引领过程。

第十，追求卓越。在充分竞争的环境里，只有那些追求卓越、持续精进的公司才会在竞争中处于领先的位置。在自由竞争的市场中，从长期来看，竞争者最终都会走向同质，在存量市场中竞争，这时候笑到最后的一定是持续追求卓越、坚持到底者。比如在世界杯中，进入淘汰赛、决赛的球队，无论是球员个体还是球队整体，在90分钟里所体现出来的就是追求卓越、持续精进的精神，不放弃任何一次机会。可即便如此，都不能完全保证球队获胜。

企业在转型变革、经营升级过程中，如果遵循以上十个重要的逻辑，无论环境怎么变化，无论竞争对手多么强大，从长期来看，企业都会走向卓越，保持高质量增长。

接下来，我们继续探讨转型变革、经营升级操作层面的几个关键问题。

第一个问题：企业为什么要转型变革？

德鲁克在《成果管理》一书中指出，企业只有保持领先才能创造出成果，任何领先都是短暂的，甚至是昙花一现。他进一步指出，企业的现状是在不断变化的，而资源可能并非实时匹配。德鲁克在50年前就深刻洞察到企业的转型变革将是常态，否则企业就会落后于竞争对手，被时代所抛弃。

我们再看看这个时代的特征：竞争周期更长，变革加快，不确定性增加。在这样的大背景之下，必须要更敏捷地应对环境，更快速地应对竞争，更高效地做出决策。美的在2012年数字化转型之初，就提出建立敏捷型组织的目标。华为任正非更提出必须建立以开放和熵减管理为特征的转型升级之长效机制，来确保华为在竞争中处于领先地位。

第二个问题：转型变革为什么被阻碍？

从心理学角度来讲，人都会害怕不确定性和变化，无论是企业家本人还是职业经理人。因此，个体是变革转型的第一个阻力，他们为了使复杂问题简单化，倾向于用程序化习惯面对工作。当变革来临时，通过惯性做出的反应往往会成为变革的阻力。另外，变革会带来不安全感，导致个体反对变革。对企业来说，它们可能会认为变革会导致之前的成果付诸东流；对于职业者来说，他们可能会认为变革会导致个人收益变小，拿不到提成。变革本身的确如此，就是用未来的不确定性、模糊性代替现在的已知性、确定性。尽管为了推进变革，领导往往会"画饼"，但当变革带来的影响真正降临到个体身上的时候，个体均会做出利己倾向的选择，从而本能地做出抵制变革的行为。

另外，从组织来看，在所有的组织中都存在结构性懒惰和群体性懒惰，会对变革进行自发性抵制和对抗，从而导致变革无法进行下去。

第三个问题：谁来推动转型变革？

企业家是变革转型的第一驱动者。企业家精神表现为十大心智模式，其中，创新与冒险是企业家的本能。企业家在面对机会时，总是会有过人之处，敢于发动企业转型变革，整合资源和能力，抓取机会。而过度的保守主义者是无法守住企业既有财富和市场地位的。我曾经遇到两个企业家，其企业都是上市公司。一个虽是传统产业企业，但董事长却能锐意推动变革，他曾告诉我"就算我现在所有的财富都消失掉，我都会毫不犹豫地驱动变革"。结果这个企业竞争力不断增强，经营结果持续向好。而另外一个企业的赛道非常好，市场增量驱动企业成长，企业家本人也想驱动变革，内部请了变革专家，外部请我做顾问。但当遇到变革阻力时，由于企业家本人前怕狼后怕虎，严重缺乏变革领导力，既得利益者稍加反对，老板就判断不准方向，导致变革搁置，错过最佳时间窗口，从而影响了企业的发展。

需要提示的是，外部顾问是企业变革非常重要的力量，有利于系统规划变革，帮助企业家统一思想、达成共识，并提供变革科学系统方案及工具，从而确保变革的确定性和成功率。

第四个问题：转型变革转什么？

我们天天谈转型变革，转型变革到底转什么、变什么呢？笔者以数字化转型为例，围绕以下五个要素谈谈企业转型。

一是商业模式。什么是商业模式？说简单点就是赚钱的方式方法。比如美的2012—2015年的"T+3""一盘货"转型，由以产定销的商业模式升级为以销定产的商业模式，由B2C升级为C2B，再到C2M，并完成了数字化赋能。再如华为1999年的ISC集成供应链变革也重塑了商业模式。

二是心智模式。什么是心智模式？说简单点就是思维与行为定式。如果不改变基于经验和已有知识体系的思维方式和行为定式，变革将如鲠在喉，上不上、下不下。

三是文化。文化是什么？说简单点就是共同的理念、思维与经营语言。文化不统一，行动就很难一致。

四是组织，包括组织结构和人才。德鲁克曾经说过，战略决定组织，组织决定管理。

五是机制，也是变革最根本的要素。机制是制度的基石，是文化的灵魂，机制的改革能从最底层去激活组织，激发员工的动力和潜能，支撑企业转型升级成功。

第五个问题：转型变革的具体方法。

变革本身是企业的一项重要的活动，也是企业家和职业经理人的一门必修课。接下来，我们探讨两个重要的方法。

第一个方法是勒温变革管理法。勒温的变革管理模型是企业变革管理中最受欢迎的方法之一，它的提出者库尔特·勒温在1947年确定了变革的三个阶段。第一阶段，他称之为"解冻"，它涉及克服惯性和消除现有的"思维定式"，他将其定义为生存的一部分，并且建立了防御机制；在第二阶段，变革发生，这通常是一个混乱和过渡的时期，旧的方式正在受到挑战，但是我们对即将发生的事情没有清晰的认识；第三阶段，也是最后一个阶段，他称之为"冻结"，新的思维正在凝结，舒适感又回到了变化之前的水平。今天大多数人将此阶段称为"重新冻结"。勒温的模型还具有透彻观察变化发生时的条件的优势。这是勒温变革管理法的核心，尤其是他著名的等式，$B = f(P \times E)$，即一个人的行为（Behavior）是其人格或个性（Personality）与其当时所处情景或环境（Environment）的函数，该公式为组织发展领域奠定了坚实的基础。

第二个方法是科特的八步骤计划。科特的"领导变革的八个步骤"可以被认为是勒温的三步走模式的扩展，尽管它更加详细并且更加关注其背后的人员（尤其是领导者）。其基本思想是通过激发对变革的紧迫感并保持这种动力来推动组织变革，科特的理论能有效地使企业更好地适应环境。

在变革的八个步骤中，前四个步骤强调的是解冻，其实就是华为讲的"松土"，美的讲的"纠偏与自我否定机制"。这四个步骤包括建立紧迫感，建立变革的主责部门，规划新的战略目标及关键策略，并进行文化升级与宣传活动，其核心的目标就是要让全体员工对变革的紧迫性、必要性、共识性做出统一认知。第五～第七步对应勒温的第二个阶段，主要解决的是从心智到行动的过程，包括通过分权激发员工动力，用短期成果激励员工，以及进一步推进变革。最后一步是就强化变革成果，通过制度、流程、文化的固化，形成新的机制。

德鲁克说，企业永远要以机会为中心，企业领导人要坚持驱动企业转型，持续管理变革。企业转型变革永远在路上，没有永久的成功，只有持续努力。战战兢兢、如履薄冰、砥砺前行是企业家真实的写照。

（资料源自笔者 2022 年 11 月 13 日在上海交通大学 MBA 中心关于变革主题的分享实录，原文刊载于"管理新观察"公众号。）

Chapter 16 第十六章 市值管理

市值管理是上市公司基于公司市值信号，综合运用多种科学、合规的价值经营方式和手段，以达到公司价值创造最大化、价值实现最优化的一种战略管理行为。其中价值创造是市值管理的基础，价值经营是市值管理的关键，价值实现是市值管理的目的。

从框架来看，市值管理最为重要的四个对象就是投资者、证券分析师、监管机构和媒体关系，因其英文开头字母皆为 R，故简称 4R。从表面来看，4R 管理似乎是市值管理的全部接口，但这只是表象，其底层逻辑要看市值的影响因素。

一家公司的市值大小取决于哪些变量，我们可以用以下公式来表示：

$$市值 = 净利润 \times 市盈率$$

净利润这个指标是个绝对值，的确会影响市值大小，但是真正对市值有指数级影响的因素为市盈率。市盈率也称"本益比""股价收益比率"或"市价盈利比率"。市盈率是指股票价格与每股收益的比率，或以公司市值除以年度股东应占溢利。

影响市盈率的内在指标包括哪些呢？它包括以下 8 个影响因素，从本质来说仍然是由营运与经营能力决定的。

（1）股息发放率。显然，股息发放率同时出现在市盈率公式的分子与分母中。在分子中，股息发放率越大，当前的股息水平越高，市盈率越大；但是在分母中，股息发放率越大，股息增长率越低，市盈率越小。所以，市盈率与股息发放率之间的关系是不确定的。

（2）无风险资产收益率。无风险资产（通常是短期或长期国库券）的收益率是投资者的机会成本，是投资者期望的最低报酬率，无风险利率上升，投资者要求的投资回报率上升，贴现利率的上升导致市盈率下降。因此，市盈率与无风险资产收益率之间的关系是反向的。

（3）市场组合资产的预期收益率。市场组合资产的预期收益率越高，投资者补偿承担超过无风险收益的平均风险而要求的额外收益就越大，投资者要求的投资回报率就越大，市盈率就越低。因此，市盈率与市场组合资产的预期收益率之间的关系是反向的。

（4）无财务杠杆的贝塔系数。无财务杠杆的企业只有经营风险，没有财务风险，无财务杠杆的贝塔系数是企业经营风险的衡量标准，该贝塔系数越大，企业经营风险就越大，投资者要求的投资回报率就越大，市盈率就越低。因此，市盈率与无财务杠杆的贝塔系数之间的关系是反向的。

（5）杠杆程度和权益乘数。这两者都反映了企业的负债程度，杠杆程度越大，权益乘数就越大，两者同方向变动，可以统称为杠杆比率。在市盈率公式的分母中，被减数和减数中都含有杠杆比率。在被减数（投资回报率）中，杠杆比率上升，企业财务风险增加，投资回报率上升，市盈率下降；在减数（股息增长率）中，杠杆比率上升，股息增长率加大，减数增大导致市盈率上升。因此，市盈率与杠杆比率之间的关系是不确定的。

（6）企业所得税率。企业所得税率越高，企业负债经营的优势就越明显，投资者要求的投资回报率就越低，市盈率就越大。因此，市盈率与企业所得税率之间是成正比的。

（7）销售净利率。销售净利率越大，企业获利能力越强，发展潜力越大，股息增长率就越大，市盈率就越大。因此，市盈率与销售净利率之间的关系是正向的。

（8）资产周转率。资产周转率越大，企业运营资产的能力越强，发展后劲越大，股息增长率就越大，市盈率就越大。因此，市盈率与资产周转率之间的关系是正向的。

这8个因素仍然只是从逻辑上反映了影响市盈率大小的客观量化指标，但是真正影响市盈率倍数的因素又是什么呢？为什么有些公司市盈率只有5倍左右，有些公司的却高达200~300倍呢？

市盈率本质上是市场给股票的一种期望值，数字越大，期望值就越高，反之越低。不同的行业市盈率不一样，脱离行业来比较市盈率是没任何意义的。一般来说，银行业市盈率很低，一般在5~7左右，因为大家对银行的增长期望较低，银行业大多规模极大，增长率偏低；地产行业一般在5~10左右，因为其未来的增长率有限；而半导体行业的市盈率普遍都在100以上，因为这部分是未来的经济增长引擎，市场对它的期望极高；新能源行业的市盈率一般在30~50左右；通信行业的市盈率一般在50左右。除此之外，朝阳行业的市盈率也普遍比传统行业大得多。所以判断市盈率的大小首先还要了解整个行业的市盈率预期。

因此，企业要从底层逻辑上管理市值，必须从战略、产业布局、赛道选择、商业模式、盈利能力、管理水平等方面进行综合评价，而这些因素往往不能直接套用公式，它们都是能力层面的影响因素。因此，市值管理必须上升到"道"的角度，而不是类似于 4R 等"术"层面的管理。没有"道"的市值管理只是炒作。

如何从"道"上解决市值问题呢？

第一，在赛道已定的情况下，尽可能成为这个细分领域的隐形冠军。正所谓做一行爱一行，并成功一行。市场上只会存在没有能力的经营者，不会存在被资本市场抛弃的企业或行业。比如公牛集团，插座产品基本上没有技术含量，也是一个传统产业，但是公牛将该产品做成了绝对的垄断型产品，其线下渠道渗透率可能高达 90%。也就是说，只要是卖插座的销售点，90% 会卖公牛插座，甚至几乎只卖这个品牌。高渗透率、高市场占有率、高净利率使该公司有着非常好的市场预期和盈利预期，其市值接近千亿级，市盈率高达 27 倍。

第二，创新商业模式。商业模式的本质是价值创造及价值实现的过程，通俗地说，就是比竞争对手更好更快地赚钱。商业模式的先进也预示着竞争能力的强大，比如美的"T+3"、海尔的"零库存"、小米的"生态链"等，都得到了资本市场的青睐。

第三，转赛道的能力。资本市场一定是追逐风口的，有资本、有资源、有能力追逐好的赛道也是提升市值的短、平、快的方法，但前提是具备跨赛道经营的能力，这也是笔者一直强调的基于"7+3"机制下的系统组织能力。没有强大的组织能力，再好的赛道、再好的战略都无法得到强有力的支撑，而盲目追逐好赛道可能会导致企业本末倒置，影响主业，如悟空单车、蛋壳公寓、摩拜单车等均因此而惨"死"敌手。

第四，战略与升级能力。市值高的公司都是战略高手，它们不仅善于选赛道，而且善于经营赛道，持续提升营收、利润率及市场占有率，成为行业头部企业或隐形冠军，这是提升市值、市盈率的最有效方法之一。

第五，基于先进机制的组织力。组织力能为企业经营的提升、战略的实现、长期高质量的发展提供底层支撑和无限可能，强大组织力的背后是先进机制的支撑。比如美的"7+3"机制，华为"四大经营哲学"等都为这些公司的长盛不衰提供了强大的基石。

Chapter 17
第十七章 如何实践高质量增长管理系统

实践是最好的学习，本章我们简要探讨如何实践高质量增长管理系统。实践高质量增长管理系统其实是一个管理升级、变革创新的过程。谈起变革，很多人会产生畏惧感，原因有三：一是无论社会变革还是企业管理变革，大多以失败告终；二是变革意味着变化，变革后的未来充满不确定性，人们对不确定性会产生恐惧感，且没有人愿意主动为变革风险买单；三是变革过程一般是曲折的，不是一帆风顺的。

但是，无论是社会的进步还是企业的成功，都必须经历曲折，就像凤凰涅槃一样，只有完成重生，才能实现更高维度的发展。大多数成功的企业都有如下的进化路径：从企业家个人的成功，升级到团队的成功，从团队的成功进化到组织力及管理体制的成功，最终固化成一套先进的管理系统，引领企业持续成功，永续经营，高质量发展。

先进的管理系统就像生产关系一样，一定能解放生产力，发展生产力。本章主要结合勒温与科特的变革方法论，就高质量增长管理系统如何在企业中推广实践及应用落地进行解析。

企业要成功实践并应用高质量增长管理系统，应先从全面理解高质量增长管理系统框架入手，正所谓纲举目张，脑中有图，心中有丘壑。只有了解全局、解析局部才能豁然开朗，否则，碎片化地理解该管理系统将难以实现变革的成功落地。建议边学习边思考，先放空原有体系，以归零和空杯思维，沉浸式学习后，再将高质量管理系统与原有的知识进行融合思考，并结合工作场景，完成学习转化，形成全新的管理框架及思维方式。改变心智模式，实现认知突破，是最佳的学习地图。

对于企业家朋友和企业高管来说，核心的工作是洞察高质量管理系统背后的原理，然后经过消化吸收，转化成适用于企业的管理框架，并结合企业的现状，形成管理模型，此举有利于闭环落地，也有利于赋能团队。只有这样，才能真正完成学习、理解、消化、吸收、应用的全过程。

对于中基层管理者来说，工作重点应放在方法论和工具的应用上，这样既可以承接上级的工作部署，又能向下落地方法和工具，从而形成上下共识，将高质量管理系统落到实处。

我们把高质量管理系统实践总结为六个步骤。

第一步，团队学习，建立愿景与目标

一套先进的管理系统，建议做三年规划，不可一蹴而就，突击做项目。只有团队学习才能实现思想共识，从而为管理系统的建立提供思想一致性上的条件。在团队学习的过程中，企业领导者要规划未来发展的愿景和蓝图，比如用三年到五年发展规划工具确定企业未来 3 年、5 年、8 年的发展目标、战略路径、关键举措及行动计划，并对产业、商业模式、资源配置、能力成长及管理系统进行系统规划。只有团队有了明确的方向，管理系统建设才能既有方向，又有时间表，同时又匹配了资源。

第二步，一把手引领，带领推进组织

管理与业务对于经营来说是一对孪生兄弟，一样重要，一把手要亲自引领，躬身入局，对重大原则、导向及工作进度做出部署和安排，并跟进结果落地。大多数企业家都是市场洞察的高手，天生敏锐，行动快捷，并能很快成为产品大师、营销高手，而企业在早期也不需要财经管理、战略营运、HR管理，所以企业一旦达到一定规模以后，管理能力往往成为制约企业发展的短板和痛点。这时候，企业家本人一定要在思想上重视，认知上提升，能力上补齐短板，这就是一把手必须亲自引领的原因。

另外，高质量增长管理系统的建立是必须有组织支持的，包括组织架构、人才、资源等。如业务战略落地、项目管理与营运都需要建立一整套组织、流程、制度与管理机制，并长期坚持，才能完成长效机制。需要注意的是，很多企业通常会犯两个错误。一是为了推进某一项重要工作，会成立一个项目管理办公室或部门，但是并没有明确这个部门的责权利匹配，尤其是工作职责、权力边界、资源配置、工作目标要求，以及横向、纵向权责关系。第二个更为严重的错误是，一旦成立这个组织，上至董事长，下至员工都会认为工作将完全由这个部门来推动，其他部门、其他人不用参与，这样就形成了"两张皮"：没有成立组织时，大家还关心工作进展；成立专项组织后，却没有人关注了，且把责任推得一干二净。一般来说，成立的项目管理办公室或专门的部门，其核心功能是负责牵头、拉通、形成闭环，真正的应用及落地仍然要依赖业务组织和经营组织去实现。

第三步，文化升级，思想共识

企业领导人、高管完成团队学习后，最重要的任务是达成思想共识，仅在高管层面达成思想共识还不行，必须向全体员工宣传和贯彻公司要推进的工作，取得全体员工的共识。这时候，文化升级是最佳方式，在原有的基础之上，建立一套适用于未来发展和管理的新文化系统，以统一思想，统一心智模式。众所周知，如果组织中思想不统一、理念不同步，行动就很难统一，工作效果会大打折扣。比如美的在2012年实施"产品领先，效率驱动，全球经营"三大战略主轴及数字化转型时，就实施了"三个一"文化再造，即"一个美的、一个标准、一个体系"。思想通透了，行动就容易一致了。

第四步，系统规划，痛点切入，由点到线及面，生态落地

管理升级与组织再造是一项系统工程，要系统规划，从经营痛点出发，由点到线，再到面。

高质量增长管理系统虽然是一个完整的系统，但在实践时必须找到切入点。从什么地方切入呢？有两个原则：一是痛点；二是将其与当前经营工作进行强关联，合二为一地驱动。专项管理项目的推进切忌与经营节奏脱钩，一旦脱钩，由于大多数业务单位工作繁忙，基本无暇兼顾专项管理项目，若激励考核机制没有跟上，90%的实践都会失败。

从团队搭建上来说，建议聘请专业的企业顾问进行陪跑式成长。首先，管理工作具有很强的专业性，盲目摸索既耽误时间，又耗费精力，且成效一般比较差。其次，外部企业顾问有一个内部人员不具备的优势——立场中立，做事比较客观和专业，一般不会被质疑或挑战。在聘请企业顾问时，一方面要考虑其资质和工作经历，尽可能选择有成功实践经验的高端顾问，毕竟世界上没有两个完全相同的企业，管理系统的建设需要进行创新式、定制化植入，而非简单复制。另一方面，慎用咨询项目推进管理变革，这是因为咨询项目一般是保姆式变革，成功率低，企业的成长不需要保姆，而需要导师和教练。

第五步，领导变革

要升级全体员工的心智模式，打破"小我""部门墙"及个体利益，完成心智升维、开放。关于如何推进变革，前面章节有详细介绍，这里不再深入探讨。

第六步，资源保障及营运机制支撑，以长效机制固化

在推进过程中一定要确保责权利匹配，要进行资源预算，并予以专业能力支持。没有这些配套措施，再先进的管理系统、工具、方法都无法落地。通常一套新管理系统进入一个组织时，或多或少与原有的管理模式、员工习惯之间会有一定的冲突，招致部分员工的挑战和反对，这是正常的。即使思想共识和文化再造做得再好，仍然会有人反对、抵制，而这正是变革者要处理的工作。一般来说，可以用三个方法应对反对者：一是达成共识；二是结果考核；三是打击反面典型。

总之，实践高质量增长管理系统是一个系统工程，要做好长期打算，不可有一蹴而就的想法，这十分考验一把手的决心、心智、定力和变革领导力。

这些年业界出现了向标杆公司学习的热潮，这是一件好事；但大多数公司以失败而告终，通常是由以下八种情况造成的。

情况一：一号位和中高层的心智没有转变，行动对抗与抵触变革。

情况二：只学工具模板，不学原理和经营哲学，导致理念—思想—心智—行动—制度—流程—机制学习路线没有拉通。

情况三：人才密度不够，无人才可用。

情况四：引入先进管理方法是一次变革，但大多数企业忍受不了变革的阵痛，导致半途而废。

情况五：企业奉行家长文化，缺乏竞争文化和业绩文化。

情况六：自我设限，不痛不痒地改良，难以触动现状。

情况七：运动式推进管理项目，急功近利。

情况八：系统性不够，今天学美的，明天学华为，后天学阿里巴巴，缺乏系统性。

总之，学习先进管理系统也好，向标杆学习也好，都应遵循以下"三要三不要"原则：

- ▶ 不要学习标杆企业现在成功的样子，而要学习他们成功的路径；
- ▶ 不要学习标杆企业现在的动作，而要学习他们过去的经营哲学和底层逻辑；
- ▶ 不要只让下属学，而要企业家和高层带头学。

学习高质量增长管理系统不在于知而在于行。保持定力，长期实践，企业实现高质量增长、基业长青指日可待。

参考文献

[1] 老子.道德经[M].北京：中国文联出版社，2016.

[2] 任正非.任正非：一江春水向东流[J].光彩，2012(05)：20–21.

[3] 孙武.孙子兵法[M].北京：北京联合出版公司，2015.

[4] 班固.白虎通[M].杭州：浙江大学出版社，2021.

[5] 曾子.大学[M].北京：外语教学与研究出版社，2011.

[6] 王守仁.王文成公全书[M].北京：中华书局，2015.

[7] 康毅仁.变革力：铸就IBM百年传奇[M].合肥：安徽人民出版社，2012.

[8] 刘安.淮南子[M].北京：北京燕山出版社，2009.

[9] 俞铁成.并购陷阱[M].上海：上海三联书店，2020.

[10] 查尔斯·汉迪.第二曲线：跨越"S型曲线"的二次增长[M].苗青，译.北京：机械工业出版社，2017.

[11] 卡尔·S.沃伦.会计学（原书第5版）[M].张永冀，齐思琼，译.北京：机械工业出版社，2016.

[12] 彼得·圣吉.第五项修炼：学习型组织的艺术实践[M].张成林，译.北京：中信出版社，2009.

[13] 凡勃伦.企业论[M].蔡受百，译.北京：商务印书馆，2012.

[14] 汤姆·彼得斯，罗伯特·沃特曼.追求卓越[M].胡玮珊，译.北京：中信出版社，2012.

[15] 道格拉斯·麦格雷戈.企业的人性面[M].韩卉，译.杭州：浙江人民出版社，2017.

[16] 詹姆斯·麦格雷戈·伯恩斯.领袖论[M].刘李胜等，译.北京：中国社会科学出版社，1996.

[17] 亚伯拉罕·马斯洛.动机与人格[M].许金声，译.北京：中国人民

大学出版社，2007.

[18] 艾尔弗雷德·D.钱德勒.战略与结构：美国工商业企业成长的若干篇章[M].孟昕，译.昆明：云南人民出版社，2002.

[19] 尤金尼·E.麦卡锡，小威廉·D.佩罗特.基础营销学[M].胡修浩，译.上海：上海人民出版社，2006.

[20] 菲利普·科特勒，凯文·莱恩·凯勒.营销管理[M].梅清豪，译.上海：上海人民出版社，2006.

[21] 约瑟夫·兰佩尔，亨利·明茨伯格.战略过程：概念、情境与案例[M].耿帅，黎根红等，译.北京：机械工业出版社，2017.

[22] 丹尼尔·雷恩，阿瑟·贝德安.管理思想史[M].孙健敏，黄小勇，李源，译.北京：中国人民大学出版社，2012.

[23] 伊戈尔·安索夫.战略管理[M].邵冲，译.北京：机械工业出版社，2022.

[24] 迈克尔·波特.竞争战略[M].陈丽芳，译.北京：中信出版社，2014.

[25] 艾·里斯，杰克·特劳特.定位[M].邓德隆，火华强，译.北京：机械工业出版社，2017.

[26] 彼得·德鲁克.为成果而管理[M].刘雪慰，徐孝民，译.北京：机械工业出版社，2020.

[27] 约瑟夫·熊彼特.经济发展理论[M].郭武军，吕阳，译.北京：华夏出版社，2015.

[28] 杨国安.数智革新[M].北京：中信出版社，2021.

[29] 杨国安，戴维·尤里奇.组织革新[M].袁品涵，译.北京：中信出版社，2019.

[30] 戴维·尤里奇，贾斯汀·艾伦.变革的HR[M].朱翔，蒋雪燕，陈瑞丽等，译.北京：机械工业出版社，2020.

[31] CHRIS ARGYRIS. Teaching Smart People How to Learn[M]. Harvard Business Review Press，2008.

[32] 小艾尔弗雷德·钱德勒.塑造工业时代[M].罗仲伟，译.北京：华夏出版社，2006.

[33] 高德威.长期主义[M].崔传刚，译.北京：中信出版社，2021.

[34] 艾·里斯，劳拉·里斯，张云.21世纪的定位[M].寿雯，译.北京：机械工业出版社，2019.

[35] 稻盛和夫.心：稻盛和夫的一生嘱托[M].曹岫云，曹寓刚，译.北京：人民邮电出版社，2020.

[36] 今井正明.改善：日本企业成功的奥秘[M].周亮，战凤梅，译.北京：机械工业出版社，2010.

致谢

本书初稿成于 2023 年 3 月，从构思到完稿，整整三年。

在撰写此书过程中，我阅读了大量的图书和文章，参考文献只是其中的一部分，我要特别感谢这些老师和学者给我的启发。我还要感谢我的老东家美的创始人何享健、美的集团现任董事长兼总裁方洪波，以及我职业成长道路中的各位领导：李兴华、张志宏、刘勋功、王金亮、陆剑峰等，正是他们十几年来的帮助，高质量增长管理系统才能成功建模，"7+3"机制才能呈现于世。

感谢积极践行高质量增长管理系统的各位企业家朋友，他们是：OPPO 公司的 Marco，盛和资源副董事长黄平，波司登董事长高德康，雅迪董事长董经贵，盐津铺子董事长张学武，永艺股份董事长张加勇，大金重工董事长金鑫，可孚医疗董事长张敏，卓力能董事长丁毅，等等。正是这些优秀的企业家朋友的信任与对卓越的追求，使高质量增长管理系统得以成功落地，并不断优化、迭代、完善。

感谢华夏基石董事长、中国人民大学教授彭剑锋，百威啤酒全球独立董事、奥托立夫全球独立董事、庄信万丰全球独立董事、福耀玻璃前全球独立董事、前集团总裁、通用汽车大中华地区前首席科技官兼总工程师、通用汽车中国台湾地区前总裁刘小稚，盐津铺子董事长张学武，创合汇创始人邵钧为本书做推荐序；感谢《凤凰周刊》创始人、美中新视角基金会主席周志兴，领教工坊学术委员会主席肖知兴，上海交通大学战略管理研究所所长、安泰经济与管理学院教授孟宪忠，著名管理学家施炜、中国科学院大学博士、清控至道董事长周新旺等企业家、学者的联袂推荐。

感谢本书撰写过程中 UMC 团队的努力，他们是 RITA 女士及 UMC 联合创始人文涛先生，他们提供了大量素材，并进行了文字整理与编辑。

感谢电子工业出版社的王欣怡老师及其团队，他们为本书的出版做了大量的工作。

感谢我的家人。我要感谢我的母亲，我七岁丧父，母亲一人将我兄妹三人抚养成人。母亲是大山里地地道道的农民，不会说教，她在地里劳作的样子是我儿时最深刻的记忆，也正是这种记忆让我形成了良好的价值观。在我遇到困难和挫折时，母亲的勤奋、善良、坚毅就是我最强的精神支柱。我要感谢我的妻子默默地、一如既往地支持我、鼓励我，并几十年如一日经营家庭，成为我坚强的后盾。我还要感谢我的两个孩子，他们的到来给我的家庭带来了幸福和快乐，在我从广东辗转到上海的过程中，他们几次转学但都能很快适应，并有着乐观和积极进取的心态，这给了我非常大的鼓舞与支持。

最后感谢我的读者，你们的支持给了我无穷的力量。

将此书献给你们！祝福大家！